客户

管理制度 与 常用范表

刘　畅◎编著

中国铁道出版社有限公司
CHINA RAILWAY PUBLISHING HOUSE CO., LTD.

北　京

图书在版编目（CIP）数据

客户管理制度与常用范表/刘畅编著. —北京：中国
铁道出版社有限公司，2024.1
ISBN 978-7-113-30639-7

Ⅰ.①客…　Ⅱ.①刘…　Ⅲ.①企业管理−销售管理
Ⅳ.①F274

中国国家版本馆CIP数据核字（2023）第201745号

书　　名：**客户管理制度与常用范表**
KEHU GUANLI ZHIDU YU CHANGYONG FANBIAO

作　　者：刘　畅

责任编辑：王　宏　　　　编辑部电话：（010）51873038　　电子邮箱：17037112@qq.com
编辑助理：宋　川
封面设计：宿　萌
责任校对：安海燕
责任印制：赵星辰

出版发行：中国铁道出版社有限公司（100054，北京市西城区右安门西街8号）
印　　刷：三河市宏盛印务有限公司
版　　次：2024年1月第1版　2024年1月第1次印刷
开　　本：710 mm×1 000 mm　1/16　印张：19.5　字数：324千
书　　号：ISBN 978-7-113-30639-7
定　　价：88.00元

前言

编写缘起

客户是企业的重要资源，对企业来说至关重要。在市场竞争环境中，谁能有效掌握客户信息并利用好客户资源，谁就能在市场中占得优势。从企业的长远发展来看，全面的客户管理有助于建立良好的客户关系、为管理者提供决策依据、提高客户满意度、降低营销成本……以上作用可以充分看出客户管理的重要意义。

客户管理的各环节都是环环相扣的，本书作为一本实用工具大全，从客户管理流程入手进行章节划分，介绍与客户管理有关的工作要点，并整理了相关的制度和范表，读者可以借鉴使用。

为了让企业能够有效进行客户管理，同时让企业的销售人员、客服人员、管理人员做好客户管理相关工作，提高工作效率，我们编写了本书。

主要内容

本书分为以下两部分：

第一部分（第 1 ~ 3 章）涉及客户资源管理、细分管理和客服工作管理，是企业后续进行客户营销、回访等工作的基础。本部分从以上工作事项出发，介绍了客户信息管理、客户档案管理、客户分类管理、售前 / 售后客服管理等制度和范表。

第二部分（第 4 ~ 8 章）涉及客户管理的后续工作，围绕客户营销管理、客户服务管理、客户关系管理、客户价值管理和客户维护管理进行介绍，细分了具体的管理内容，网罗了关键的规章管理制度和范表。

写作特点

为了方便读者轻松阅读与快速查找，本书在版式设计与内容挑选上都花了很多心思，具体特点如下所示。

图解管理实务，可视表达让读者学得更易

2.1 客户分类管理

客户分类管理是基于客户的属性特征来细分不同的客户群体，然后针对不同类别的客户采取不同的管理方式。客户分类管理的意义在于企业能够根据细分客户群体提供有针对性的服务，从而更合理地利用企业资源，有效提高客户价值。客户分类管理的关键内容是对客户进行分类，客户分类的方式有多种，企业可以根据自身实际来区分客户，也可以利用客户关系管理系统来建立客户分类管理机制。

● 如何对客户进行分类

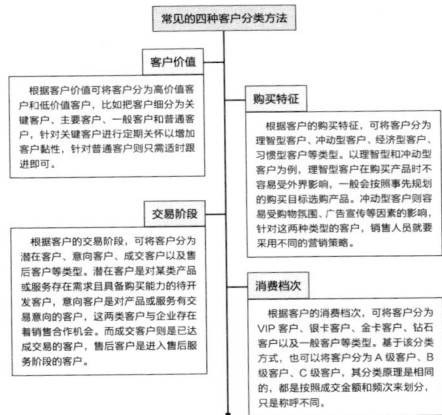

常见的四种客户分类方法

客户价值

根据客户价值可将客户分为高价值客户和低价值客户，比如把客户细分为关键客户、主要客户、一般客户和普通客户，针对关键客户进行定期回访以增加客户黏性，针对普通客户则只需适时跟进即可。

购买特征

根据客户的购买特征，可将客户分为理智型客户、冲动型客户、经济型客户、习惯型客户等类型。以理智型和冲动型客户为例，理智型客户在购买产品时不容易受外界影响，一般会按照事先规划的购买目标选购产品。冲动型客户则容易受购物氛围、广告宣传等因素的影响，针对这两种类型的客户，销售人员就要采用不同的营销策略。

交易阶段

根据客户的交易阶段，可将客户分为潜在客户、意向客户、成交客户以及售后客户等类型。潜在客户是对某类产品或服务存在需求且具备购买能力的待开发客户，意向客户是对产品或服务有交易意向的客户，这两类客户与企业存在着销售合作机会。而成交客户则是已达成交易的客户，售后客户是进入售后服务阶段的客户。

消费档次

根据客户的消费档次，可将客户分为VIP客户、银卡客户、金卡客户、钻石客户以及一般客户等类型。基于该分类方式，也可以将客户分为A级客户、B级客户、C级客户，其分类原理是相同的，都是按照成交金额和频次来划分，只是称呼不同。

● 金字塔价值模型

什么是客户金字塔模型 **?** →

客户金字塔模型是根据客户价值来对客户进行细分的一种分类管理方式。现代企业普遍以为客户价值分布适用于"二八法则"，即20%的客户创造了80%的利润。因此，金字塔客户价值模型常常和二八法则结合起来运用。

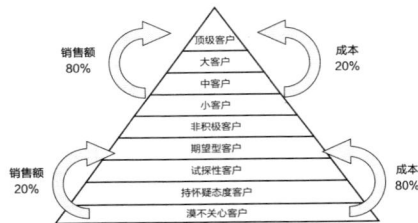

销售额 80% ← → 成本 20%

顶级客户
大客户
中客户
小客户
非积极客户
期望型客户
试探性客户
持怀疑态度客户
漠不关心客户

销售额 20% ← → 成本 80%

● 客户分类管理的步骤

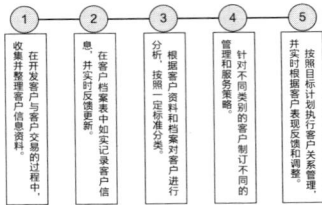

① 收集并整理客户信息资料。

② 在开发客户与客户交易的过程中，并实时反馈更新。

③ 在客户档案中如实记录客户信息，并实时反馈更新。

④ 分析、按照一定标准分类，根据客户资料和档案对客户进行管理和服务策略。

⑤ 针对不同类别的客户制订不同的管理和服务策略，并按照目标计划执行客户关系管理，同时根据客户表现反馈和调整。

穿插拓展知识，延展内容让读者学得更多

拓展知识 客户资料密级的确定

公司可以根据自身情况来确定客户资料的密级，一般情况下，根据客户的重要程度来确定密级，可划分为以下三个等级：

①公司一般业务往来的客户为秘密级。

②公司重要业务往来的客户为机密级。

③在公司经营发展中，直接影响公司权益的重要客户资料为绝密级。

拓展知识 利用社群培养客户忠诚度

随着网络营销的发展，社群已经成为现代企业用于增强客户黏性、培养客户忠诚度的重要工具。社群运营要分六步走，选择社群载体→创建社群→美化社群→制定社群规则→引导客户入群→日常运营维护。常见的社群载体有QQ群、微信群、论坛社区、淘宝群等。美化社群是指对社群头像、简介、公告等进行设置，从而让社群能够展示企业品牌，易于被识别。根据社群的定位，企业可以规定不同的入群门槛，如管理者邀请入群、付费入群和申请入群等。

精选制度表单，读者稍加修改即可实战应用

制度 客户服务管理制度

为加强客户服务的管理，提高客户服务水平，给予客户良好的服务体验，根据"××××××"要求，特制定本制度。

1 总则

随着科学技术和企业管理水平的不断提高，顾客购买能力的增强和需求趋向的变化，客户服务在市场竞争中已逐渐取代了产品的质量和价格而成为企业关注的焦点。服务是产品功能的延伸，有服务的销售才能充分满足客户需要，缺乏服务的产品只不过是半成品。现今的服务应是全过程的服务，即售前服务、售中服务和售后服务。

从表面上看，企业的服务设施和费用支出增加了企业的成本，但它发挥的促销作用会给企业带来更大的利润。企业要实现长期经营目标，建立客户服务制度是一个重要环节。

本客户服务管理制度主要包括客户关系管理制度、售后服务管理制度、客户投诉管理制度等内容。

2 客户关系的管理

2.1 客户资料的管理。

2.1.1 建立历年往来客户资料，作为企业销售管理活动的参考。

2.1.2 客户资料分为"客户档案""客户状况一览表"两种[1]。

2.1.3 客户档案由业务室信息管理员专人保管，客户状况一览表则分配给各有关业务人员使用。

2.1.4 信息管理员应当妥善保管好自己的客户资料[2]。

2.1.5 客户资料如有变化，应当及时修订。

....

3 客户服务的管理

3.1 为加强与客户的业务联系，树立企业的良好形象，不断开拓市场，特制定本管理制度。

3.2 本文所指的服务，包括对各地经销商、零售商、委托代理商等的全方位系统服务。

3.3 客户服务的范围。

3.3.1 巡回服务活动

A. 对有关客户经营项目的调查研究。

B. 对有关客户商品库存、进货、销售状况的调查研究。

C. 对客户对本公司产品及提供服务的批评、建议、希望和投诉的调查分析。

D. 收集对经营有参考价值的市场行情、竞争对手动向、营销政策等信息。

3.3.2 市场开拓活动

....

[1] 客户档案是将往来客户的名称、内容、信用、与本公司的关系等详细记入，而客户状况一览表则将这些简单地列入记录。
[2] 公司以外其他人员需要查阅相关资料时，必须征得业务负责人或公司经理同意。

范表 用户体验调查表

用户信息	性 别		年 龄		联系方式	
单位信息	单位名称		职 位		地 址	
体验项目	细 项		给予客观评价		遇到的问题	改善建议
产品外观	桌面上产品的形状和大小		A.好 B.良好 C.一般 D.较差 E.差			
	产品的色彩		A.好 B.良好 C.一般 D.较差 E.差			
	产品 logo 和名称		A.好 B.良好 C.一般 D.较差 E.差			
	功能模块的品质感		A.好 B.良好 C.一般 D.较差 E.差			
产品界面	每个图标设计的美观精致度		A.好 B.良好 C.一般 D.较差 E.差			
	每个图标设计的匹配易懂性		A.好 B.良好 C.一般 D.较差 E.差			
	界面功能布局合理性		A.好 B.良好 C.一般 D.较差 E.差			
产品功能	订阅	信息发布流畅度	A.好 B.良好 C.一般 D.较差 E.差			
		信息内容的美感	A.好 B.良好 C.一般 D.较差 E.差			
		信息内容实效性	A.好 B.良好 C.一般 D.较差 E.差			
	监控	目标监控及时性	A.好 B.良好 C.一般 D.较差 E.差			
		功能模块实用性	A.好 B.良好 C.一般 D.较差 E.差			
	资讯	资讯提供及时性	A.好 B.良好 C.一般 D.较差 E.差			
		资讯内容的价值	A.好 B.良好 C.一般 D.较差 E.差			

范表 新品试用体验登记表

活动日期	品牌名称	试用客户	产品名称	数 量	领取人签字	备 注

附赠更多模板，图书内容更加超值

更多模板

呼叫中心客服人员管理制度	售前会员回访登记表	售前客户信息登记表
客服部请假申请单	售前客服常见问题测试	外呼中心人员签到表
客服接线人员保密制度	售前客服跟踪表	网店售前客服管理办法
售前服务调查表	售前客服调查问卷	在线客服管理制度

更多模板

分公司潜在客户开发跟踪表	客户开发情况登记表	新客户开发申请表
客户拜访记录	客户开发绩效考核制度	重点客户开发进度表
客户开发激励制度	客户业务联系记录表	
客户开发建议管理制度	新客户开发管理制度	

更多模板

标准客户回访记录表	工程回访单	客户回访日（月）报表
大客户拜访管理制度	监理服务工作回访表	客户回访问卷
地产公司客户回访制度	客户拜访计划表	上门回访工作日志
电话回访表	客户回访登记表	市场部酒店渠道回访表
电话回访制度	客户回访管理办法	售后服务回访表
分公司客户回访分派表	客户回访规定	业主（住户）回访表

下载文件

书中涉及的制度、范表与模板的电脑端下载地址及移动端二维码：

http://www.m.crphdm.com/2023/1107/14654.shtml

读者对象

本书内容精炼，用图解的方式介绍客户管理相关知识，展示了大量客户管理工作中会使用到的各类制度范表，同时搜集了很多实用模板文件，特别适合企业业务部门办公和管理使用，还可作为管理者编制客户管理工作规范的工具书，协助销售人员、客服人员快速管理客户。

由于编者能力有限，对于本书内容不完善的地方希望获得读者的指正。

编　者

目录

第 1 章　客户资源管理制度与范表

【更多模板】

【更多模板】

【更多模板】

销售员工业务咨询调查登记表   客户来访明细登记表

企业客户资料汇总表   客户发票开票信息记录表

门店客户档案表   酒店客户档案管理制度

客户销售明细记录表   购车客户档案登记表

客户名单信息登记表   4S 店客户档案管理制度

第 2 章　客户细分管理制度和范表

2.1　客户分类管理

【更多模板】

2.2 客户分级管理

【更多模板】

第 3 章 客服工作管理制度与范表

【更多模板】

3.2　售前客服管理

【更多模板】

店面售前客户统计表	售前客服跟踪表
呼叫中心客服人员管理制度	售前客服调查问卷
客服部请假申请单	售前客户信息登记表
客服接线人员保密制度	售前客户资料卡
售前服务调查表	外呼中心人员签到表
售前会员回访登记表	网店售前客服管理办法
售前客服常见问题测试	在线客服管理制度
售前客服岗 5S 管理规范	

3.3 售后客服管理

【更多模板】

第 4 章　客户营销管理制度与范表

【更多模板】

代理商评估奖惩制度　　　　　　　　渠道管理奖惩制度
公司渠道管理制度　　　　　　　　　渠道开发进度表
公司营销渠道管理办法　　　　　　　渠道开拓奖励办法
广告渠道发布表　　　　　　　　　　渠道调查问卷
加盟店经营管理制度　　　　　　　　渠道团队管理制度
连锁店管理制度　　　　　　　　　　渠道员工奖励单
品牌产品代理商制度　　　　　　　　特约店协会组织制度
渠道登记表　　　　　　　　　　　　网络渠道分销登记表
渠道关系加强对策表

4.2　客户开发管理

【更多模板】

4.3　客户合作管理

【更多模板】

第5章　客户服务管理制度与范表

【更多模板】

5.2 客户回访管理

【更多模板】

5.3　客户体验管理

【更多模板】

产品试用反馈表	客户服务体验动态跟踪调查表
产品体验反馈表	客户服务质量管理制度
顾客意见奖惩规范	生活体验馆员工管理规定
就餐客户体验调查表	维保服务质量评估制度
客户服务保障制度	营业厅服务管理考核细则
客户服务活动管理办法	用户意见反馈表

第 6 章　客户关系管理制度与范表

【更多模板】

工程联系单	客户联系单
工作联系函	客户情况说明表
公司名称变更通知	客户通讯录
公司收款账户变更通知函	客户需求沟通表
供应商合作沟通表	区域销售经理变更通知函
供应商来访洽谈记录表	商务洽谈表
顾客沟通和服务制度	售前咨询客户交流表
金融客户日常沟通表	业务洽谈委托书
客户拜访联系函	银行账户信息变更通知
客户联络表	

【更多模板】

6.3　客户关怀管理

【更多模板】

6.4 客户流失管理

【更多模板】

第 7 章　客户价值管理制度与范表

【更多模板】

法人客户信用等级评定管理办法　　　公司客户偿付能力调查表
个人客户信用等级评定标准　　　　　公司客户管理能力调查表
公司客户基础信用能力调查表　　　　客户信用调查评估问卷
公司客户经营状况调查表　　　　　　企业信用报告查询申请表
公司客户社会信用记录调查表　　　　小企业信用等级评定办法
公司客户信用信息明细表　　　　　　自然人客户信用等级评定标准
加盟客户信用等级评定表

【更多模板】

第 8 章　客户维护管理制度与范表

8.1　客户满意度管理

【更多模板】

产品服务满意度调查问卷	客户服务满意度调查
产品满意度评价汇总表	客户合作满意度调查
电商客户满意度调查	客户满意度管理办法
电商平台客户体验满意度问卷	满意度改善效果确认表
电商网店满意度调查问卷	满意度问题分析及对策表
工程项目满意度调查表	商城客户满意度调查问卷
公司服务方案满意度调查	

【更多模板】

餐饮店消费者忠诚度调查	客户忠诚度调查表
粉丝等级划分表	客户转介绍奖励办法
供应商推荐表	视频 App 社群用户调研表

【更多模板】

第❶章

客户资源管理制度与范表

客户是企业最重要的资源之一，也是企业核心竞争力的一种体现，合理进行客户资源管理，可以有效提高客户价值。因此，企业应加强对客户资源的管理，明确客户资源的价值，通过管理好客户资源来提高签单率和客户满意度，从而进一步提升企业的盈利能力。

1.1　客户资料管理

　　客户资源是企业可以开发和锁定的目标客户，客户资源管理的第一步是建立客户资料库。建立客户资料库后，企业可以将客户资源整合优化，为不同需求的客户提供差别化服务。客户资料库中应包含过去、现在和未来的客户信息资源，该数据库应是动态的。在企业经营管理中，应合理分配和管理数据库中的客户资源，避免因客户资源分配不合理导致内部矛盾的产生。

● 如何建立客户资料库

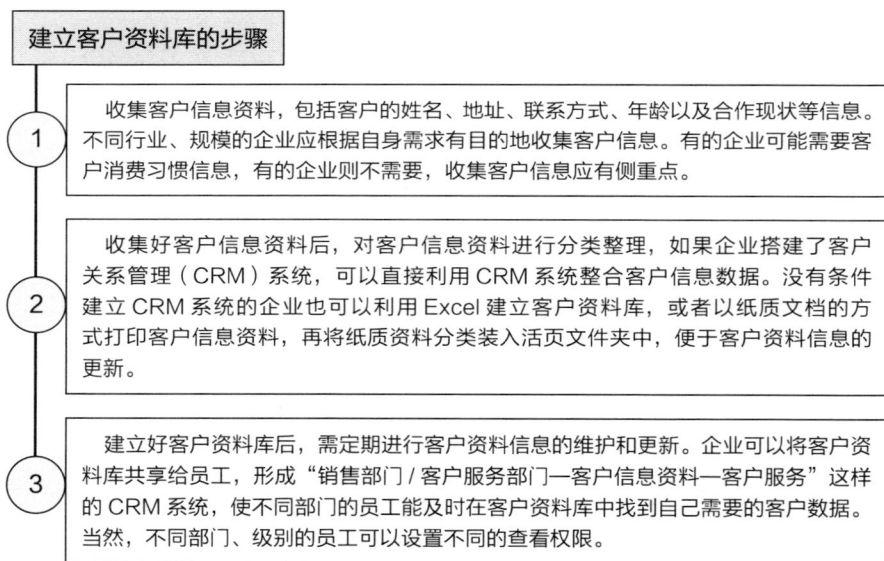

建立客户资料库的步骤

1 收集客户信息资料，包括客户的姓名、地址、联系方式、年龄以及合作现状等信息。不同行业、规模的企业应根据自身需求有目的地收集客户信息。有的企业可能需要客户消费习惯信息，有的企业则不需要，收集客户信息应有侧重点。

2 收集好客户信息资料后，对客户信息资料进行分类整理，如果企业搭建了客户关系管理（CRM）系统，可以直接利用 CRM 系统整合客户信息数据。没有条件建立 CRM 系统的企业也可以利用 Excel 建立客户资料库，或者以纸质文档的方式打印客户信息资料，再将纸质资料分类装入活页文件夹中，便于客户资料信息的更新。

3 建立好客户资料库后，需定期进行客户资料信息的维护和更新。企业可以将客户资料库共享给员工，形成"销售部门/客户服务部门—客户信息资料—客户服务"这样的 CRM 系统，使不同部门的员工能及时在客户资料库中找到自己需要的客户数据。当然，不同部门、级别的员工可以设置不同的查看权限。

● 客户资料管理的常见问题

问　题	具体阐述
客户撞单问题	这一问题可能出现在不同部门的员工身上，如外贸业务员、售后客服等。针对该问题，企业可以通过 CRM 系统建立客户报备或查重机制，让现 CRM 数据库中的客户信息是唯一的，这样就能有效规避客户撞单的情况

续上表

问 题	具体阐述
客户资料混乱	随着开发的客户越来越多，员工手中的客户资料也会增多，如果客户资料混乱，容易导致客户跟进不及时、客户丢失等问题的发生。针对该问题，企业应让员工树立客户资料分类管理的意识，让其主动做好客户资料管理。在进行客户资料管理时，可以新建"客户资源库"文件夹，将该文件夹按照客户类型、渠道、跟进进度等方式分类，然后将客户资料分门别类地存放，方便查找
客户资料可用度低	客户资料库中的数据可能来源于多种途径，有些途径获取的客户资料可能不具备代表性，并不能真正反映客户的真实情况，甚至会出现客户基本信息也是错误的情况。为了保证资料库中客户数据的真实性和可用性，企业员工在录入和整理客户资料时，就要注意对客户资料进行鉴别，检查客户资料是否可靠，可信度不高的客户资料不宜整理收集到客户资料库中
客户资料无法发挥作用	这一问题一般发生在员工使用客户资料的过程中，首先要判断导致该问题发生的原因，是客户资料不具备时效性、可靠性，还是员工工作方法存在问题。如果是员工自己无法充分利用客户资料，那么就要加强员工培训和辅导，提高其工作能力和效率，以最大化发挥客户资料的作用。若是客户资料不具备代表性、可靠性，则企业和员工需加强客户信息真实性、可靠性的管理

● 如何选择客户管理软件

从业务需求出发

企业可以根据自己的业务需求来选择适合的客户管理软件，有的软件功能相对比较简单，仅有客户资料管理、客户跟进拜访管理、成交订单管理、合同管理等功能，这样的软件更适合中小型销售团队。对于大型企业来说，则需要功能更强大的软件，如客户关怀、短信群发、报价单生成、商机转化统计等功能。

仔细对比筛选

目前，市场上的客户管理软件有很多，在选择时最好多进行比较，尽量选择性价比更高的客户管理软件。有的软件会提供试用服务，企业可以试用后再决定是否使用该软件。试用时，重点查看软件的功能、稳定性以及适配性。一款好的客户管理软件应在功能上满足企业需求，具有实用性，同时应有稳定的性能便于员工操作。

● 如何科学有效分配客户资源

方法一：按照区域分配

按照区域把客户资源划分为多个片区，每个业务代表分别负责不同片区的客户，如东北片区、东南片区、西南片区以及西北片区。按照区域来分配客户资源时，可以根据公司业务范围和销售区域来划分。

方法二：谁接待、谁服务

这种分配方法比较适合轮班制的岗位，如置业顾问、美容师、健身教练、服装销售员以及客服岗位（呼入）等。由于客户的不确定性，为了避免员工因客户资源问题产生矛盾冲突，可以根据"谁接待、谁服务"原则来分配客户资源，以保证每一个来访客户都有人接待。

方法三：借助 CRM 系统分配

搭建了 CRM 系统的企业，可以利用 CRM 系统来分配客户资源，不同的 CRM 系统可能会采取不同的分配方式，一般可以根据企业自身情况来设置分配规则，然后让系统自动进行客户资源的分配。

方法四：谁报备、谁负责

对于自行开发客户的业务人员来说，企业可以通过客户报备的方式分配客户资源，即让业务人员做好客户报备工作，将自己开发的客户资料录入客户资料库中，报备成功后，客户就属于该业务人员，负责客户的后续跟进工作。在设置报备规则时，应明确录入一名客户信息时，如果信息重复，则不可录入，这样可以有效避免撞单。另外，企业还可以规定如果业务人员长时间没有跟进，客户会重新进入公共客户资料库中，其他业务人员可以自由开发。

方法五：根据客户特征分配

企业可以对客户资源的特征进行描述，如描述为售前客户、售后客户、新客户、老客户、短期客户以及长期客户等，然后将不同特征的客户分配给不同级别或岗位的员工。另外，还可以根据客户特征设置关键词，然后按关键词来筛选客户，再对客户进行分配。

制度 客户资料管理办法

一、总　则

为了提高客户资料的有效性和利用率，加强客户资料管理，做好客户服务品质提升和客户关系维护的基础工作，提升客户满意度和忠诚度，使公司对客户的管理规范化、有效化，特制定本客户资料管理办法。

二、管理范围

1. 公司已合作客户（老客户）、未合作客户、潜在客户、流失客户等客户资料都纳入本管理办法范围。

2. 客户资料的管理包括客户资料的收集、整理、查阅、分析等方面。

3. 公司客户为与公司有业务往来的供应商、经销商及合作的重点客户、品牌客户。

三、客户资料

完整的客户资料包括以下信息。

1. 客户基本资料的收集是业务拓展的基础，也是客户资料管理的第一步。客户基本资料的收集主要由市场人员完成，市场人员要熟练掌握各种客户资料收集的有效方法，积极主动的收集客户信息[1]。

2. 客户基本信息包括客户的企业名称、地址、所有者（法人代表）、成立时间、企业性质、所属行业、注册资料、联系人、联系方式（电话、传真、邮箱）等方面。

3. 对经销商、重点品牌资料要在ERP中规范管理。建立必要的信息系统，如客户性质、客户合作年限、经营品牌、信用评估、财务状况及人员状况等。

四、客户档案

1. 客户档案的建立。

（1）发展、接触每一个新客户，均应建立客户档案。

（2）客户档案适当标准化、规范化，摸清客户基本信息，如客户名称、法定代表人或法定代表的地址、邮编、电话、传真、经营范围和注册资本等。

（3）建立客户特征资料，客户特征资料包括企业规模（营业额、员工人数）、采购决策特征、具体需求、决策者个人信息（爱好或偏好、生日等）、业务发展趋势等。

（4）建立客户交易资料，包括客户与竞争对手合作信息（合作方式、交易额、付款方式）、客户与公司历史交易信息（合作方式、交易额、付款方式、合同编号、流失原因）等。

2. 客户档案的更新、修改。

（1）客户单位的重大变动事项，与本公司的业务交往，均须记入客户档案。

（2）客户年度业绩和财务状况报告。

（3）客户在财务上的开户、更改户名需提供纸制申请，并做好信息记录[2]。

---

[1] 公司信息部负责公司所有客户基本信息的汇总、整理，负责建立客户档案，并编制客户一览表供查阅。
[2] 由销售中心及财务部存档，在公司ERP上做好记录和分类，并及时和相关人员沟通。

五、重大事项须报告

公司各部门与客户接触的重大事项，均须报告信息部（除该业务保密外），不得局限在业务人员个人范围内。

六、客户资料归档

员工调离公司时，不得将客户资料带走，其业务部门会同信息部将其客户资料接收、整理、归档。

七、客户信息查阅权

建立客户信息查阅权限制，未经许可，不得随意调阅客户档案。

八、附　　则

本客户资料管理办法由公司销售中心解释、补充，经总经理批准颁行。

制度 客户资料保密制度

第一章　总　　则

第一条　为维护公司的权益，保守公司和客户资料秘密，特制定本制度。

第二条　客户资料保密工作实行既确保秘密不被泄露，又便利工作的方针。

第三条　客户资料保密关系公司权利和效益，依照特定程序规定，客户资料秘密指在一定时间内只限一定范围人员知悉的事项。

第二章　保密范围和密级的确定

第四条　客户资料秘密包括以下内容。

1. 公司主要客户的重要信息，如法人、负责人和经营范围等相关信息。

2. 公司与客户重要业务的细节。

3. 公司对重要客户的特殊营销策略。

第五条　客户资料密级分为"秘密""机密""绝密"三级。

1. "秘密"是一般的客户资料，泄露会使公司的权利和效益遭受损害。

2. "机密"是重要的客户资料，泄露会使公司的权利和效益遭到严重的损害。

3. "绝密"是最重要的客户资料，泄露会使公司的权利和效益遭受特别严重的损害。

第六条　属于秘密的客户资料和文件，应当依据本制度第五条的规定标明密级。

第三章　保密措施

第七条　对于密级的客户资料和文件，应采取以下措施。

1. 密级客户资料由客户管理部经理整理后妥善保存，市场部客户资料由市场部指派专人负责保存。

2. 非经总经理或主管副总经理批准，不得复制和摘抄。

3. 收发、传递和外出携带，应由指定人员负责，并采取必要的安全措施。

第八条　举办属于秘密内容的客户信息管理会议和其他活动，主办部门应采取下列保密措施。

1. 选择具备保密条件的会议场所。

2. 根据工作需要，限定参加会议的人员范围，对参加涉及密级事项会议的人员予以指定。

3. 依照保密规定使用会议设备和管理会议文件。

4. 确定会议内容是否传达及传达范围。

第九条　在对外交往与合作中需要提供客户资料的，应当事先经总经理批准。

第十条　不准在私人交往和通信中泄露客户资料秘密，不准在公共场所谈论市场秘密，不准通过其他方式传递市场秘密。

第十一条　客户资料秘密和其他物品的制作、收发、传递、使用、复制、摘抄、保存和销毁，由总经理办公室或主管副总经理委托专人执行；采用计算机技术存取、处理、传递的公司秘密由相关技术人员负责保密。

第十二条　公司工作人员发现客户资料秘密已经泄露或者可能泄露时，应当立即采取补救措施并及时报告总经理办公室，总经理办公室在接到报告后，应立即进行处理。

第四章　责任与处罚

第十三条　出现下列情况之一者，给予警告。

1. 已经泄露客户资料秘密，但采取了补救措施。

2. 泄露了客户资料秘密，尚未造成严重后果或经济损失。

3. 违反本制度第八条、第九条、第十条、第十一条。

第十四条　出现下列情况之一者，予以辞退并酌情赔偿经济损失。

1. 利用职权强制他人违反客户资料保管保密规定。

2. 违反保密制度规定，为他人窃取、刺探、收买或违规提供公司客户资料秘密。

3. 故意或过失泄露公司重要客户资料，造成严重后果或重大经济损失。

第五章　附　　则

第十五条　本制度规定的泄露是指下列行为之一。

1. 使公司客户资料秘密与重要客户信息超出了限定的接触范围，而不能证明未被不应知悉者知悉。

2. 使公司资料秘密与重要客户信息被不应知悉者知悉。

第十六条　本制度由综合部制定、修订和补充，呈报总经理办公会议审阅，审批后下发执行。

拓展知识 客户资料密级的确定

公司可以根据自身情况来确定客户资料的密级，一般情况下，根据客户的重要程度来确定密级，可划分为以下三个等级。

①公司一般业务往来的客户为秘密级。

②公司重要业务往来的客户为机密级。

③在公司经营发展中，直接影响公司权益的重要客户资料为绝密级。

制度　客户资源分配制度

第一章　总　　则

为规范营销中心客户确认、分配管理，给销售人员创造一个公平、有序的竞争环境，建设和谐的销售团队，特制定本制度。

第二章　客户分配的确认

一、客户分配确认的基本依据

1. 客户确认分配以公平竞争为原则，明确以客户有效记录为唯一的确认依据。

2. 客户确认以记录系统首次记录时间为准。

3. 客户有效记录中录入客户的姓名、性别和联系电话。

二、客户分配确认的有效性

有效客户标准：来电客户要在 3 天内进行追访，来访客户要在 7 天内进行追访。

第三章　客户的分配

一、来电客户的分配

1. 首次来电的客户，置业顾问按接电顺序依次接待。如轮到置业顾问甲接电，但置业顾问甲因个人原因不能接电，做轮空处理，客户归接电置业顾问。如果置业顾问甲因为公事而轮空，经销售经理确认后，可以进行补接[1]。

2. 再次来电的客户，如果客户未指明找某位置业顾问，由正在接电的置业顾问接待。如果在认购之前发现客户重复，则客户登记日期靠前且在有效期内的置业顾问拥有该客户。如果客户认购之后，原业务员才发现，则客户属于签约置业顾问。

3. 置业顾问甲接到老客户电话，若老客户不记得接待过自己的置业顾问，则置业顾问甲有义务留下客户电话，交由后台查询。若无记录，则客户属于置业顾问甲；若查到属于别的置业顾问，则客户还给该置业顾问。

二、来访客户的分配

1. 新客户来访分配（直接来访／渠道导客）。

新客户来访，置业顾问按接访顺序依次接待。如轮到置业顾问甲接访，但置业顾问甲因个人原因不能接待，做轮空处理，客户归接访置业顾问。如果置业顾问甲因为公事而轮空，经销售经理确认后，进行补接[2]。

---

[1] 接到客户来电，将客户信息登记到"客户来电记录表"中。

[2] 将来访客户信息登记在"来访客户登记表"中。

2. 老客户来访分配。

2.1 如果客户来访时指明找某位置业顾问，则由该置业顾问接待，不占用其接待名额。其余置业顾问接待顺序不变，若该置业顾问接待完毕，接待顺序尚未轮到自己，则继续按照原接待顺序接待。若接待完毕时，自己轮空，则进行补接。

....

范表 客户资料卡

<table>
<tr><td colspan="6" align="center">客户资料卡</td></tr>
<tr><td colspan="2" align="center">一般资料</td><td colspan="4" align="center">接洽人员</td></tr>
<tr><td>公司名称</td><td></td><td>负责人</td><td colspan="3"></td></tr>
<tr><td>地　址</td><td></td><td>厂　长</td><td colspan="3"></td></tr>
<tr><td>工厂地址</td><td></td><td>联系人</td><td colspan="3"></td></tr>
<tr><td colspan="2" align="center">营业状况</td><td colspan="4" align="center">检验状况</td></tr>
<tr><td>营业项目</td><td></td><td>设　备</td><td colspan="3"></td></tr>
<tr><td>营业额</td><td></td><td>人员素质</td><td colspan="3"></td></tr>
<tr><td>业务员人数</td><td></td><td>检测人数</td><td colspan="3"></td></tr>
<tr><td>员工人数</td><td></td><td>决定人数</td><td colspan="3"></td></tr>
<tr><td>营业旺季</td><td></td><td>检验方法</td><td colspan="3"></td></tr>
<tr><td>投资额</td><td></td><td>严格程度</td><td colspan="3"></td></tr>
<tr><td>生产能力</td><td></td><td colspan="4" align="center">其　他</td></tr>
<tr><td>财务状况</td><td></td><td colspan="4" rowspan="2"></td></tr>
<tr><td>发展潜力</td><td></td></tr>
<tr><td colspan="2" align="center">付款状况</td><td colspan="4" align="center">采购情况</td></tr>
<tr><td>付款周期</td><td></td><td>年　度</td><td colspan="2">主要产品</td><td>金　额</td></tr>
<tr><td>付款方式</td><td></td><td></td><td colspan="2"></td><td></td></tr>
<tr><td>付款态度</td><td></td><td></td><td colspan="2"></td><td></td></tr>
<tr><td colspan="2" align="center">往来厂商</td><td colspan="4" align="center">经办人员</td></tr>
<tr><td>厂　商</td><td>相关产品</td><td>金　额</td><td>开始日期</td><td>截止日期</td><td>姓　名</td></tr>
<tr><td></td><td></td><td></td><td></td><td></td><td></td></tr>
<tr><td></td><td></td><td></td><td></td><td></td><td></td></tr>
<tr><td></td><td></td><td></td><td></td><td></td><td></td></tr>
<tr><td></td><td></td><td></td><td></td><td></td><td></td></tr>
<tr><td></td><td></td><td></td><td></td><td></td><td></td></tr>
<tr><td></td><td></td><td></td><td></td><td></td><td></td></tr>
</table>

范表 客户统计表

序　号	姓　名	性　别	地　址	职　业	客户意向	问　题
1						
2						
3						

范表 会员资料登记表

编号：　　　　　　　　　　　　　　　　　　　　填表日期：　　年　月　日

个人信息				
真实姓名		性　别		照片
身份证号码		年　龄		
邮　箱		联系电话		
学　历		会员渠道		
详细住址				
会员卡级别		缴费金额		
缴款方式	现金：　　　　转账：　　　　刷卡：			
会员卡账户		开户行及户名		
会员情况				
（接待人员根据会员具体情况填写）				

范表 在谈客户资源表

公　司	客户编码	接触时间	动态跟进	客户类型	客户状态

范表 VIP客户资料卡

日期：　　　　　　　　　　　　　　　　　　　　　　卡号：

姓　名		性　别		电　话		职　业	
身份证号				住　址			
消费记录							
日　期	消费金额	积　分	备　注	日　期	消费金额	积　分	备　注

范表 客户资源卡

客户类型：　　　　　　　　　　　　　　　　　　　经理人：

姓　名		基本情况	
联系方式		应对方案	
联系情况及碰到的情况		提出方案和解决办法	
月　　日			
月　　日			
月　　日			
月　　日			
月　　日			
月　　日			

更多模板

客户销售资料一览表　　　　　　　　客户资源管理制度

客户信息存储表　　　　　　　　　　客户资源交接表

客户资料报备录入表　　　　　　　　美容会员资料卡

客户资料表　　　　　　　　　　　　一级客户登记表

客户资料登记表　　　　　　　　　　客户报备管理规定

客户资源管理办法

1.2 客户信息管理

客户信息是指与客户有关的信息资料，如客户姓名、喜好、需求、联系方式等信息。客户信息是企业做好客户关系维护、分级管理、合作沟通的基础，随着市场竞争的加剧，企业员工若能掌握更多有用的客户信息，能帮助自己更好地说服客户，促成与客户之间的合作。

● 客户信息的类型

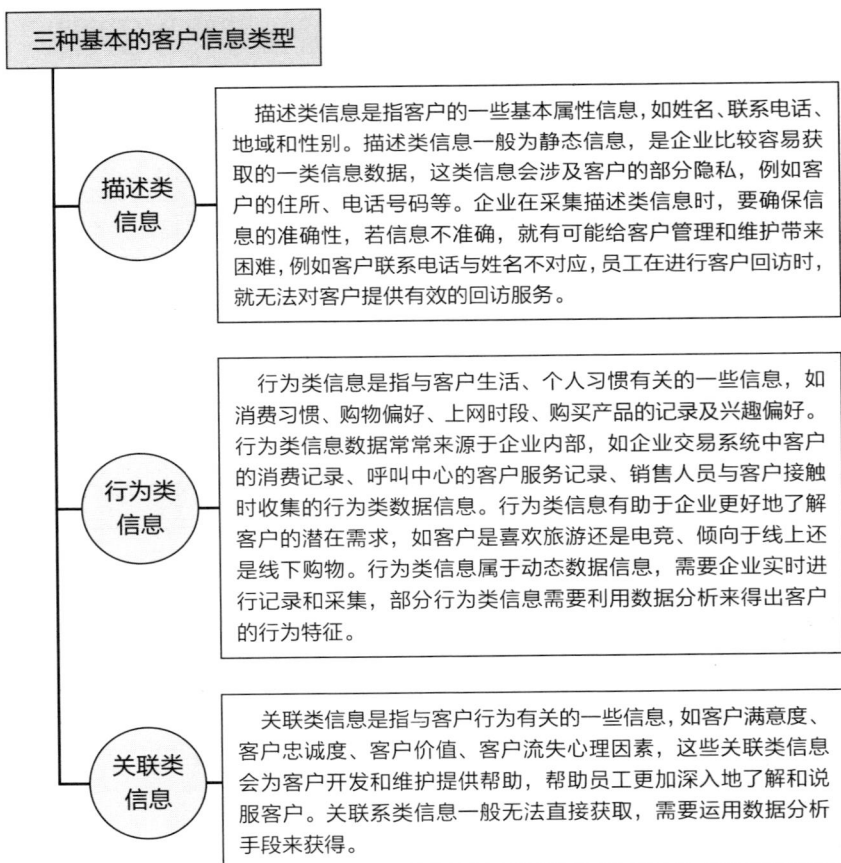

三种基本的客户信息类型

描述类信息

描述类信息是指客户的一些基本属性信息，如姓名、联系电话、地域和性别。描述类信息一般为静态信息，是企业比较容易获取的一类信息数据，这类信息会涉及客户的部分隐私，例如客户的住所、电话号码等。企业在采集描述类信息时，要确保信息的准确性，若信息不准确，就有可能给客户管理和维护带来困难，例如客户联系电话与姓名不对应，员工在进行客户回访时，就无法对客户提供有效的回访服务。

行为类信息

行为类信息是指与客户生活、个人习惯有关的一些信息，如消费习惯、购物偏好、上网时段、购买产品的记录及兴趣偏好。行为类信息数据常常来源于企业内部，如企业交易系统中客户的消费记录、呼叫中心的客户服务记录、销售人员与客户接触时收集的行为类数据信息。行为类信息有助于企业更好地了解客户的潜在需求，如客户是喜欢旅游还是电竞、倾向于线上还是线下购物。行为类信息属于动态数据信息，需要企业实时进行记录和采集，部分行为类信息需要利用数据分析来得出客户的行为特征。

关联类信息

关联类信息是指与客户行为有关的一些信息，如客户满意度、客户忠诚度、客户价值、客户流失心理因素，这些关联类信息会为客户开发和维护提供帮助，帮助员工更加深入地了解和说服客户。关联系类信息一般无法直接获取，需要运用数据分析手段来获得。

● 客户信息的来源渠道

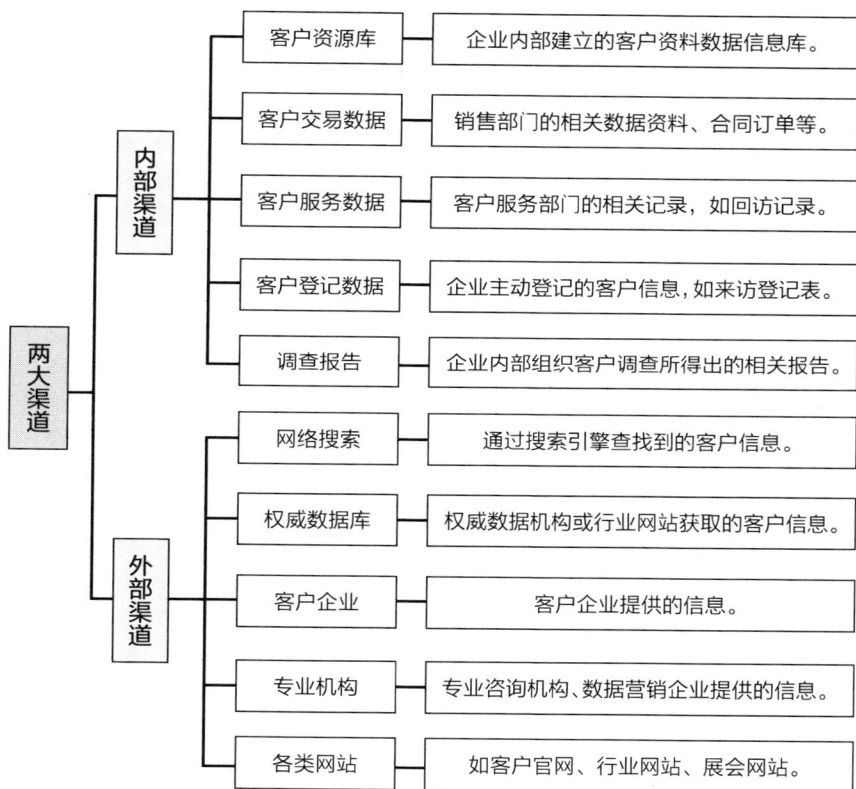

两大渠道

内部渠道

客户资源库	企业内部建立的客户资料数据信息库。
客户交易数据	销售部门的相关数据资料、合同订单等。
客户服务数据	客户服务部门的相关记录，如回访记录。
客户登记数据	企业主动登记的客户信息，如来访登记表。
调查报告	企业内部组织客户调查所得出的相关报告。

外部渠道

网络搜索	通过搜索引擎查找到的客户信息。
权威数据库	权威数据机构或行业网站获取的客户信息。
客户企业	客户企业提供的信息。
专业机构	专业咨询机构、数据营销企业提供的信息。
各类网站	如客户官网、行业网站、展会网站。

● 客户信息调查的基本内容

信息内容	具体阐述
客户名称	个体客户为客户姓名，企业客户为公司名称，可以描述为易于记忆的简称
基本信息	包括联系方式、住址、电子邮件等信息
所属区域	可按客户所在的区域进行划分，如华中、华北、华南等

续上表

信息内容	具体阐述
所属行业	如制造业、建筑业、新兴产业,具体可细分为服装、新材料、互联网、家具、食品等
客户来源	指客户开发的来源渠道,如官网渠道、地面推荐、社交媒体、客户推荐以及电视广告
客户特征	个人客户一般为客户性格、兴趣偏好、消费行为等,企业客户一般为销售能力、行业影响力、经营策略等
信用状况	根据客户具体情况为客户评分,用于评估客户信用风险高低

制度 市场部客户信息反馈管理制度

　　为了高效、有序开展市场营销工作,有效引导市场需求,扩大市场占有率,实现公司对市场营销工作的有效管控,实现销售目标,提升客户服务满意度,特制定本客户管理办法。

　　第一条　目标市场客户信息的收集、整理和筛选。

　　1. 营销人员根据自己的职责和市场划分,在所负责的范围、领域内通过各种途径广泛收集目标客户信息。

　　2. 营销人员建立客户信息登记表,对收集到的客户信息,在第一时间登记建档,登记的信息要尽可能准确、详尽、完善。

　　3. 针对客户信息选择合适的方式进行交流沟通,根据信息反馈,对客户情况进行评估,根据评估结果分类登记为目标客户、潜力客户、暂时无效客户[1]。

　　第二条　客户的开发和维护。

　　1. 营销人员在与目标和潜在客户取得联系后,要充分与客户沟通,了解客户的详细信息,选择合适的供货产品,制订切实可行的销售达成方案,包括公司总体管理框架内的样品制度、价格政策、技术支持、结算方式、包装物流、售后服务等要素。进行实质谈判前要有已经获得申请授权的预案。

　　2. 要按照公司总体营销计划的要求,不间断地制订并实施新客户开发计划,不断充实新的客户资源。

　　3. 不论是潜在的、意向的,还是成交的、长期的客户,都要制订定期的联系回访计划,并将联系回访工作落实到周计划工作当中,不得遗漏[2]。

　　4. 营销人员在开发客户活动时要始终贯彻和体现公司经营理念和企业文化,提高自身素

[1] 对目标客户和潜力客户要及时登记到公司统一的"销售客户分类登记表"第一类"目标和意向客户"中。
[2] 在"销售客户分类登记表"中登记下次联系时间。

质，维护公司形象。做事不出格，讲信用、有底线。严禁以损害公司利益和形象为代价向客户谋取私利。

5. 增强客户服务意识，积极主动为客户解答和解决合理的疑问和要求，通过良好的服务，增强客户对公司及产品的满意度和忠诚度。对客户不合理的要求，要讲究策略，耐心解释，克制情绪，不争吵。严禁故意不接客户电话，对漏接的电话要及时回复。

6. 严格执行与客户的合同约定和公司的财务管理制度，增强风险意识，严禁擅自签署或承诺未经公司授权的结算方式。

7. 不断多渠道学习营销理论、营销技巧，提高营销实战能力。

第三条 客户信息的更新和反馈。

1. 结合市场开发的"周工作计划"，对一定时期内处于收集、联系、意向、成交、忠诚不同阶段的客户资源及反馈信息，要及时整理、更新相关信息资料，按照"销售客户分类登记表"的填写要求准确详尽填写"销售客户分类登记表"，与"周工作计划"一并以邮件形式发送至市场营销总监，抄送行政总监、销售内勤。以便公司及时掌握市场信息，归档信息资料和进行行业业绩考核。

2. 保持高度的市场信息捕捉和分析能力，在产品信息、应用信息、竞争对手信息方面保持敏锐，在客观分析的基础上及时向公司汇报反馈。

制度 公司客户信息管理章程

第一条 目的。

为使公司的客户信息管理工作不断完善，逐渐制度化和规范化，特制定本章程。

第二条 报告种类。

（1）日常报告：口头。

（2）紧急报告：口头或电话。

（3）定期报告：提交"客户信息报告"。

第三条 客户分类。

根据客户信用状况，分为甲、乙、丙3个等级。

甲、乙级由营业主管划分确定，其余客户均列为丙级。

（1）甲级：企业形象好、知名度高，在同行业中有竞争优势，信用问题确有保证（与本公司的交易规模大小无直接关系）。

（2）乙级：信用状况一般（大多数客户应列入此类）。

（3）丙级：需要关注防范。

第四条 定期报告。

　　业务人员根据上述分类，依照"客户信息报告"规定事项，向上级主管定期报告。上级主管对报告审核整理后，按下列要求经由总经理向董事会报告。

（1）甲级：六个月一次（每年3月和9月）。

（2）乙级：三个月一次（每年2月、5月、8月和11月）。

（3）丙级：每月一次。

第五条　报告程序。

报告于每月底向营业主管提出，营业主管应在5日内提交总经理。

第六条　日常报告。

日常报告的提交方法依另行规定的"客户信息报告"中的规定办理。

第七条　紧急报告。

当发生拒付或拒付可能性较大的信用问题时，依实际情况应迅速通报上级和有关部门。

制度 客户信息管理制度

第1章 总　则

第1条　为防止客户信息泄露，确保信息完整和安全，科学、高效地保管和利用客户信息，特制定本制度。

第2条　本制度适用于客户信息相关人员的工作。

第3条　客户的分类。

1. 一般客户：与企业有业务往来的经销单位及个人。

2. 特殊客户：与企业有合作关系的律师、财务顾问、广告、公关、银行、保险等个人及机构。

第2章　客户信息归档

第4条　客户开发专员每发展、接触一个新客户，均应及时在客户信息专员处建立客户档案，客户档案应标准化、规范化。

第5条　客户服务部负责企业所有客户信息、客户信息报表的汇总、整理。

第6条　为方便查找，应为客户档案设置索引。

第7条　客户档案按客户服务部的要求分类摆放，按从左至右、自上而下的顺序排列。

第8条　客户信息的载体（包括纸张、磁盘等）应选用质量好、便于长期保管的材料。信息书写应选用耐久性强、不易褪色的工具，如碳素墨水笔或蓝黑墨水笔，避免使用圆珠笔、铅笔等。

第3章　客户信息统计报表

第9条　客户服务部信息管理人员对客户信息进行分析、整理，编制客户信息统计报表。
…………

制度 客户信息统计制度

第1章 总 则

第1条 为了有效、科学地组织客户信息统计工作，进行客户调查资料的统计分析，保证客户信息统计资料的准确性与及时性，发挥客户信息管理工作在客户服务管理中的重要作用，特制定本制度。

第2条 客户信息统计工作的基本任务是对企业客户的各种基本情况进行统计调查、统计分析，提供统计分析报告。

第3条 客户服务部对客户信息统计资料实行多级统计管理体制，客户服务部负责组织和协调全部客户信息资料的统计工作。

第4条 客户信息管理人员应熟练掌握统计原理及应用方法，根据客户服务工作的需要以及客户信息统计工作的繁简程度可配备专职或兼职的统计员。

第2章 客户信息统计资料的提供、积累和保管

第5条 客户服务部向外提供各种客户信息统计资料，公布统计数字时，一律以客户信息管理人员所掌握的统计资料为准。

第6条 客户信息统计资料作为商业机密，一律由客户信息主管掌管。

第7条 凡外部单位根据企业上级规定，并持有企业上级主管部门介绍信，索取客户信息统计资料时，统一由客户服务部接洽。

…………

范表 客户信息表

经营单位		区　域		大客户经理	
客户名称			客户地址		
客户未来需求					
需求名称	需求来源		对应产品	需求金额大小	
客户历史采购					
项目名称	对应产品	交易金额	交易时间	交易厂商	

范表 客户信息记录表

一.基础部分					
首次建档人		建档日期			
客户名称		客户电话			
客户地址		手　机			
客户购买力		传　真			
客户职业		性　别		邮　编	

二.商业部分
1. 户型情况：60 ㎡（　）　　　80 ㎡（　）　　　100 ㎡（　）　　　120 ㎡（　）
2. 楼盘户型及数量
3. 客户购买形式：首付贷款（　）　　　　全款购买（　）
4. 购买时间：
5. 周边客源情况：
6. 入住时间：
7. 小区风格及客户喜欢风格：
8. 需要办理的证件：

三.客户跟进记录			
时间	业务员	约见人	洽谈情况或了解的信息
客户等级界定	□重点客户　　□意向客户　　□潜在客户		

范表 客户销售信息月报表

日期：　　年　　月　　日

客户名称	客户编号	负责人编号	商品编号	销售金额	折扣金额	毛利额	毛利率	备注

范表 客户信息调查表

客户负责人：　　　　　　　　审核：　　　　　　　　调查员：

客户名称			联系方式				
接洽人员	法人代表		年　龄		文化程度		性　格
	负责人		年　龄		文化程度		性　格
	接洽人		年　龄		文化程度		性　格
经营状况	经营方式	□积极　　□保守　　□踏实　　□不定					
	业　务	□兴隆　　□成长　　□稳定　　□衰退					
	业务范围						
	销货方式	□合理　　□偏高　　□偏低　　□削价					
	价　格	旺　季	__月，月销量：		淡　季	__月，月销量：	
	企业性质	□国有企业　　□股份有限公司　　□合伙店铺　　□其他					
	员工人数	职　员	__人	管理层	__人	合　计	____人
同行业地位及付款明细	地　位	□领导者　　□具有影响力　　□一级　　□二级　　□三级					
	付款期						
	付款方式						
	手　续						
与本公司往来	时　间	主要采购产品		旺季每月金额		淡季每月金额	总金额

范表 客户基本信息收集表

客户姓名：	性别：	国籍：
身高： 厘米	体重： 公斤	户籍：
身份证件：	证件号码：	
出生日期：	学历：	婚姻状况：
家庭地址：	邮政编码：	
工作单位：		
职务：	职业代码：	职业：
首选回访电话：		
联系地址：		
电子邮箱：		

范表 客户拜访记录表

填表人信息 部门： 职务： 姓名： 协同人员：		
背景信息	基本信息	拜访时间_____年_____月_____日_____时至_____时
		客户名称_____
		具体地址_____
		行业及主营业务_____
		拜访对象_____
		竞品情况_____
		其他情况_____
	前期结果	沟通主题_____
		遗留问题_____
		其他情况_____

范表 大客户信息表

一、客户基本情况					
客户单位名称			详细地址		
电子邮箱			电 话		
通信地址			籍 贯		
在同行中的地位	□领先　　□居中　　□末流				
同行评级	□很好　　□较好　　□普通　　□差　　□很差				
经营方针	□积极　　□保守　　□平常　　□零乱				
业务状况	□兴隆　　□渐盛　　□常态　　□衰退　　□危险				
经营模式	□连锁　　□总代　　□第三方　　□驻办　　□批零　　□其他				
业务发展规划	目前规划			一年规划	
	三年规划			长远规划	
面临竞争	主要对手			竞争状况	
	客户对策				
主要合作方					
二、客户主要产品情况					
主要经营产品					
经营产品产地分布					
经营产品发站、到站					
经营产品市场占有率			主要产品运量		
月均销售量			库存量		

范表 客户信息一览表

客户类别	编　号	单位名称	联系人	职　务	电　话	主要业务	级　别

范表 个人客户信息管理表

客户编号		客户姓名		客户类别	
客户卡片		客户服务		联系电话	
单位名称				电子邮箱	
单位电话			传　真		
单位地址					
客户生日					
个人喜好	品　牌				
	运　动				
	饮　食				
	其　他				
家庭成员情况					
姓　名	年　龄	称　谓	生　日	工作单位	联系电话
联系记录					
联系日期	联系事项		联系人	效果反馈	备　注

范表 客户名册登记表

序　号	姓　名	电　话	住　址	来电来访日期	客户跟踪	跟进情况

更多模板

意向客户信息登记表	客户信息汇总表
信息安全管理规范	客户信息变更申请表
客户征信信息管理制度	客户调查问卷
客户信息调查问卷	法人客户信息资料表
客户信息收集管理规定	大客户信息收集管理办法
客户信息库管理规定	4S 店客户信息表

1.3　客户档案管理

对企业来说，建立客户档案有利于提高客户信息资料的有效性和利用率，促进客户服务和关系维护。建立客户档案看起来是简单易于操作的，但要让客户档案真正发挥作用，在管理上还应做到规范化、系统化和动态化。

● 客户档案管理原则

集中管理　　　　　分类管理　　　　　动态管理

客户档案管理要遵循集中管理原则。部分企业在进行客户档案管理时，容易出现分散化的情况，具体表现为客户相关信息资料，如客户跟进记录表、身份证明文件以及合同单据等分散在不同业务员手中或各个部门处。企业要避免客户档案管理的分散化，因为一旦业务人员离开公司，这些客户资料就可能被带走，进而造成客户流失，给企业带来经济损失。

客户档案管理要遵循分类管理的原则。分类管理有助于企业内部各类人员、部门进行客户资料的查询、分享和利用。客户档案的分类要有一定的逻辑性，以避免档案管理混乱。具体操作时，要明确分类的标准、类别及分类的层次等，比如按重要性将客户分为普通客户和核心客户，将这两类客户的相关信息资料分别汇总、归档存放。

客户档案管理要遵循动态管理原则。个人客户的消费习惯、职业，企业客户的发展潜力、经营方针等情况是在不断变化的，对于客户档案信息也要进行定期更新。企业应明确，客户档案数据是时时变化的动态数据，它不会一成不变，当客户的基本情况发生变化时，客户档案也要随之进行调整更新。

● 客户档案管理的流程

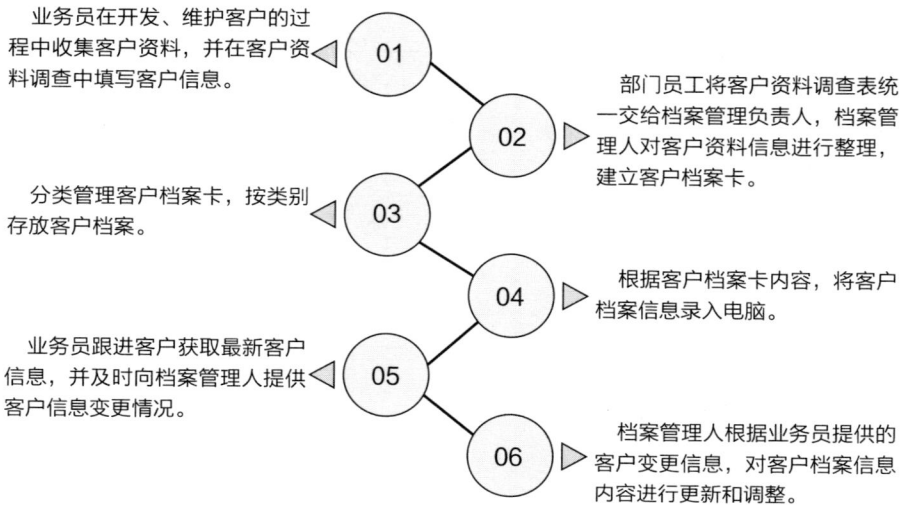

业务员在开发、维护客户的过程中收集客户资料，并在客户资料调查中填写客户信息。 ◁ **01**

02 ▷ 部门员工将客户资料调查表统一交给档案管理负责人，档案管理人对客户资料信息进行整理，建立客户档案卡。

分类管理客户档案卡，按类别存放客户档案。 ◁ **03**

04 ▷ 根据客户档案卡内容，将客户档案信息录入电脑。

业务员跟进客户获取最新客户信息，并及时向档案管理人提供客户信息变更情况。 ◁ **05**

06 ▷ 档案管理人根据业务员提供的客户变更信息，对客户档案信息内容进行更新和调整。

● 客户档案的类型

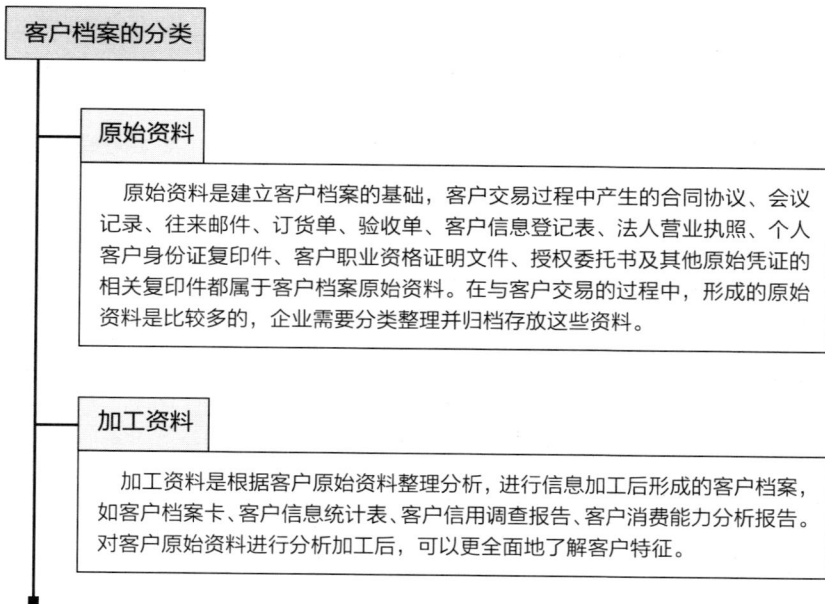

客户档案的分类

原始资料

原始资料是建立客户档案的基础，客户交易过程中产生的合同协议、会议记录、往来邮件、订货单、验收单、客户信息登记表、法人营业执照、个人客户身份证复印件、客户职业资格证明文件、授权委托书及其他原始凭证的相关复印件都属于客户档案原始资料。在与客户交易的过程中，形成的原始资料是比较多的，企业需要分类整理并归档存放这些资料。

加工资料

加工资料是根据客户原始资料整理分析，进行信息加工后形成的客户档案，如客户档案卡、客户信息统计表、客户信用调查报告、客户消费能力分析报告。对客户原始资料进行分析加工后，可以更全面地了解客户特征。

制度 客户档案管理制度

第1章 目　的

第1条　为了给档案管理工作提供规章依据，科学地保管和高效有序地利用档案材料，特制定本制度。相关人员必须按本制度行事。

第2条　为对公司的客户信息进行科学的管理，提高立档工作质量，特制定本制度。

第3条　本制度还为档案的保管和利用提供了应遵循的程序和手续，这是保证档案管理秩序的重要手段。

第2章　客户档案立档工作

第4条　客户服务档案的内容。客户服务档案包括"客户基本资料表""客户信用评估报告""客户销售合同（复印件）""客户资质评级表""客户销售统计表""客户信息分析报告"等。

第5条　客户档案接收部门。由于客户的档案由多个部分构成，而且需要从不同的部门收集信息，所以要确认客户档案的主要管理部门、主要管理人、文档的归集方法及交接标准。

1. 本月的"客户基本资料表""客户销售合同（复印件）""客户销售统计表"等资料由销售部门负责在下月 × 日前向客户服务部档案管理人员提供。

2. 本月的"客户信用评估报告"等资料由财务部门负责在下月 × 日前向客户服务部档案管理人员提供。

3. 本月的"客户资质评级表""客户信息分析报告"等资料由客户服务部负责在下月 × 日前向客户服务部档案管理人员提供。

第6条　客户信息归档程序。新形成的客户信息材料应及时归档，归档的程序如下所述。

1. 对客户信息进行鉴别，看其是否符合归档的要求。

2. 按照客户信息的属性、内容，确定其归档的具体位置。

3. 在信息目录上，可补登信息材料名称及有关内容。

4. 将新客户信息材料放到指定位置，以方便查找。

第7条　归档的材料必须按年度立卷。本公司在营销活动中形成的各种有保存价值的材料，都要按照本制度的规定，分别立卷归档。

第8条　立档范围。客户的基本信息，主要包括客户名称、法定代表人、地址、邮编、电话、传真、注册资本、经营规模、经营范围、经济实力、客户与公司的主要业务往来记录等。

第9条　为保证案卷质量，统一立卷规范，立档工作由相关部室与档案员配合，档案室的文书由档案员负责组卷、编目。

第10条　案卷质量总要求。保持文件之间的有机联系，遵循文件的形成规律和特点，区别不同的价值，便于保管和利用。

第11条　归档资料的种数、份数以及每份文件的页数均应齐全。

第12条　在归档的资料中，应将每份文件的正本与副本、转发文件与原件、请示与批复、多种文字形成的同一文件，分别放在一起，不得分开。

…………

制度 客户档案立档制度

1. 总则。

（1）为对客户进行科学管理，加强本公司客户档案立档工作，特制定本制度。

（2）归档的材料必须按年度立卷，本企业在营销活动中形成的各种有保存价值的材料，都要按照本制度的规定，分别立卷归档。

2. 立档范围。

（1）客户的基本信息，主要包括客户名称、负责人、地址、联系方式等。

（2）客户的经营规模、经济实力。

（3）客户与公司的主要业务来往记录。

3. 归档质量要求。

（1）为保证案卷质量，统一立卷规范，立档工作由相关部室与档案员配合，档案室文书由档案员负责组卷、编目。

…………

制度 客户名簿处理制度

第一条　目的。

客户名簿记录了每次与客户的交易状况，是公司对于往来客户在交易上的参考资料的整理[1]。

第二条　客户名簿的种类。

（一）客户名簿以客户原始资料和客户一览表来区分[2]。

（二）客户原始资料是将交易往来客户的名称、内容、信用，与本公司的关系等详细记录，而客户一览表则将这些信息简单地列入记录。

第三条　客户原始资料的保管和阅览。

各部门在必要的时候，可随时向经理室借阅常备的交易往来客户资料，其他未负责人员如要阅览，则必须经过总财务科的准许方可。经理室对于资料的保管要十分留意，避免污损、破损、遗失等。

第四条　做成记录及订正。

（一）无论买或卖，对于开始有交易往来的公司，各负责者要在"交易开始调查书"里，记入必要事项，且取得单位主管的认可并禀报董事长。而后依照调查书，在财务科将客户

---

[1] 客户名簿的内容包括往来客户的信用度、营业方针及交易的态度等。

[2] 客户原始资料留在总务部经理室备用，客户一览表分配给各负责部门使用。

原簿做成，并在客户一览表里记入。

（二）财务科应一年两次（2月、8月）定期对交易往来客户做调查，如有变化，在客户原簿及客户一览表里记入、订正。

（三）财务科对于有关交易往来客户的记入事项的变化或其他新事项，应随时记入。

（四）交易往来客户如果解散或者是与本公司的交易关系解除的时候，财务科应该尽快将其从客户原簿及客户一览表中除去，并将其原始资料分别保管。

第五条　各负责者的联络。

各负责者对于担当交易的状况要经常注意，如有变化，要及时向财务科传达，以保证客户原始资料及客户一览表的正确性。

第六条　不要资料的整理及处理。

交易解除后的资料要在"交易中止"或者"交易过去"的资料里分别放入并整理。完全不可能恢复交易来往的名簿，取得主管经理的承认后将其处理掉。

制度 客户信用档案管理制度

为了加强公司对客户信息的掌握，建立、健全客户信用档案的收集、保管和查阅制度，以维护公司自身的合法权益，特制订以下客户信用档案管理办法。

一、客户信用管理档案的种类

客户的资料：详细记入交易往来客户的名称、内容、信用，与本公司的关系等。

客户一览表：客户信息的简单列入。

二、客户信用档案的收集

1. 公司的一线销售人员应积极配合、协助信用管理部门人员收集客户的基本信息[1]。

2. 各项目的负责者、销售人员对于担当项目的状况要经常注意，应尽可能地将日常业务、交往活动中了解到的客户内部情况形成相关记录，及时将获取的信息资料报送给公司信用管理部门，保持客户资料与客户一览表的正确性。

3. 公司的销售人员和信用管理部门工作人员应积极收集客户的各类公开和半公开的信息资源，通过政府管理部门、媒体获得客户的各类相关信息，及时交互，形成准确、客观的信用记录。

4. 信用管理部对于交易往来客户的记入事项的变化，或其他新的信息资料，应随时记入。

5. 信用管理部门应及时将所发生的"收款异样报告表"和"问题账款报告书"记录在案。

---

[1] 客户的基本信息包括：注册名称、办公地址、企业类别或者企业性质、经营范围、注册资本、法人代表、董事长和总经理、经营期限和经营执照的有效期、发证机关、行业和生产管理认证等其他相关认证文件。

6. 交易往来客户如果解散或者是与本公司的交易关系解除时，信用管理部门应该及时将其从客户原始记录及客户一览表中除去，并将其交易往来资料另作保管。

拓展知识 客户信用档案的整理和使用

客户信用档案是企业重要的客户资料，企业可以在客户信用档案管理制度中明确以下内容，规范客户信用档案的整理和使用。

①客户信用档案应以客户原始资料为依据分别建立，其中可以包括多个交易项目的情况记录。

②公司各部门人员因工作需要，可向信用管理部门借阅客户信用档案。

③信用管理部门人员对于资料的保管应避免污损、破损和遗失，确保安全与准确。

④借阅者在查阅过程中不得随意对资料进行涂改、圈划、撕页等。

⑤任何人员不得私自将公司掌握的客户信息资料进行复制、摘抄或转借他人。

⑥当客户资料发生破坏、失窃等情况时，当事者要提交书面报告。

⑦建立客户信用信息数据库，将收集到的客户信息录入，并由信用管理部门人员进行统一管理归档。

范表 客户资料统计表

编　号	客户名称	联系人	地　址	邮　编	电　话	经营范围	合作信誉
注：合作信誉填写优、良、中、差。							

范表 企业客户档案卡

客户全称						简称或别名		
固定资产		万元	流动资金		万元	营业执照号		
开户银行				账　号			税　号	
详细地址						邮　编		
营业面积			开业日期			员工人数		
网　　址					电子邮箱			
客户类别	□店中店　　　□专卖店　　　□加盟店 □_____（产品）专业店　□其他_____						□国营　　□私营 □股份　　□个体	
主营品牌						经营方式	批　发　　零　售	
销售额						比　例		
产品销售额 （万元）	产　品							
	___年							
	___年							
	___年							
产品在当地排名			增长率		%	本客户在当地销售 市场占有率		%

经营（生产）范围：

资信评价：

销售能力：	发展潜力：
经营观念：	经营方向：

主要负责人情况：

法定代表人		性　别		职　务		出生年月	
籍　贯		学　历		兴　趣			
电　话		手　机		传　真			
总经理		性　别		职　务		出生年月	
籍　贯		学　历		兴　趣			
电　话		手　机		传　真			
其他负责人		性　别		职　务		出生年月	
籍　贯		学　历		兴　趣			
电　话		手　机		传　真			

范表 客户档案表

客户类别： 　　　　　　　　　　　　　　　　　档案编号：

客户资料		财务资料	
通信地址：		户　名	
公司地址：		税　号	
		开户行	
客户负责人：	电话：	账　号	
业务负责人		电话	发票地址
发货地址：		公司性质	
		经营项目	
发货方式：　　收件人：		主要负责人	
储运负责人		联系电话	
备注：			

××××年度汇款情况一览表

时　间	发　货	退　货	退货率	回　款	增长率	备　注

范表 客户档案借阅登记表

序　号	借阅日期	部　门	档案名称及编号	借阅人	归还日期	归还情况

范表 成交客户资料档案记录表

序号	客户姓名	性别	出生年月	职业	签约时间	付款方式	成交金额	联系电话	销售代表

范表 客户来源渠道统计表

公司：　　　　　　　　　　　　　　业务员：

渠　道	本月咨询量	本月成交量	转 化 率

范表 到店（意向）客户登记表

客户经理：　　　　　　　　　　　日期：

姓　名		小区及楼号		电　话	
房屋面积	m²	装修风格		婚姻状况	
预计装修时间		职　业		家庭成员	
兴趣爱好					
跟进情况					

范表 客户回访信息卡

客户姓名		性　别		联系方式		
客户类型		地　址				
意向品牌		意向级别				
首访记录						
回访次数	回访日期	洽谈结果		意向级别		备　注
1						
2						
3						
4						
5						

范表 客户接洽记录表

接待人：　　　　　　　　　　　　　　　　客户初访日期：

客户基本资料	姓　名		性　别		年　龄	
	手　机		电　话		职　业	
	通信地址					
	工作单位					
来源途径	□报纸　　　□宣传单　　□路过　　□广告牌　　□朋友介绍　　□网络广告					
客户评价	□好　　　　□中　　　□差					
客户意向	□意向强烈　　□有意向　　　□一般意向　　□没有意向					
洽谈记录						

范表 客户档案管理卡

档案编号： 业务员： 建档日期：

公司全称			联系方式		行业类型	
详细地址			传 真		行业地位	
公司网址			企业法人		公司性质	
估计资产总额		交易金额		业内信誉	经营范围	
部门设置或分支机构	1.			2.		
	3.			4.		
	5.			6.		
现状分析	管理阶段	□生存期 □成长期 □成熟期 □衰退期				
	培训阶段	□起步 □系统化 □专业化 □精细化				
	决策体系	□个人决策 □流程决策 □会议决策 □公开决策				
主要联系人		所属部门		职 务		性格爱好
		手 机		邮 箱		QQ号
其他联系人		部 门		职 务		联系方式
其他联系人		部 门		职 务		联系方式
客户来源	□业务直销 □展会 □互联网络 □朋友介绍 □其他					
客户等级	□关系初建 □签订合同 □收款实施 □售后服务 □其他					
客户状态	□成交客户 □重要客户 □潜在客户 □机会客户 □放弃客户					
客户记录	销售过程中与客户之间存在的问题：					
	客户的交易条件、信用问题等：					
	售后回访情况：					
备注：客户记录根据客户实际情况不定期进行更新。						

范表 客户档案材料目录

序　号	名　　称	数　量	规　格	备　注
1				
2				
3				
4				
5				
6				
7				

注：档案名称填写资料全称或简称，如××合同、营业执照复印件；规格填写原件或复印件。

更多模板

销售员工业务咨询调查登记表　　　客户来访明细登记表
企业客户资料汇总表　　　客户发票开票信息记录表
门店客户档案表　　　酒店客户档案管理制度
客户销售明细记录表　　　购车客户档案登记表
客户名单信息登记表　　　4S店客户档案管理制度

第❷章

客户细分管理制度和范表

　　不同的客户群体其行为特征、产品需求以及购买偏好都会有所不同，这种差异化要求企业的销售团队根据客户特征有针对性地实行营销策略。从客户运营管理的角度来看，企业可以通过客户细分来对客户资源进行分类管理，通过科学、动态的客户分类管理机制来帮助销售团队识别客户价值的差异性，从而有针对性地进行客户营销和跟进。

2.1 客户分类管理

　　客户分类管理是基于客户的属性特征来细分不同的客户群体，然后针对不同类别的客户采取不同的管理方式。客户分类管理的意义在于企业能够根据细分客户群体提供有针对性的服务，从而更合理地利用企业资源，有效提高客户价值。客户分类管理的关键内容是对客户进行分类，客户分类的方式有多种，企业可以根据自身实际来区分客户，也可以利用客户关系管理系统来建立客户分类管理机制。

● 如何对客户进行分类

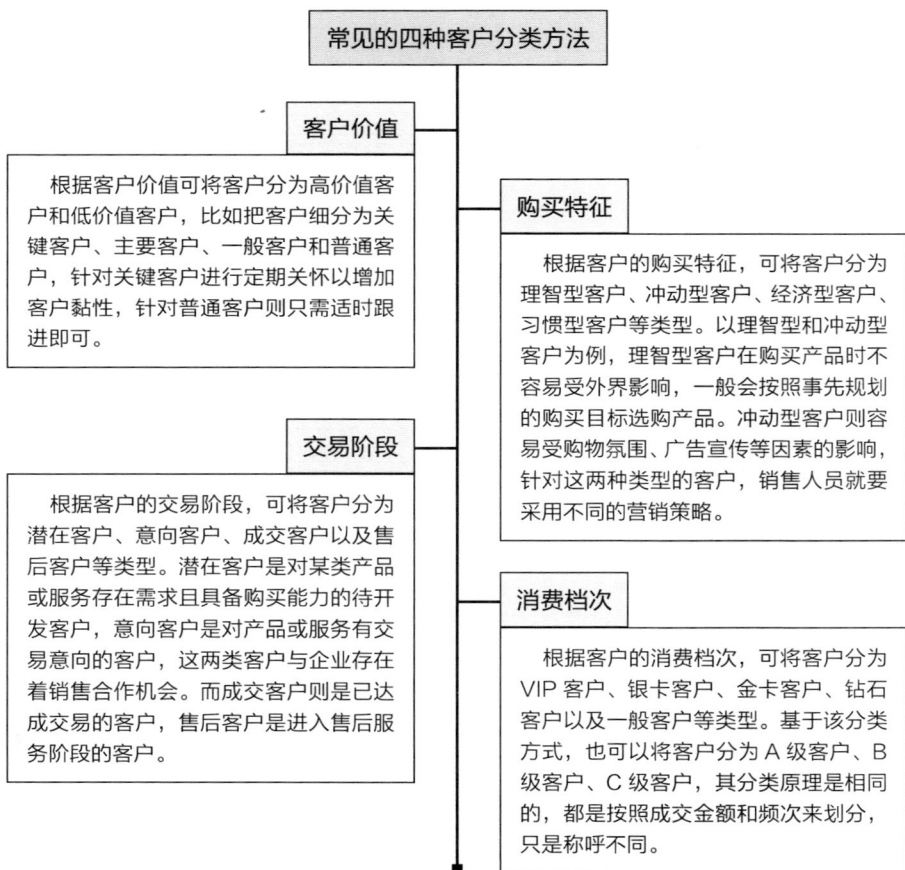

常见的四种客户分类方法

客户价值

　　根据客户价值可将客户分为高价值客户和低价值客户，比如把客户细分为关键客户、主要客户、一般客户和普通客户，针对关键客户进行定期关怀以增加客户黏性，针对普通客户则只需适时跟进即可。

购买特征

　　根据客户的购买特征，可将客户分为理智型客户、冲动型客户、经济型客户、习惯型客户等类型。以理智型和冲动型客户为例，理智型客户在购买产品时不容易受外界影响，一般会按照事先规划的购买目标选购产品。冲动型客户则容易受购物氛围、广告宣传等因素的影响，针对这两种类型的客户，销售人员就要采用不同的营销策略。

交易阶段

　　根据客户的交易阶段，可将客户分为潜在客户、意向客户、成交客户以及售后客户等类型。潜在客户是对某类产品或服务存在需求且具备购买能力的待开发客户，意向客户是对产品或服务有交易意向的客户，这两类客户与企业存在着销售合作机会。而成交客户则是已达成交易的客户，售后客户是进入售后服务阶段的客户。

消费档次

　　根据客户的消费档次，可将客户分为 VIP 客户、银卡客户、金卡客户、钻石客户以及一般客户等类型。基于该分类方式，也可以将客户分为 A 级客户、B 级客户、C 级客户，其分类原理是相同的，都是按照成交金额和频次来划分，只是称呼不同。

● 金字塔价值模型

什么是客户
金字塔模型 **?** ⟶

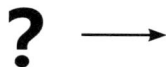

客户金字塔模型是根据客户价值来对客户进行
细分的一种分类管理方式。现代企业普遍认为客
户价值分布适用于"二八法则",即 20% 的客户
客户创造了 80% 的利润。因此,金字塔客户价值
模型常常和二八法则结合起来运用。

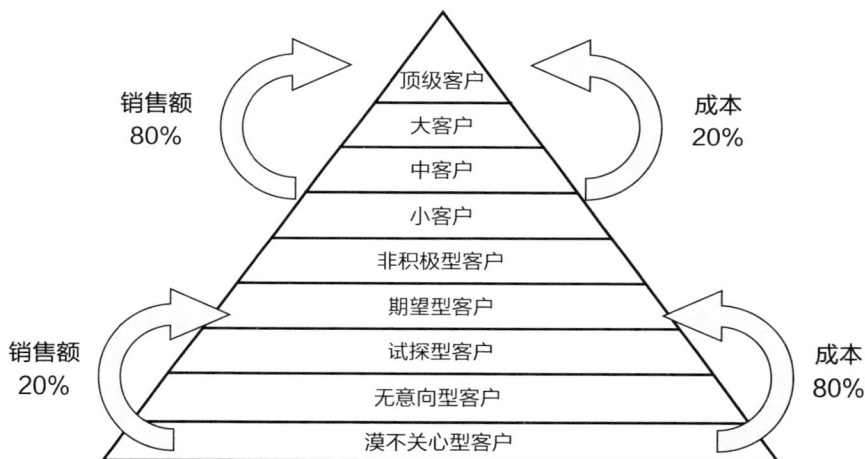

销售额
80%

顶级客户
大客户
中客户
小客户
非积极型客户
期望型客户
试探型客户
无意向型客户
漠不关心型客户

成本
20%

销售额
20%

成本
80%

● 客户分类管理的步骤

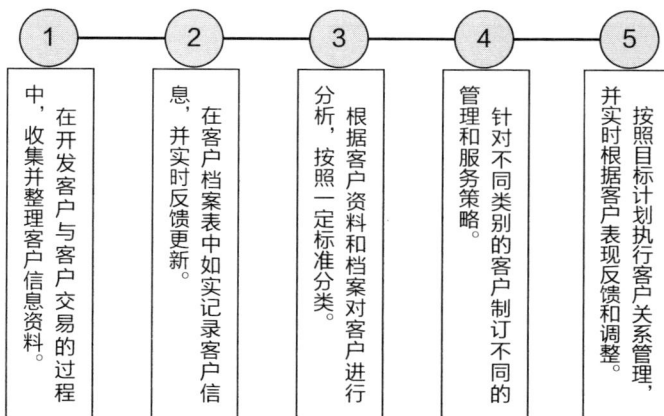

① 在开发客户与客户交易的过程中,收集并整理客户信息资料。

② 在客户档案表中如实记录客户信息,并实时反馈更新。

③ 根据客户资料和档案对客户进行分析,按照一定标准分类。

④ 针对不同类别的客户制订不同的管理和服务策略。

⑤ 按照目标计划执行客户关系管理,并实时根据客户表现反馈和调整。

● CLV客户分类法

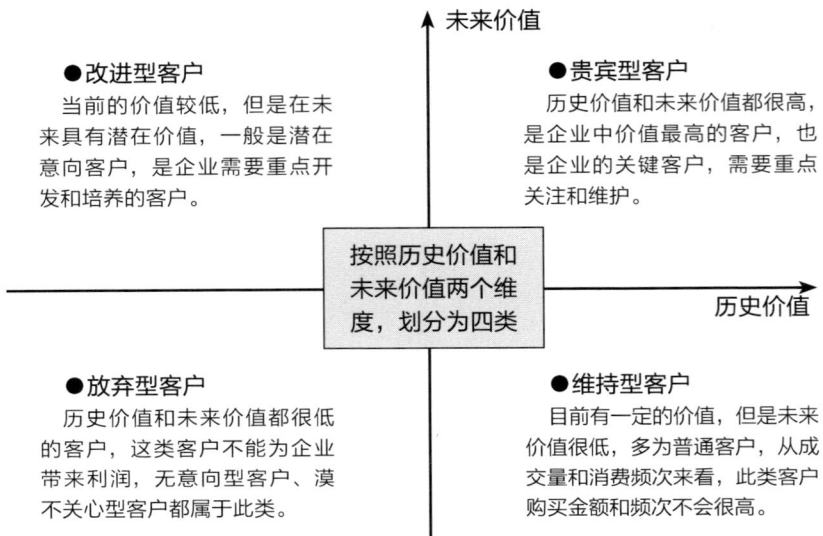

未来价值

●改进型客户
当前的价值较低，但是在未来具有潜在价值，一般是潜在意向客户，是企业需要重点开发和培养的客户。

●贵宾型客户
历史价值和未来价值都很高，是企业中价值最高的客户，也是企业的关键客户，需要重点关注和维护。

按照历史价值和未来价值两个维度，划分为四类

历史价值

●放弃型客户
历史价值和未来价值都很低的客户，这类客户不能为企业带来利润，无意向型客户、漠不关心型客户都属于此类。

●维持型客户
目前有一定的价值，但是未来价值很低，多为普通客户，从成交量和消费频次来看，此类客户购买金额和频次不会很高。

● RFM客户分类法

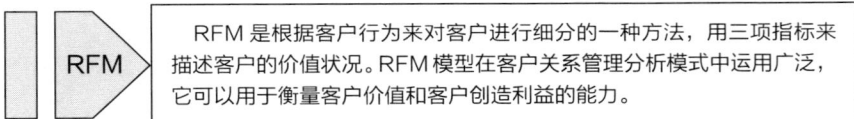

RFM RFM 是根据客户行为来对客户进行细分的一种方法，用三项指标来描述客户的价值状况。RFM模型在客户关系管理分析模式中运用广泛，它可以用于衡量客户价值和客户创造利益的能力。

RFM 的三项指标		
recency 消费间隔	frequency 消费频次	monetary 消费金额
最近一次购买时间间隔	交易的频率	客户的购买力
例如：自上次交易以来，最后一次购买的时间点	例如：在统计周期内，客户平均交易或访问的次数	例如：在统计周期内，客户平均交易或合计消费金额

RFM 模型

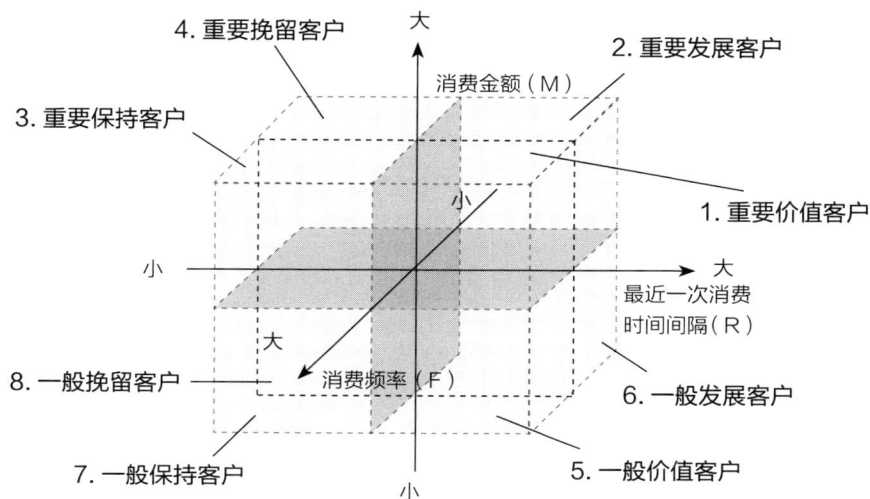

制度 客户分类管理制度

1 目 的

对现有客户进行分类管理，以便制定相应的客户销售政策。

2 适用范围

适用于我公司客户分类管理工作。

3 客户分类管理办法

ABC 客户分类管理法以销售额、回款情况等重要指标为基准，把客户群分为关键客户（A类客户）、主要客户（B 类客户）、普通客户（C 类客户）三个类别。在清楚地了解了客户层级的分布之后，即可依客户价值来策划配套的客户关怀项目，针对不同客户群的需求特征、销售行为、期望值、信誉度等制定不同的营销策略，配置不同的市场销售、服务和管理资源。对关键客户定期拜访与问候，确保关键客户的满意程度，借以刺激有潜力的客户升级至上一层，使企业在维持成本不变的情况下，创造出更多的价值和效益。

3.1 关键客户（A 类客户）

关键客户是金字塔中最上层的金牌客户，是在过去特定时间内销售额最多的前 5% 客户。这类客户是企业的优质核心客户群，由于他们经营稳健，做事规矩，信誉度好，对企业的贡献最大，能给企业带来长期稳定的收入，值得企业花费大量时间和精力来提高该类客户的满意度。对这类客户的管理应做到以下几点。

（1）指派专门的营销人员（或客户代表）经常联络，为他们提供最快捷、周到的服务，享受最大的实惠。

（2）部门经理、总经理、董事或董事长等公司高层管理人员中至少确保每年有一次拜访计划。营销人员有两次以上的双方会面机会。

（3）密切注意该类客户的所处行业趋势、企业人事变动等其他异常动向。双方高层应确保一年一次的书信、电邮或电话联系。

（4）应优先处理该类客户的抱怨和投诉。

3.2　主要客户（B类客户）

主要客户是指客户金字塔中，在特定时间内销售额最多的前20%客户中，扣除关键客户后的客户。这类客户是企业的大客户，但不属于优质客户。他们对企业经济指标完成的好坏构成直接影响，不容忽视。企业应倾注相当的时间和精力关注这类客户的生产经营状况，并有针对性地提供服务。对这类客户的管理应注意以下几点。

（1）指派专门的营销人员（或客户代表）经常联络，定期走访，为他们提供服务的同时要给予更多的关注，营销人员、部门经理或总经理等人员中应有一次以上的双方会面机会。

（2）密切注意该类客户的产品销售、资金支付能力、人事变动、重组等异常动向。

3.3　普通客户（C类客户）

普通客户是指除了上述两种客户外，剩下的80%客户。此类客户对企业完成经济指标贡献甚微，销售额占企业总销售额的20%左右。由于他们数量众多，具有"点滴汇集成大海"的增长潜力，企业应控制在这方面的服务投入，按照"方便、及时"的原则，为他们提供大众化的基础性服务。或将精力重点放在发掘有潜力的"明日之星"上，使其早日升为B类客户甚至A类客户。企业营销人员应保持与这些客户的联系，并让他们知道当他们需要帮助的时候，企业总会伸出援助之手。

拓展知识 建立科学动态的分类管理机制

A、B、C三类客户占企业客户的比例应根据具体情况而定，客户分类不是一个简单的算术公式，也不是一个模板就可以解决的。因此企业应建立科学的客户管理体系，对客户资料进行科学的统计分析，并制定一套综合性的客户资信评价标准，结合"二八法则"对客户进行分类，再从客户成长性、客户核心竞争力或其资金实力等方面确定潜在的关键客户。另外，即使确定了类别的客户，也会随着内外部条件的改变而发生变化。因此，企业应建立科学动态的客户管理体系。

制度 客户分类与服务管理办法

第一章　总　　则

第一条　为了提高客户服务质量，逐步形成公司统一的服务品牌，增强公司核心竞争能力，根据公司客户服务体系建设相关要求，特制定本办法。

第二条　公司对经纪业务客户实行分类管理，并推出统一服务产品：××（产品名称）——××××××××（产品概述）是公司整合研究、技术、服务于一体并根据客户需求而开发的综合性服务产品，包括A产品、B产品、C产品三个子产品，为公司不同类别的客户提供不同的服务。

第二章 客户的基本分类及服务

第三条 客户的基本分类

公司客户基本分类主要依据客户过往贡献度原则，具体分类办法为根据一定时间段的客户佣金贡献、客户资产两项指标计算出客户对公司的贡献度并进行分类。

…………

第九条 根据对客户价值的评估，客户顾问可将名下所服务的客户分为黄金客户、明日之星、维护型客户、放弃型客户四个类型。

客户价值评估包括对客户当前价值的评估和未来价值的评估。对客户当前价值评估的标准应该包括客户的交易量、开户资金量等，而对客户未来价值评估的标准应该包括客户的总资金量、年收入、职业、背景实力、资源等。客户价值具体分类及服务策略如下。

类 型	特 点	服务策略
黄金客户（G类）	当前价值和未来价值都很高	客户顾问务必抓住和把握的客户
明日之星（S类）	当前价值可能不太大，但未来价值很高	客户顾问长期关注和重点培养的对象
维护型客户（M类）	当前价值还不错，但未来价值不会很大	客户顾问对这类客户的维护是为了保持一定的交易量
放弃型客户（U类）	当前价值和未来价值都不会很大	客户顾问可以不用花大量精力

…………

第四章 附 则

第十一条 本办法由公司经纪业务总部负责解释。

第十二条 本办法自印发之日起实施。

制度 会员等级及权益制度

一、目 的

建立科学且完善有效的会员等级管理及权益制度，协助公司明确业务战略重点及指标，促使公司达成预期的业绩成果，也是公司良好运作，进行会员经营管理的一个重要保障。

二、原 则

会员等级管理制度及权益制度将以公司战略发展需求为依据制定，注重其市场性、可操作性及适宜性。

三、会员级别设置及级别定义

1. 常规会员：信用积分制

将依据其购买行为分为五种不同的常规级别：青铜小白、白银勇者、黄金战士、铂金铁骑和钻石女神，采取信用积分制，将有效订购金额转化为信用积分，1 元 =1 积分，无论购买任意品类的商品均可 1 元累积 1 积分，信用积分达到设定值时，自动升级为相应等级会员，反之降级。

会员级别	级别定义
青铜小白	在 ×× 有效订购一件及以上商品
白银勇者	任意渠道有效消费累积信用积分达 5 000 积分且小于 1 万积分
黄金战士	任意渠道有效消费累积信用积分达 1 万积分且小于 3 万积分
铂金铁骑	任意渠道有效消费累积信用积分达 3 万积分且小于 8 万积分
钻石女神	任意渠道有效消费累积信用积分超 8 万积分以上

特别说明：
①青铜小白从订购之日起，会员级别终身有效。
②升降级计算：以上级别会员成功订购后，信用积分累积到限定额度自动升降级。
③有效订购金额是指会员实际支付的金额，需剔除购物券、折价券、折扣等因素。
④送货结束后，信用积分将即时赋予至会员信息中。
⑤对于未成功订购过但留有顾客完整资料在公司系统的，统称为注册顾客，为非常规会员。

2. 特殊会员

将依据其购买行为分为三种不同的特殊级别：沉睡会员、降级会员和黑名单会员。特殊会员级别设置只作为公司会员经营运作项，不对外进行公布及宣传。

··········

四、会员等级权益制度

以 ×× 战略发展为依据，根据各等级会员价值的不同，制定相应优惠政策，有效提高会员再购率，减少会员沉睡率。

··········

拓展知识 会员等级体系

为更好地促进用户成长，为用户提供更好的服务，企业可以搭建会员等级及成长体系，根据会员的消费行为来确定会员成长值和会员等级，如消费 1 元，成长值为 1，1 成长值为普通会员、100 成长值为白银会员。再根据会员等级为客户提供差异化的服务或权益，如白银会员每月可领一次折扣券，普通会员则不可领取。这样可以有效提高用户黏性，同时也能促进用户主动成长，减少用户流失。

制度 视频VIP等级标准

1. 会员等级介绍。

（1）××VIP 为不同等级的会员提供差异化的特权和福利。

（2）同一账号下的超级影视 VIP 与 ×× 视频 VIP 拥有相同的等级。

（3）VIP 有效期内的会员才可享受相应等级权益。

2. V 力值介绍。

（1）V 力值是 ×× 视频 VIP 与超级影视 VIP 的成长进度值。

（2）V 力值越高，能达到的会员等级越高，享受的权益也越丰富。

（3）完成成长任务可获得 V 力值，每个自然月最多可获得 10 000 点。

（4）会员过期时，V 力值将以每天 20 点的速度下降。

（5）超级影视 VIP 完成任务时，相比 ×× 视频 VIP 可额外获得 10% 的 V 力值。

（6）原成长值将统一升级为 V 力值，升级后成长进度不变。

等级名称	基础 V 力值
V1 青铜会员	1
V2 白银会员	600
V3 黄金会员	1 800
V4 铂金会员	3 800
V5 钻石会员	8 000
V6 星耀会员	16 800
V7 王者会员	36 800

3. 积分商城介绍。

（1）积分商城是 VIP 会员专属的福利兑换平台。

（2）用户需要开通 VIP 会员才可使用积分商城的服务。

4. 积分获取 & 消耗规则。

（1）会员购买 ×× 视频 VIP 或购买影片等行为可根据消费额获得积分返利。

（2）每个自然月最多可获得 10 000 点积分。

（3）积分可在积分商城使用，不同数额积分可用以兑换不同的福利。

（4）积分兑换时，先获得的积分将先被消耗。

（5）当年获得的积分若未被消耗，则于次年的最后 1 天过期。

范表 客户总体分类表

分类标准	客户比例				
性　别	男　性			女　性	
年　龄	18 岁以下	18 ～ 45 岁	46 ～ 60 岁	60 岁以上	
地　域	乡村比例	城市比例	东部比例	西部比例	南部比例 / 北部比例
消费额	高额比例		中额比例	低额比例	
需求类型	生产资料需求所占比例			生产资料需求所占比例	
工薪水平	5 000 元以下		5 000 ～ 10 000 元	10 000 元以上	
偏好购物方式	摊点零售		市场批发	厂家批发	

范表 客户区域分类表

日期：　　年　　月　　日

序　号	区　域	区域界线	企业名称	经营业种	不宜访问时间	备　注

范表 新客户重要性评分表

A. 客户潜力（　）——销售经理评分		
得分＿＿＿＿＝【（1）＿＿＋（2）＿＿＋（3）＿＿＋（4）＿＿】÷4×＿＿%		
项　目	评分标准	得分
（1）客户自身上年度总营业额	与同行业相比营业额的运营水平，分值为0～5分	
（2）客户上年度产品订购总额	与其他客户相比该客户订购产品的数量大小，分值为0～5分	
（3）客户前3年购买产品年均增长率	根据增长率高低来打分，分值为0～5分	
（4）未来3年客户订购产品的预计年增长率	根据预估的增长率高低来打分，分值为0～5分	
B. 行业／细分市场的潜力（　）——营销规划经理评分 （请在0～5分中选择您认为合适的分数，否为0分，是为5分，部分符合按比例评分）		
得分＿＿＿＿＝【（1）＿＿＋（2）＿＿＋（3）＿＿＋（4）＿＿】÷4×＿＿%		
项　目	评分标准	得分
（1）客户的业务是涉及本公司的目标行业／细分市场的	否————————是 0　　　　　　5	
（2）客户所涉及的行业／细分市场在未来3年会高速发展	否————————是 0　　　　　　5	
（3）客户所涉及的行业／细分市场对本公司产品的需求很大	否————————是 0　　　　　　5	
（4）客户所涉及的行业／细分市场对××产品的选择有国产化趋势	否————————是 0　　　　　　5	
C. 客户的市场影响力（　）——营销规划经理评分 （请在0～5分中选择您认为合适的分数，否为0分，是为5分，部分符合按比例评分）		
得分＿＿＿＿＝【（1）＿＿＋（2）＿＿＋（3）＿＿＋（4）＿＿】÷4×＿＿%		
项　目	评分标准	得分
（1）客户在行业／细分市场是处于领导地位的	否————————是 0　　　　　　5	
（2）客户的技术更新是能够带动供应商的技术更新的	否————————是 0　　　　　　5	
（3）客户对××产品的购买选择对行业／细分市场内的其他生产厂商有影响力	否————————是 0　　　　　　5	
（4）客户对其自身项目是具有影响力的	否————————是 0　　　　　　5	
客户重要性指标得分＿＿＿＿＝（A＿＿＿＋B＿＿＿＋C＿＿＿）		

范表 客户等级分类表

序　号	AAA 级			AA 级			A 级			B 级		
	公司名称	经营业种	客户代码	公司名称	经营业种	客户代码	公司名称	经营业种	客户代码	公司名称	经营业种	客户代码

范表 客户等级划分统计表

划分等级	类别名称	等级说明	客户数量	数量占比
A				
B				
C				
D				
E				

范表 客户信誉等级评定表

序　号	客户名称	贷款余额	起始日期	到期日期	贷款次数	有无不良记录	级　别	所属部门	评比日期	备　注

范表 客户分类跟踪记录表

客户姓名：　　　　　联系电话：　　　　　楼盘房号：

跟进记录	跟进方式	级　别

客户类型分类标准：
准客户：明确提出装修需求并会在一个月内邀约。
意向客户：明确提出装修需求但不紧急或不确定是否找装修公司。
优质潜在客户：沟通较好，无明确装修需求。
一般潜在客户：沟通不好，无明确装修需求。
客户跟进方式标准：①感情方式；②专业方式；③利益方式；④引导方式。
客户级别分类标准：A.7 天内邀约；B.15 天内邀约；C.1 个月内邀约；D. 无法成交客户；E. 已成交客户。

范表 会员等级及成长值规则

会员等级	V0 普通会员	V1 黑铁会员	V2 青铜会员	V3 白银会员	V4 黄金会员	V5 铂金会员	V6 钻石会员	V7 黑钻会员
成长值	0	10	40	100	300	1 200	5 000	10 000

成长值说明：
★ 成长值是会员通过消费获得，成长值总额决定会员级别。
★ 成长值 = 消费值，即会员在有收寄件时作为付款方，付款 1 元奖励 1 成长值。
★ 会员升级、保级、降级都会进入新的计算周期。
★ 发生退款等情况，将对成长值进行相应扣减。
★ 用户进行系统攻击或者恶意手段等非正常方式获得成长值，将进行成长值扣减。

会员成长规则：
★ 会员等级有效期为 1 年（365 天），若用户在当前有效期内升级，新等级有效期从升级当天开始计算；若用户在当前有效期内没有升级，则根据用户在该有效期内累积的成长值重新匹配新的等级。

降级说明：
★ 按既定周期核算，等级到期后，若用户上个有效期内累计的成长值未达到当前等级成长值，直接降级至有效期内累计的成长值所对应的等级。

范表 会员积分等级表

会员等级	积分下限	积分上限	折 扣	有效期
VIP1				
VIP2				
VIP3				
VIP4				

范表 客户路序分类表

编号			编号			编号		
区域		区	区域		区	区域		区
路序			路序			路序		
级别			级别			级别		
客户代码			客户代码			客户代码		
级别			级别			级别		
客户代码			客户代码			客户代码		

更多模板

新增客户表	客户分类管理表
往来客户一览表	客户分类表
客户细分表	会员等级特权表
客户服务难易度评分表	会员等级划分细则
客户风险评级表	合作客户等级分类表

2.2 客户分级管理

客户分级就是对客户进行等级分类，如把客户分为 A 级、B 级、C 级和 D 级，或者分为 Lv0 级、Lv1 级、Lv2 级、Lv3 级和 Lv4 级。很多企业都会建立自己的客户会员系统，会员制度即是常见的客户分级管理方式。不同类型的客户给企业带来的价值是不同的，对客户进行层级划分，有助于发现高价值客户，帮助企业实现客户的差异化管理，如针对高等级客户采取重点维护策略，对低等级客户则控制投入时间。

● 客户分级金字塔示意图

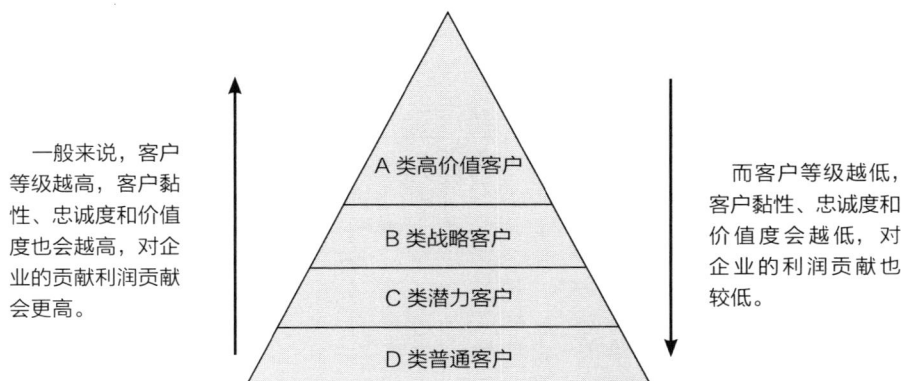

一般来说，客户等级越高，客户黏性、忠诚度和价值度也会越高，对企业的贡献利润贡献会更高。

A 类高价值客户

B 类战略客户

C 类潜力客户

D 类普通客户

而客户等级越低，客户黏性、忠诚度和价值度会越低，对企业的利润贡献也较低。

● 会员制客户分级案例

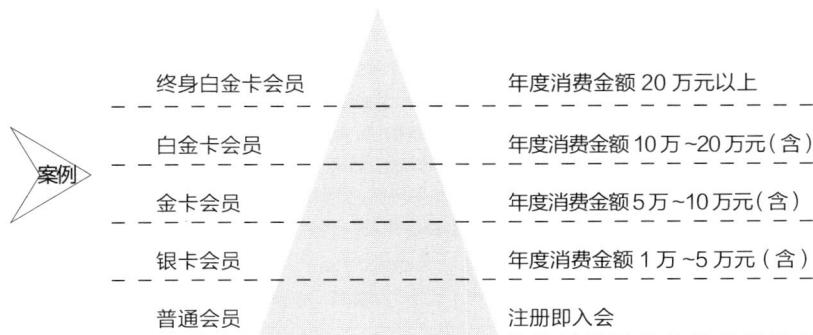

案例

终身白金卡会员	年度消费金额 20 万元以上
白金卡会员	年度消费金额 10 万~20 万元（含）
金卡会员	年度消费金额 5 万~10 万元（含）
银卡会员	年度消费金额 1 万~5 万元（含）
普通会员	注册即入会

● 客户层级评分指标

○ 评分指标一：客户信用状况

结合客户的总体经营状况、财务现状、支付情况进行评分，如客户在行业内的声誉如何、是否及时付款、是否有延期支付债务、银行账户是否已被冻结及是否有推迟现金支付日等。

○ 评分指标二：客户的下单金额

是指客户在本企业订购或消费的金额，一般按照金额大小进行评分，金额越高层级越高，对企业的重要程度也越高。根据企业具体情况，可按客户累计金额进行评分，也可以只统计一年或两年的金额。

○ 评分指标三：客户的发展前景

这一指标旨在挖掘客户的潜在价值，对于一些新客户来说，由于没有历史交易数据，所以很难判断客户的优先级别，这时可以通过分析客户的发展前景来了解客户价值，对于未来潜力巨大的高价值客户，也可以给予高级别。

○ 评分指标四：客户对企业的利润贡献

指客户对企业的利润贡献大小，客户订购企业产品会涉及成本和利润问题，不同产品会有利润大小差异，企业可以统计客户对企业利润的贡献大小，按照贡献大小进行客户层级划分，利润贡献越大，优先级越高。

○ 评分指标五：综合指标 + 权重

用单一指标来划分客户层级不免有些偏颇，因为有的客户可能下单金额大，但信用状况不佳，经常存在延迟付款的情况；而有的客户则可能利润贡献小，但信用状况佳。针对这种情况，企业可以采用综合指标 + 权重赋值的评分方法，根据指标的重要程度来赋予权重，综合加权后对客户进行层级划分和评分。

● 客户分级管理策略

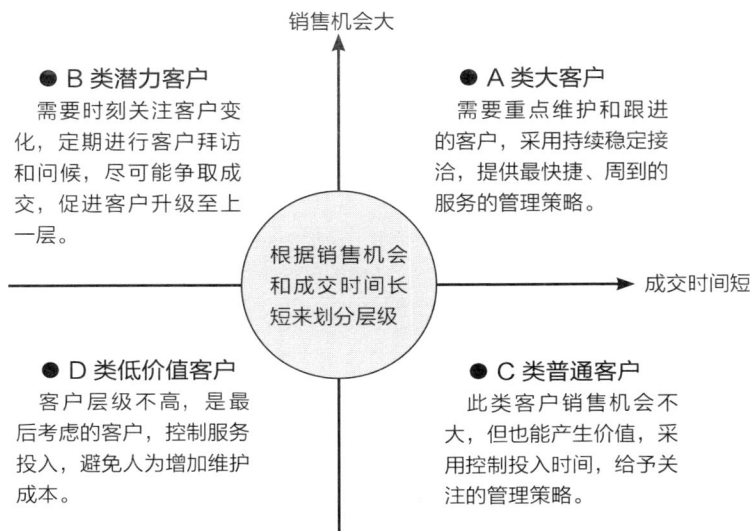

销售机会大

● B 类潜力客户
需要时刻关注客户变化，定期进行客户拜访和问候，尽可能争取成交，促进客户升级至上一层。

● A 类大客户
需要重点维护和跟进的客户，采用持续稳定接洽，提供最快捷、周到的服务的管理策略。

根据销售机会和成交时间长短来划分层级

成交时间短

● D 类低价值客户
客户层级不高，是最后考虑的客户，控制服务投入，避免人为增加维护成本。

● C 类普通客户
此类客户销售机会不大，但也能产生价值，采用控制投入时间，给予关注的管理策略。

● 平台用户分层模型

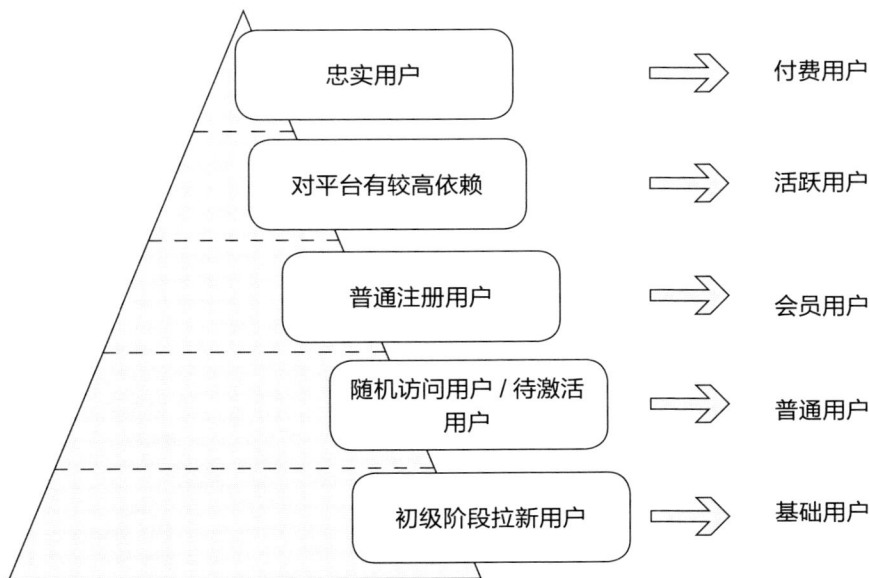

忠实用户 ⟹ 付费用户

对平台有较高依赖 ⟹ 活跃用户

普通注册用户 ⟹ 会员用户

随机访问用户 / 待激活用户 ⟹ 普通用户

初级阶段拉新用户 ⟹ 基础用户

制度 客户分级管理制度

1 目　　的

针对不同类别客户进行规范化、系统化管理，提高对客户的服务水平，进而培育优质客户，保障公司市场网络长期稳定的发展，增强市场竞争能力，合理运用公司资源。

2 范　　围

公司的所有客户。

3 分类等级

我司现有三类客户类型：普通商、加盟商、原始设备制造商（OEM）。根据销售产品年度销售额、成本比例、信用水平及客户在当地的影响力等多项综合指标，对公司所有客户分三级进行评估管理。

3.1　销售指标

序　号	客户级别	普通商销售额界定	备　注
1	A 级别客户	年度销售额在 150 万～ 200 万元档的客户	各区域每月汇总分析客户的稳定性及影响因素、成长与提升空间以及是否该放弃客户。在销售服务与跟进上落实"保大扶中放小"的原则
2	B 级别客户	年度销售额在 100 万～ 150 万元档的客户	
3	C 级别客户	年度销售额在 100 万元以下的客户	

…………

4 职　　责

4.1　营销中心负责对客户的具体分类管理与服务、维护与提升工作，跟单员负责提供客户销售数据分析等相关资料。

4.2　业务经理负责定期对相应客户组织进行分类级别的评定和修改更新。

4.3　财务部负责客户资信登记的评定、货款核实、及时对账调账、成本核算等相关结算工作。

5 规范与程序

5.1　客户分类的评定办法

5.1.1　客户分类的评定时间：每年进行一次客户分类的综合评定，包含所有客户的资信等级审定。一般在每年末月的 25 ～ 30 日。

5.1.2　客户分类评定的组织：各区域经理根据客户的销售额、合作状况及发展趋向等相关指标对所管辖区域的客户进行初步评级，并填写"客户资信评估表"。由营销总监牵头各部门区域，以会议形式进行评论复评，并修正"客户资信评估表"，按以下类别进行分类汇总。

1. 关于 A 类客户：列定 A 类客户的名单，对 A 类客户给予生产及销售服务支持计划。

2. 关于享有公司特殊政策的客户：核实已给予了特殊政策的客户的稳定性。

…………

6.2　A 级客户长期合作合作协议的拟定、修正

1. 由销售总监会同销售经理执行。

2. A 级客户的申报评估与确认，每年度一次，具体时间依年度安排评定 [1]。

3. A 级客户的订单，应尽可能争取，如因客户原因需拒单，需销售总监及以上审核予以确认。

4. 生产支持：A 级客户的订单，在同等情况下优先安排，优先保障。

5. 销售人员应经常联络，定期走访 A 级客户，为他们提供最快捷、周到的服务，享受最大的实惠，销售总监也应定期去拜访他们。

6. 业务经理密切注意该类客户所处行业趋势、企业人事变动等其他异常动向。

7. 应优先处理 A 级客户的抱怨和投诉。

制度 大客户管理办法

第一章 总 则

为了与大客户建立日常沟通机制，实现双向式的信息共享，通过信息交换在第一时间发现问题并加以解决，提高大客户服务水平，规范大客户管理部人员的工作，提高销售额，增加销售效益，特制定本办法。

第二章 大客户管理岗位职责

大客户管理部岗位职责及主要工作。

1. 大客户经理职责。

在零售部经理的直接领导下，负责大客户关系维护与管理工作，推广企业产品及增值服务项目。

2. 大客户经理主要工作。

2.1 负责大客户的资料保管与维系工作，与大客户建立良好的工作关系，挖掘大客户的需求。

…………

第六章 大客户回访管理

依据老客户的年采购量及销售潜力确定回访事宜，对于年采购量大、财务信用优、销售潜力大的老客户拜访频率要高于年采购量小、财务信用一般、销售潜力小的老客户。老客户回访次数规定针对的是专门的老客户回访工作，正常业务联系拜访除外。

1. 对于 A 类一级客户：直接负责该业务的大客户专员每两周电话联络一次，回访对象为客户经办层面的联系人及经办层负责人，部门直接主管每季度回访一次。

2. 年末由大客户专员派送或邮寄公司挂历、贺卡。

[1] 附"客户等级评定表"，由销售经理申报，销售总监负责审核，总经管理批准。

3. A 类二级客户：直接负责该业务的大客户专员每两周电话联络一次，回访对象为客户相关业务负责人，如办公室主任、采购部经理。

4. 逢传统重大节日，如中秋节、春节由公司高层与客户关键决策人进行高层与高层之间的沟通。

5. B 类一级客户：直接负责该业务的大客户专员每三周电话联络一次，年末由大客户专员派送或邮寄公司挂历、贺卡，回访对象为客户关键决策人。

6. 大客户专员应于每周六填写下周的"周回访计划表"，并提交直接部门主管核阅。

制度 集团客户分层分级服务管理办法

第一章　总　　则

第 1 条　集团客户是公司的战略型重点客户，做好集团客户服务工作，提升客户中意度和忠诚度，是维系客户关系，实现公司的集团信息化战略的基础。

第 2 条　随着集团客户规模及客户服务需求的持续增长，客户服务压力日趋突出，为了提升集团客户服务的整体服务水平，解决服务需求与资源配置之间的矛盾，能够更好地服务中高端集团客户，区公司按照集团公司的有关文件精神，制定了"集团客户分层分级服务管理方法"，作为各地公司开展集团客户服务的指导性文件。

……

第二章　总集团客户分类标准

第 3 条　通过对集团客户进行价值评分，依据价值评估结果，将集团客户分为 A1/A2、B1/B2、C 三类共五个层级。

一、A 类集团：具有较高的社会影响力和社会价值的集团客户，可分为以下两级。

A1（高值客户）：对 ×××× 的奉献率高，当前有稳固的现金收入，需求旺盛；重点把握大型规模的集团客户。此类客户有以下特点：平均集团职员数、月平均收入较高，月平均信息化收入最高，平均信息化产品使用数高；主要包括跨国公司或跨省集团总部机构，本地大型企业集团；十大重点行业省级集团，纳税百强企业。

A2（战略客户）：客户综合条件好，具备行业影响力和社会影响力，潜在需求大，有战略意义的集团客户。此类客户主要有以下特点：平均集团职员数、月平均收入较高，月平均信息化收入较高，平均信息化产品使用数仅低于 A1；主要包括重点行业客户，省级战略客户，新闻媒体等。

…………

在此过程中，客户经理应随时监控信息化解决方案设计的状态，及时与数据业务中心和集团客户联系，主动争取客户的理解与认同。

为了让高价值集团客户更好地了解和应用信息化产品，提升信息化产品的信任度，可为 A、B 类客户提供一定期限的业务试用体验，并由集团客户经理从旁提供业务咨询服务。

制度 客户信用等级管理制度

第一章 总 则

第一条 为充分了解和掌握客户的信誉、资信状况，规范××公司（以下简称"公司"）客户信用管理工作，避免业务开发或操作过程中因客户信用问题给公司带来损失，特制定本制度。

第二条 本制度所称信用风险是指按照服务合同约定，客户逾期付款、到期不付款或者到期没有能力付款的风险。

第三条 本制度所称客户是指所有与公司及相关部门发生业务往来的业务单位或个人。

第四条 财务部与法务部负责拟定企业信用政策及信用等级标准，业务部需提供建议及企业客户的有关资料作为制度制定的参考。

第五条 客户信用政策及信用等级标准经分管副总、总经理审批通过后执行，财务部监督客户服务部信用政策的执行情况。

第二章 客户资信调查

…………

第八条 客户信用调查完毕，业务开发人员或客服人员应编制"客户信用调查报告"，及时上报部门经理审核。并报公司财务部门备案，业务开发人员或客服人员平时还要进行口头的日常报告和紧急报告[1]。

第三章 客户信用等级评定

第九条 所有交易客户均需进行信用等级评定。

第十条 客户信用等级分 A、B、C 三级，相应代表客户信用程度的高、中、低三等。

第十一条 客户具备以下条件之一的，应评为信用 A 级客户：

1. 委托服务的人数在 500 人以上，信誉高、资金雄厚；

2. 过去两年内与公司合作没有发生欠款和其他违约行为；

3. 守法经营、严格履约、信守承诺；

4. 最近连续两年经营状况良好；

5. 资金实力雄厚、偿债能力强；

6. 能够按照合同约定及时付款。

第十二条 出现以下情况之一的客户，应评为信用 B 级客户。

1. 委托服务人数为 100~500 人，信誉一般、资金实力一般；

2. 过去两年内与公司合作发生过欠款行为，但经催促能够及时付款；

3. 晚于合同约定付款的情况偶尔发生。

…………

第三十二条 本制度由法务部和财务部负责解释。

第三十三条 本办法自颁布之日起实施。

---

[1] 填表人应对客户信用调查报告内容的真实性负全部责任。

制度 ABC客户分类管理办法

年　份	＿＿＿＿年	＿＿＿＿年	＿＿＿＿年	＿＿＿＿年
客户总数量				

一、公司按照年度销售业绩情况，把客户群体划分为如下等级。

标　准	客户类型	客户数量			
		＿＿年	＿＿年	＿＿年	＿＿年
年销售额超过 50 万元	A 类客户				
年销售额在 50（含）万~10 万元	B 类客户				
年销售额在 10（含）万~5 万元	C 类客户				
年销售额在 5 万元以下	D 类客户				
超过 6 个月无下单（不包含已经有邮件反馈，正在进行业务商谈的情况）的客户	遗忘客户				

二、客户分类管理办法。

1. 客户建档。

所有客户自第一次建立沟通关系开始（询盘、网络邮件、电话、网络即时信息联系等），必须要录入到客户管理系统，规则如下。

（1）客户信息系统录入按照先录入、先受益的原则，首先录入系统的人员，将会得到客户的业务发展权限。

（2）录入人员必须按客户管理系统要求，真实录入相关详细信息，如发现信息虚假，则取消该客户所得销售业绩。

（3）业务员在针对新客户开展业务商洽前，应先打开客户管理系统查询是否存在该客户信息，如有，则需要转交。出现客户销售冲突，所得业绩将归先录入信息的业务员所得。

2. 核心客户管理办法。

A 类客户每月进行一次客户关系沟通：通过电话、邮件、即时信息等方式，对客户的关键联系人进行客户关系维护。节假日进行节日慰问和礼品赠送，以客户的习俗为准每年进行客户回访。每季度进行客户销售情况分析，每半年进行客户发展情况汇报，包括客户发展战略变化、产品采购变化、未来发展规划等。公司高层需要与核心客户高层建立客情关系。

客户服务标准：客户咨询和疑问，需要 24 小时内答复；客户的异常情况，需要在 24 小时内答复解决，并且两个工作日持续更新推进状态，严重异常，做到每日一更新；A 类客户生产订单安排和相关事宜，各部门有优先处理义务。

范表 客户质量等级评定表

评定时间段：　　年，第　季度			区域经理：		跟单：
日期：			区域：		审核：
客户姓名			公司名称		
季　度	下单额		出货额		备　注
一季度					
二季度					
三季度					
四季度					

序号	评定项目	好（10）	较好（8）	一般（5）	差（1）	附　注
1	店面位置					
2	经营面积					
3	在当地商圈的影响力					
4	客户的忠诚度与重视度					
5	季度销售实现					
6	订单计划性					
7	与公司补件与退货协同					
8	与公司品质纠纷					
9	促销配合与执行成效					
10	店面形象维护					
11	品牌宣传推广贡献					
12	设计能力					
13	业务人员的素质与管理					
14	竞争能力					
15	信息沟通传递的准确性					
16	售后服务管理与能力					
17	行业地位与声誉					
18	出样组合与适销性					
19	店面形象维护					

续上表

序号	评定项目	好（10）	较好(8)	一般(5)	差（1）	附 注
20	推广宣传协助					
21	人员培训与提升					
22	投诉解决					
23	财务控制					
问题与改善	客户方面：			内部服务方面：		

注：客户方面由区域经理填写，内部服务方面由市场及客服填写。
A 级客户：满 150 分以上；B 级客户：满 100 分以上；C 级客户：满 80 分以上

范表 大客户等级评估表

编号：　　　　　　　　　　　　　　　　　　日期：　　年　　月　　日

客户名称			客户地址		
项目名称					
评估情况					
评估标准		标准分数	权重分配	评估得分	备 注
项目规模	规模大小	8			
	所需预算	10			
	优惠办法	7			
成功概率	技术水平	8			
	执行能力	8			
	客户关系	9			
客户信用	付款条件	10			
	付款历史	15			
利润空间	一年内	7			
	三年内	10			
	平均利润率	8			
说 明	评估表满分为 100 分				
评估意见					
评估人签名			审核人签名		

范表 客户类型RFM分级表

客户类型	最近交易距离当前的天数（黏性）	累计下单数（忠诚度）	累计交易金额（收入）	场景描述
重要价值客户				
重要唤回客户				
重要深耕客户				
重要挽留客户				
潜力客户				
新客户				
一般维持客户				
流失客户				

注：客户划分的阈值是客户 R、F、M 的中位数。

范表 VIP客户服务项目表

服务项目	VIP 客户等级			
	银卡	金卡	钻石卡	铂金卡

注：根据向客户提供的服务，在对应的客户等级下打√，若不提供该项服务则标记"–"。

范表 潜在客户管理卡

客户姓名		性 别		客户需求	
联系电话		担任职务		交通工具	
收入情况		来源途径		工作区域	
行 业		意向等级		购买动机	
联系地址			初步到访日期		
电话接听描述：					
心里价格描述：					
产品抗性初步描述：					
购买机会初步判别：					
回访记录：					

范表 潜在客户分级表

基准等级	具备潜在客户资格的程度	至交易成功可能需要的访问次数	至交易成功可能需要的天数
A	具备立刻购买的条件	每天至少访问两次	可能在 7 天之内购买
B	虽不具备完整的资格，但是有访问的价值	每周至少访问一次	可能在 14 天之内购买
C	并不具备充分的资格，但是可以访问	每月至少访问一次	可能在 30 天内购买
D	希望不大，不过也不要太灰心	每两个月至少访问一次	可能在 60 天内购买

范表 客户意向级别表

客户级别	跟进目的	客户表现	回访频率	意向程度
___级			___次/周	
___级			___次/周	
___级			___次/月	
___级			___次/月	
___级			___次/年	
___级			___次/年	

注：客户级别按意向程度由高到低进行排序，跟进目的为加速签单、促进升级等，客户表现为该级别下客户的常见表现。

范表 VIP客户评定标准表

VIP 客户类型	评定标准	配卡标准（张数）		
		至尊卡	钻石卡	金卡
至尊卡	连续6个月月平均业务消费总额_____元以上（含___元）的客户			
	连续6个月月平均业务消费总额_____元（含___元）的客户			
	连续6个月月平均业务消费总额_____元（含___元）的客户			
	连续6个月月平均业务消费总额_____元（含___元）的客户			
钻石卡	连续6个月月平均业务消费总额_____元（含___元）的客户			
金卡	连续6个月月平均业务消费总额_____元（含___元）的客户			

范表 客户等级拜访频次表

客户等级	业务经理	技术服务工程师	高层领导
A 类客户	1 个月　次	1 个月　次	半年　次
B 类客户	2 个月　次	2 个月　次	一年　次
C 类客户	3 个月　次	3 个月　次	根据实际情况而定
D 类客户	6 个月　次	6 个月　次	根据实际情况而定

范表 零售客户星级评定标准

项　目	指　标	评价标准	分　值				说　明
			一季度	二季度	三季度	四季度	
实现价值（30分）	月均历史购买量（16分）	月均购买总量≥ 750 件，为 16 分					
		500 件≤月均购买总量 <750 件，为 14 分					
		400 件≤月均购买总量 <500 件，为 12 分					
		250 件≤月均购买总量 <400 件，为 10 分					
		200 件≤月均购买总量 <250 件，为 8 分					
		150 件≤月均购买总量 <200 件，为 6 分					
		100 件≤月均购买总量 <150 件，为 4 分					
		50 件≤月均购买总量 <100 件，为 2 分					
		月均购买总量 <50 条，为 1 分					
	购进金额（14分）	月 / 季度购进金额，以分公司营销部市场类型为单位，客户排序在前 25% 的 14 分，25%～50% 的 12 分，50%～75% 的 8 分，75% 以外的 6 分					

续上表

项　目	指　标	评价标准	分　值				说　明
			一季度	二季度	三季度	四季度	
发展价值（26分）	经营地址（5分）	以系统划分的商业环境评价，一级（商业集中区、交通集散区）5分；二级（居民集中区、工业集中区、城郊接合部、乡镇、高档住宅区）4分；三级（乡镇主干道、郊区）3分；四级（农村）2分；五级（其他）1分					
	商品陈列（6分）	商品陈列专柜面积≥3平方米或使用公司统一出样柜的得6分					
		1平方米≤商品陈列专柜面积<3平方米的得4分					
		商品陈列专柜面积<1平方米不得分					
	陈列规范性（3分）	货架陈列清洁整齐，标签摆放规范，有较好的展示效果得3分					
		货架陈列基本整齐，但不够规范，展示效果一般得2分					
		货架陈列凌乱，与各种小商品杂乱地摆在一起不得分					
	商品上柜数量（12分）	50个以上得12分					
		45个到50个得11分					
		40个到45个得10分					
		35个到40个得9分					
		30个到35个得8分					
支持价值（24分）	订货支持（4分）	网上订货得4分，月/季度电话订货成功率100%得4分					
		订货成功率90%～100%得3分					
		订货成功率85%～90%得2分					
		订货成功率85%以下不得分					
	结算支持（6分）	现金结算得6分					
		月/季度电子结算成功率100%得4分					
		电子结算成功率100%～90%的得3分					
		电子结算成功率90%～80%的得2分					
		电子结算成功率80%～70%的得1分					
		电子结算成功率70%以下不得分					
	配送支持（7分）	按时接货，备足货款，积极配合送货工作得4分。发现一次送货时无人、货款不足或不配合送货工作扣1分，4分扣完为止					

续上表

项　目	指　标	评价标准	分　值				说　明
			一季度	二季度	三季度	四季度	
支持价值（24分）	配送支持（7分）	每月未发生退货得 3 分，发生退货不得分					
	配合度（7分）	视以下支持情况：相关资料保存完好；参与省内外品牌促销效果好；有品牌推广能力和经验；参加公司举办的各种会议；积极配合客户经理营销工作。评价：很支持 7 分，支持 5 分，一般 3 分，不支持不得分					
诚信价值（20分）	价格执行（6分）	执行明码标价且标价签摆放规范 6 分，遗失标价签数量一张扣 0.5 分，扣完 6 分为止					
		执行明码实价，按建议零售指导价销售 4 分，违反零售指导价销售的不得分					
	五项相符（4分）	持证人、经营人、签收人、持卡人、经营地址相符的得 4 分，不相符的不得分					
	守法经营（10分）	有以下经营行为之一的不得分：1. 销售非法生产的专卖品；2. 替其他零售客户代订商品或因其他违法经营行为被相关部门查处					

注：比率不含下限值，如 50%～75%，不包含 50%，从 51% 开始记录此档分值至 75%，本表比率计算方式同此。

更多模板

VIP 会员管理制度	客户分级服务表
VIP 客户层级表	客户分类分级调查问卷
超市会员分级制度	客户风险等级表
大客户分类分级管理办法	客户价值分级管理制度
店铺会员制度	客户信用评级制度
会员等级和优惠活动表	汽车俱乐部会员制度
会员积分兑换管理标准	直营专柜会员制度
会员级别评定表	重点发展客户登记表
客户层级划分表	重点客户管理办法
客户等级评定管理办法	重要客户对策一览表

第**3**章

客服工作管理制度与范表

在客户管理过程中客服扮演着重要的角色，提供良好的客户服务不仅能塑造企业形象，还有助于销售部门提高成交率，为企业带来回头客。另外，客户在购买或使用产品/服务时，可能产生疑义和问题，这时也需要客服来帮助解决。在客户管理系统中，客服是客户管理的核心力量之一，对于企业的重要性不容忽视。

● 客服日常管理   P066

制度：客服中心员工日常行为规范   范表：客服部经理岗位说明书
制度：客服中心规章制度   范表：客服部员工薪资发放表
制度：电话客服管理制度   范表：客服部绩效考核表
制度：客服部交接班制度   范表：客服部关键绩效考核指标
制度：客服部薪酬制度   范表：客服员工周排班表
制度：客户服务中心培训制度   范表：客服岗值班记录表
制度：客服岗位绩效考核办法   范表：客服人员日常服务考核评分表
制度：客服部员工晋升制度   范表：客服部值班签到表
制度：客服日常工作奖励制度   范表：客服人员培训计划表

● 售前客服管理   P083

制度：售前客服绩效考核制度   范表：售前客服工作量统计表
制度：网销部售前客服岗位测试   范表：售前客服服务评分表
制度：网店售前客服考勤管理制度   范表：售前客服外呼工作表
制度：营业厅客服排班制度   范表：电话客服外呼准备表
制度：售前客服工时管理制度   范表：售前服务客户登记表
范表：售前客服岗位说明书   范表：售前疑问客户登记表
范表：售前客服KPI考核表   范表：售前项目执行情况表
范表：售前客服绩效工资基数   范表：售前方案登记表

● 售后客服管理   P095

制度：售后服务管理办法   范表：售后回访记录表
制度：门店商品售后服务管理规范   范表：售后问题处理登记表
制度：售后服务三包管理规定   范表：售后客服回访表
制度：售后保修条例   范表：售后维修派工单
范表：售后客服KPI考核表   范表：退换货登记表
范表：客户售后服务产品维修记录单   范表：网店售后服务卡
范表：零部件售后保修期限表   范表：保修卡
范表：售后服务单

3.1 客服日常管理

大多数企业都有自己的客户服务中心，该部门是为客户提供专门服务的部门。公司行业不同、经营范围不同，客户服务的内容和目的也会不同，管理者应制定适合本企业的客户服务岗位职责和工作规范，明确客服服务的内容和方式，并通过考勤管理、薪酬激励、绩效考核、晋升机制来提高客服工作的积极性和服务水平。

● **客服人员岗位职责**

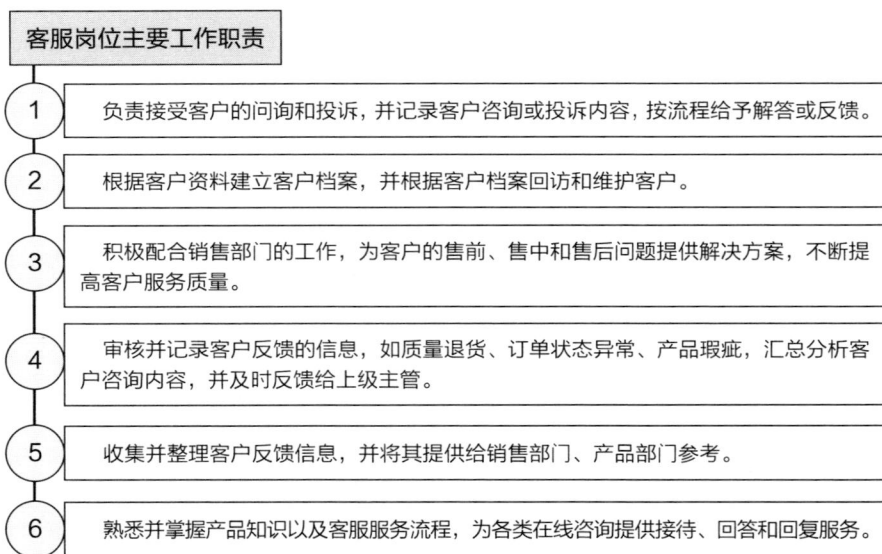

客服岗位主要工作职责
① 负责接受客户的问询和投诉，并记录客户咨询或投诉内容，按流程给予解答或反馈。
② 根据客户资料建立客户档案，并根据客户档案回访和维护客户。
③ 积极配合销售部门的工作，为客户的售前、售中和售后问题提供解决方案，不断提高客户服务质量。
④ 审核并记录客户反馈的信息，如质量退货、订单状态异常、产品瑕疵，汇总分析客户咨询内容，并及时反馈给上级主管。
⑤ 收集并整理客户反馈信息，并将其提供给销售部门、产品部门参考。
⑥ 熟悉并掌握产品知识以及客服服务流程，为各类在线咨询提供接待、回答和回复服务。

● **客服系统中的权限设置**

如何明确客服工作权限 **?** ⟶ 企业可以根据客服岗位的具体工作内容设置不同权限，如售前客服可以给予受理客户咨询、产品上架、发送优惠信息等权限；售中客服可以给予订单确认、库存确认、特价申请、订单更改、客户信息修改等权限；售后客户可以给予客户投诉处理、订单退款、客户回访等权限。

● 优秀客服要具备的素质

素　质	内　容
心理素质	客服人员每天都要面对不同类型的客户，在处理客户问题的过程中，难免会遇到脾气暴躁、胡搅蛮缠的客户。客服人员应该具备良好的心理素质，学会控制和调节个人情绪，用乐观包容的心态来面对不同的客户，这样即使遇到突发事件，面对客户误解甚至辱骂时，也能保持冷静，稳妥地处理
技能素质	客服人员要胜任岗位工作需熟练掌握岗位服务所需技能，如熟悉服务流程标准；拥有良好的语言表达能力、倾听能力和沟通能力；具备对客户心理的洞察力；掌握客户服务处理技巧等
品格素质	客服岗位对员工的品格素质也有一定的要求，客服的目的是为客户提供优质服务。因此，客服人员需要有耐心和很强的包容心，即使遇到斤斤计较、蛮不讲理的客户，也应真诚地为其提供服务，消除客户心中的不满，让其留下良好的印象。谦虚、礼貌、勇于承担责任、爱岗敬业也是客服人员应该具备的品格素质

● 如何打造专业客服团队

1 ▷ 在企业内部建立统一的客户服务标准，对外树立专业的服务形象。

2 ▷ 规范化客服岗位职责及规章制度，让客服人员明确客服岗工作要求和纪律。

3 ▷ 统一客服人员的着装、用语、响应速度等，以体现客服人员的专业性。

4 ▷ 搭建客服岗位绩效考核体系，激励客服人员提升职业素养和技能。

5 ▷ 加强客服岗位培训，提升客服人员服务水平，帮助其树立正确的服务思想。

6 ▷ 建立有效的沟通和反馈机制，保证客服部门内部能够正常、顺畅地沟通。

7 ▷ 完善客户服务监督体系，促进客服人员不断改进和提高服务质量。

● 综合型客服团队结构示意图

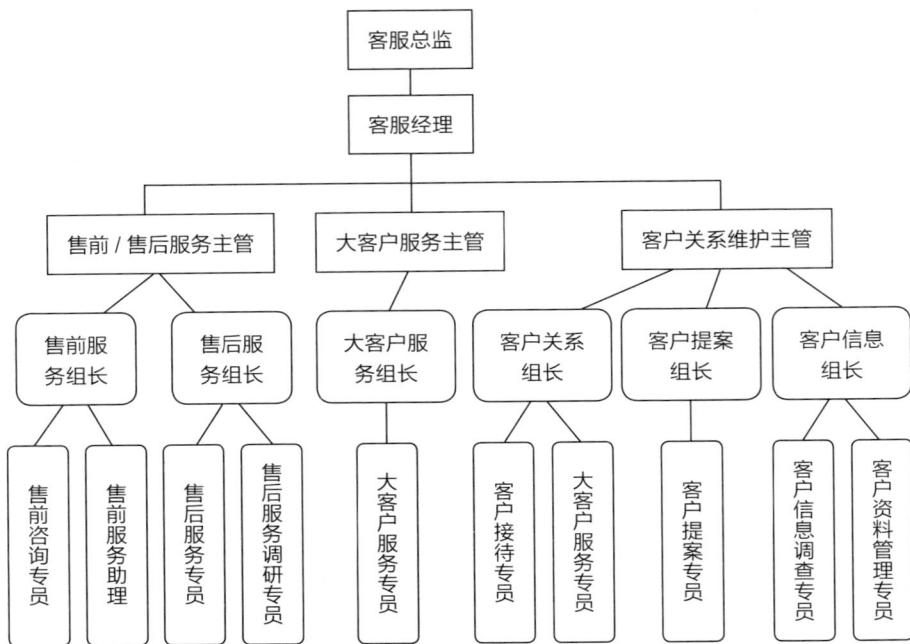

```
                              客服总监
                                 │
                              客服经理
                                 │
        ┌────────────────────────┼────────────────────────┐
   售前/售后服务主管          大客户服务主管           客户关系维护主管
        │                        │                        │
   ┌────┴────┐                   │           ┌───────┬─────┴─────┐
 售前服   售后服            大客户服         客户关系  客户提案  客户信息
 务组长   务组长            务组长           组长     组长      组长
   │        │                   │              │       │      ┌──┴──┐
 ┌─┴─┐    ┌─┴─┐                 │           ┌──┴──┐     │
售  售   售   售               大客          客    大客   客     客户  客户
前  前   后   后               户服          户    户服   户     信息  资料
咨  服   服   服               务专          接    务专   提     调查  管理
询  务   务   务               员            待    员     案     专员  专员
专  助   专   调                             专           专
员  理   员   研                             员           员
              专
              员
```

客服中心员工日常行为规范

　　员工服务行为是影响服务效果至关重要的因素，服务行为一方面体现公司员工的自身素质和修养，另一方面体现公司的服务水平和公司的经营理念。因此，客服人员必须以客户为中心、以客户满意为目的，做到言谈举止文明得体、精神饱满、专注热情。

一、服务原则

　　1.真诚原则：礼貌服务是表达情感与态度的具体形式，客服人员必须具备良好的心理素质和职业道德，热情服务、真诚待客。

　　2.一致原则：礼仪的一致性体现在对客户一视同仁，服务全过程服务标准始终如一。对每一位客户提供主动、周到、耐心的服务，不计较客户要求的高低，言语的轻重，态度的好坏。

　　3.合宜原则：服务项目与服务对象的多样性，要求客服人员在服务过程中坚持因时、因事、因人的合宜原则，只有遵循合宜原则才能真正体现礼貌服务中尊敬和友好的本质 [1]。

　　4.主动原则：在服务过程中，服务行为和服务态度应该是主动热情的，要做到五个

---

[1] 合宜原则的具体表现有根据客户不同的性别、年龄、气质等特征，使用恰当的称呼；根据客户的语言习惯，采取相应的对答等。

主动[1]，使客户高兴而来，满意而归。

二、服务标准

1. 问候每一位客户，了解客户的需求。

2. 注视客户并保持微笑。

3. 主动热情的态度。

4. 应答客户的每一个提问，耐心解释。

5. 维持现场秩序和主动疏导客户。

6. 确认客户清楚业务办理过程。

7. 工作期间使用普通话。

8. 服务中如有差错，应立即道歉并更正。

9. 客户提出表扬时，要谦虚致谢。

…………

客服人员的形象在很大程度上代表着企业的形象，客户往往通过对员工仪容仪表、行体姿态的感观来判断员工及企业的整体服务水平。因此，每一位员工在工作过程中都必须时刻注意自己的整体形象，确保给客户留下良好的印象。

四、仪容规范

（一）男士仪容规范

1. 发式：头发需勤洗，无头皮屑，且梳理整齐。不染发，不留长发，定期修剪，以前不遮额、侧不盖耳，后不触领为宜。

…………

（三）递名片礼仪

1. 用双手接受或呈送名片。

2. 接过名片先仔细看，轻声阅读对方的名字，然后再将客户的名片放好。

（四）出入房间礼仪

1. 进房间前要先敲门，得到允许后再入内。

2. 敲门时，隔5秒钟轻敲两下。

3. 出房间时应面向客户，礼貌地倒退两步，道别后轻轻把门关上。

（五）电话礼仪

…………

---

[1] 五个主动即主动问候、主动招呼、主动介绍、主动服务、主动征求意见。

制度 客服中心规章制度

一、客服中心职能

×××客服中心是×××××××××有限公司（以下简称"××公司"）管理下的客户服务网点，主要职能是销售×××电子支付系统中的××卡、电子标签，并为这些客户提供业务办理、咨询、售后等相关服务工作，解答产品使用中的疑问，并负责投诉的协调、解决及后期跟进工作。

二、员工岗位职责

根据客服中心工作职能、功能划分以及业务办理量等情况，本着精简效能、分类管理、按需设岗的原则，设置如下岗位。

部门	岗 位	人数	岗位说明
客服中心	经理	1	全面负责客服中心日常管理工作，对前后台的工作负第一责任
	稽核员	1	负责营业厅各种业务稽核及各种票据、表单、××卡、电子标签、资料等的保管与发放等工作
	大堂经理	1	负责营业厅现场管理工作，保障营业厅的现场运作
	客服员	4 ~ 6	负责办理××卡业务，对用户咨询、投诉、回访做好记录，并及时反馈
说明：在业务量较小的情况下（每天业务量小于100笔），大堂经理和稽核员由客服员兼职			

1. 经理

（1）在××公司运营部的指导下，负责客服中心全面管理工作，对客服中心各项工作负第一责任；

（2）深入贯彻公司的各项规章制度，建立与其他部门的信息联系与协调，建立完善工作流程与管理制度；

（3）完成上级下达的各项指标任务，开展团队建设、服务文化活动，负责员工的教育培训和绩效考核工作；

…………

4. 客服员

（1）为客户办理××卡以及电子标签的各种业务，如申购、充值、挂失、解挂、余额查询、坏卡、销户等业务；

（2）为客户提供业务咨询，解答客户业务或服务疑义，对用户的咨询、建议、投诉等做好记录，并及时反馈；

（3）做好日常交接班工作，及时进行清账，按时上交营业款；

（4）软硬件系统、通信网络发生故障时，及时向客服中心负责人报告；

（5）积极参加会议与培训等各种活动；

（6）完成领导交办的其他工作。

制度 电话客服管理制度

一、目 的

客服中心是公司与客户进行沟通和提供服务的重要途径之一，更是未来实现公司业绩成长的重要渠道。所以为了提高客服水平，特制定××客服中心电话客服管理制度。

二、适用范围

××客服中心电话客服接待工作。

三、服务要领

1. 倾听

（1）专心倾听客户的语义，首先要准确明白客户所要表达的意思，如遇客户表达不清楚时，可以礼貌地要求客户再表达一次，或者复述自己的理解，看是否与客户所要表达的意思一致。

（2）用心理解客户的真正意图，站在客户的立场理解客户所表达的意思。

…………

四、服务流程

1. 当听到电话铃响，应立即调整坐姿，腰部挺起，收腹提气，以保持语气平稳；面带微笑，神色坦然，以酝酿良好的心情。

2. 电话铃响三声之内，必须接听电话，受理客户来电要简明清楚，同时要尽量在三分钟内受理完业务。

3. 坐席代表接起电话，需使用标准欢迎语，并报出自己的工号（如果有的情况下）。

4. 在受理过程中要适时使用"××先生/女士"的称谓与客户交流。

5. 认真倾听客户咨询的问题，并做好必要的记录，如若没有听清，可以礼貌地要求客户再次复述一遍所要咨询的问题。

6. 在受理过程中，如需要客户等待时需提前讲明原委并征求客户的意见，在得到客户同意后才能做下一步的操作，返回时应向客户致歉，如果等待时间较长时，则每15秒需向客户回应，而不能让客户茫然地等待过长的时间。

7. 客户在询问或者讲话时，不得打断客户的话。

8. 在向客户解释完毕时应确认客户是否清楚，如客户尚未清楚，应再次将问题解释一遍，直到客户清楚为止。

…………

拓展知识 电话客服工作常见禁忌

电话客服常见工作禁忌包含但不限于以下内容：①讲话时轻易打断客户说话；②与客户沟通过程不说普通话；③在客户挂机前挂机；④在同客户沟通过程中与同事交谈；⑤通话过程中出现较长时间冷场（5秒以上）；⑥精神萎靡，态度懒散；⑦与客户发生争执；⑧责问、反问、训问或漫骂客户；⑨与客户闲谈或者开玩笑；⑩频繁使用口头禅、非礼貌性语气词，如喽、嘛、呀。

制度 客服部交接班制度

1 总   则

为了确保日常工作的连贯性，保持信息的通畅，提高客服服务的质量，制定本制度。本制度适用于全体客服人员日常工作。

2 日常工作制度

2.1 接班人员须提前10分钟到达岗位，做好接班准备工作，手机调至静音。接班时签到，否则视为迟到。

2.2 交班人员在接班人员因故未到场，或未完成接班检查工作前不得擅自离去，否则视为擅自离岗。

2.3 下班时必须填写交接班记录，上班次值班人员填写交班时间、交班人、交接事项，下班次值班人员确认签字。

2.4 关于交接记录：填写记录必须清楚仔细无遗漏、不许写与工作无关事宜。

2.5 凡跟进事宜，必须认真完成，并记录在交接班本内。凡交接未写清事宜，由上班次人员负责，若因未交代到位，延误工作或造成顾客投诉，对上班次交接人处以警告处分。交接记录不明白，可追问当事人，问清事由再跟进。

2.6 禁止口头交接工作。

2.7 下班时请将桌椅和办公物品摆放整齐，不需要或者失去价值的资料作废后放入垃圾桶。

2.8 严禁上班时间擅自离岗，一经发现按照公司制度予以处理。

2.9 为了保证人身安全以及公司资料保密，严禁私带外来人员进入公司办公区域。违反者扣发当月绩效分10分。

3 换班制度

3.1 如果需要调班，需要提前两天提出申请，并填写客服调班申请单，提交企管部审批后方可调班。

3.2 每人每月允许换班次数不超过四次。

3.3 如遇特殊情况，确需请假，按请假程序处理。否则，按公司考勤制度处理。

3.4 未尽事宜，以××××公司管理制度为准。

本制度自××××年××月××日起执行。

客户服务部

制度 客服部薪酬制度

公司为了提高客服人员福利，规范和加强客服管理，优化薪资结构，现将客服人员薪资制度调整如下：

一、客服分级（按专业度和职级划分）

按专业度分为初级客服、中级客服、高级客服、资深客服四个类别。

按职级划分为客服主管、客服经理两大类别，5～6个人设一小组，10人设一部门，一个部门下辖1～2个主管。

二、工资及考核标准

（一）基本工资以客服职称划分，分为初级客服、中级客服、高级客服、资深客服四个类别。

1. 初级客服要求

（1）了解电子商务礼仪，有一定电子商务销售基础。

（2）能够利用电子商务平台和顾客进行有效的沟通。

（3）了解公司下单流程和货品基本常识，熟悉商品规格和参数。

（4）能够有效指导顾客完成下单。

（5）在本职岗位能够有针对性地进行品牌宣传。

（6）很好的配合好公司各项（促销）工作的展开、反馈顾客的需求。

（7）服从公司的管理，切实维护公司利益。

…………

1. 基本工资：月度发放

职　称	初级客服	中级客服	高级客服	资深客服
工龄要求	1～3月	3个月以上	1年以上	2年以上
基本工资				

2. 绩效奖金

绩效奖金通过业绩考评和综合考评两部分考核评分进行奖励。

（1）客服部门绩效提成表。

阶　段	订单总量（销售业绩）	绩效核算
第一阶段	1～3 000	1元 × 订单量
第二阶段	3 000以上～5 000	3 000元 +0.75元 ×（总订单量 −3 000）
第三阶段	5 000以上	3 000元 +1 500元 +0.5元 ×（总订单量 −5 000）
注明：每一个阶段为一个基点。每超过一个阶段，前一阶段原有提成以前一阶段核算方式照常核算，超出基点范围的以其所在阶段绩效进行核算，依次类推		

（2）综合考评（总分100）。

a. 客服人员协助本小组出色完成本月任务，有运管负责人和客服主管对工作情况进行评估。

b. 客服平时工作交接及其工作完成情况。

c. 客户回访满意度及后续跟进。

…………

拓展知识 电商客服岗常见考核指标

为了更好地对客服工作的服务水平进行评估，企业需要比较完善的考核标准，电商客服岗绩效考核常用的考核指标有以下几个。

平均响应：客服对客户每次回复用时的平均值，主要用于分析客服的响应够不够及时。

首次相应：客服对客户第一次回复用时的平均值，帮助分析客服的首次响应够不够及时。

回复率：回复过的客户数/总接待客户数，反应的是客服对客户的响应情况。

成交率：成功率＝售前成功人数/售前接待人数。在付款判定规则下，售前接待人数为接待的付款前咨询的人数（其为询单人数和咨询后付款的人数之和），售前成功人数为付款的人数。

达标率：客服目标销售额与实际完成销售额之间的比率。

客单价：个人付款客单价/团队付款客单价，是分析客服关联销售能力的主要指标之一。

问题解决率：客户售后问题的解决比率，反映了客服人员处理客户问题的能力。

制度 客户服务中心培训制度

为全面提高客户服务中心工作人员整体素质，强化业务技能，客户服务中心根据"提高客户服务中心工作效率与质量的管理办法"文件为指导，结合客户服务中心现有资源和工作特点，制定以下培训制度，以规范和指导客户服务中心培训工作。该制度自下发之日起实施。

第一章　总　　则

第一条　公司客户服务中心组织和管理客户服务中心各岗位培训工作，制订培训计划；组织编写培训教材；组织实施分公司客户服务中心相关管理和操作人员的业务技能培训。

第二章　培训原则

第二条　理论联系实际，学以致用；按需施教、讲究实效；统一领导、分级管理。

第三章　培训对象、内容、方式、考核

第三条　客户服务中心管理人员的培训。

（一）客户服务中心管理人员的培训要根据工作需要经常进行，目的是不断加强从事客户服务中心管理工作的人员的岗位适应性，提高工作能力、强化执行力，履行岗位职责。

（二）培训内容：主要包括客户服务中心管理岗位必备的能力和知识，如客户服务中心管理制度、考核办法、工作职责、客户服务中心运营模式、客户服务中心服务标准和各岗位服务标准。如在公司条件允许的情况下，可聘请呼叫中心专业人士为管理工作人员培训和指导关于呼叫中心关键绩效指标（KPI）管理、客户服务、客户关系管理（CRM）新知识、呼叫中心管理技巧、呼叫中心排班技巧、计算机、通信技术知识等呼叫中心专业课程。

（三）培训方式：利用远程培训和举办短期培训班。

（四）培训考核：修完规定课程，经考核，由主办单位对成绩合格者颁发合格证书。

……………

制度 **客服岗位绩效考核办法**

第一章　总　则

第一条　目的

客观公正地评价客服工作人员业绩、工作能力及工作态度，提高工作绩效和自身能力，提升企业整体效率。为员工的薪酬分配、培训规划、职位晋升、岗位轮换等提供决策依据。

…………

一、考核者依据制定的考核指标和评价标准对被考核者的工作业绩、工作能力、工作态度等方面进行评估，并根据考核分值确定其考核等级。

二、考核者应熟悉绩效考核制度及流程，熟练适用相关考核工具，及时与被考核者进行沟通，客观公正地完成考评工作。

第四章　考核结果的应用

第八条　根据员工的考核结果，将其划分为五个等级，具体应用如下表所示。

评估等级	考核得分	所需培训程度	职位晋升	岗位级别
优	95 ~ 100	无	推荐	金牌客服
良	85 ~ 94	较强	储备	银牌客服
及格	70 ~ 84	强	培训	铜牌客服
不及格	70 以下	很强	淘汰	实习客服

……

制度 **客服部员工晋升制度**

一、目　的

为提升客服部员工个人素质和能力，充分调动客服部员工主动性与积极性，打造团结协助、战斗力卓越的团队，并在内部营造公平、公正、公开的晋升体制，规范员工晋升与淘汰工作流程，特制定本制度。

…………

三、晋升结构图

新客服（试用）—初级客服—中级客服—高级客服—储备主管

四、晋升条件

1. 初级客服

A. 遵守公司及部门各项规章制度，无违纪行为。

B. 认同公司企业文化和部门氛围，有职业涵养。

C. 诚实守信、务实拼搏、积极主动、勇于创新、乐意奉献。

D. 能出色完成本职工作，精通本职工作及部门流程的相关专业知识及专业技能。

E. 有突出的工作业绩表现。

F. 试用期专业知识及工作技巧考核合格。

G. 如连续三次月度考评不及格，公司有权予以辞退。

2. 中级客服

…………

五、晋升考核方案

1. 新员工（试用期）晋升为初级客服以部门转正考核为基础，转正时执行公司员工转正审批流程。

2. 初级客服晋升为中级客服或高级客服以考核期内（3 个月 /6 个月）月度考评、季度考核为基础，以部门内部匿名评选为辅，由部门领导向总经办推举合适人选，审核通过后执行员工晋升审批流程。

3. 高级客服晋升为储备主管以考核期内（12 个月）月度考评、季度考核为基础，经部门领导推举由本人向总经办提出申请，审核通过后由人力资源部安排及组织晋升答辩考核，本人演讲，评审团评分及问答考核。

……

制度 客服日常工作奖励制度

一、目　的

为充分调动全体客服人员的工作积极性，表彰和激励先进，激发员工潜能，以期达到节约和降低成本，提高工作效率和经济效益的目的，特制定订以下奖励制度。

…………

五、奖励的方式

分为精神奖励和物质奖励，具体包括口头表扬、鼓励性质的小奖励、奖金、提薪、升职等方式，以上方式可同时使用。

六、奖励的权限

1. 客服经理、主管对部门内先进员工和事迹有提请奖励的权利和责任。

2. 对总值 100 元以内（含 100 元）的物质奖励由客服经理批准；100 元以上的物质奖励、提薪、升职等提交总经理终审批准。

七、常规奖项的奖励时间、奖励条件和物质奖励标准

1. 月度奖项。

…………

范表 客服部经理岗位说明书

职务名称	客服部经理	专业 / 技术类别	管理
部　门	运营中心 / 客服部	直属上级	运营中心总监
直接下属职务 / 人数	客服专员(可以拆解为会员信息专员、会员数据分析专员、客诉服务专员、礼品管理员、客服专员五个岗位)		
工作内容	1. 负责制定和完善公司客服部各规章制度流程规范,处理客服部日常事务性工作 2. 负责部门年度费用预算,加强本部门的成本管理意识,合理控制费用 3. 负责对公司客服部各阶段工作目标的组织制定,并落实工作 4. 负责指导客服部员工对客户数据进行分析,掌握客户动态,及时反馈 5. 根据掌握的数据信息提供礼品采购需求计划,并报总经理审批 6. 负责领导客服部员工与客户保持良好的沟通与联络,随时了解客户状态,收集、分析客户信息,进行方案策划 7. 建立售后服务信息管理资料库(客户服务档案、质量跟踪及反馈) 8. 向商品中心提供数据、产品质量信息,为解决问题提供建议 9. 制订客服部门计划、程序和项目,提高公司形象和保持客户的忠诚度 10. 对门店的礼品发放申请进行审批,对门店的礼品使用情况进行监督 11. 发展合作伙伴,开拓合作渠道 12. 协助人力资源部进行本部门人员招聘 13. 建立客户服务团队,并对相关人员进行监督、管控、激励、评价和考核 14. 负责对本部门内工作的统筹、协调及资源配置 15. 负责对部门内下属人员工作相关的专业知识、专业技能的培训与指导 16. 负责对部门内、部门之间的问题、矛盾与纠纷的及时协调与解决 17. 负责本部门月 / 年度工作总结汇报 18. 完成上级布置的其他工作任务		
任职资格	教育背景:公共关系、企业管理或其他相关专业本科以上学历 培训经历:接受过客户关系管理、客户服务、财务基础知识等方面的培训;接受过商品知识、服装行业方面相关知识的培训 经验:3 年以上客户关系管理工作经验 技能技巧:有良好的客户关系管理等相关的专业知识与能力;有较强的组织协调及沟通能力;具有良好的客户管理及数据分析经验,能熟练掌握各种分析方法与工具;熟练操作相关的办公软件 态度:认同并融入公司企业文化;工作积极热情,责任心强;具有良好客户服务意识及服务创新意识;善于沟通,有良好的团队合作精神		

范表 客服部员工薪资发放表

序号	姓名	应发工资				应扣款项				实发金额	签名
		基本工资	出勤天数	岗位津贴	小计	事 / 病假	旷工、违纪	小计			

范表 客服部绩效考核表

绩效考核日期		绩效考核对象				
绩效考核目的	建立岗位竞争的绩效考评机制，充分调动全体员工的积极性和创造性，实现公司战略发展总目标					
绩效考核项目	以业绩指标、日常行为表现、综合能力等作为考评依据					
绩效考核原则	公平、公正					
绩效考核方法	KPI 与 360 度相结合考核法（满分 100）					
考核组织负责人	总经理助理、综合部、裁决小组					
考核项目占比	项目细分		自评	上级评	裁决小组	平均分
个人工作任务及效率(60%)	项目计划完成率 ×12%					
	客户对服务的满意率 ×12%					
	客户关系维护的良好率 ×12%					
	客户访问计划实施的有效率 ×12%					
	个人负责的所有项目回款跟进情况 ×12%					
综合能力（30%）	工作技能 10%	具有极丰富的专业技能，能充分完成本身职责（优秀 10 分）				
		有相当的专业技能，足以应付本身工作（好 8 ~ 9 分）				
		专业技能一般，但对完成任务尚无障碍（良好 6 ~ 7 分）				
		技能程度稍感不足，执行工作常需请教他人（较差 4 ~ 5 分）				
		对工作必需技能不熟悉，日常工作难以完成（极差 1 ~ 2 分）				
	工作态度与责任感 10%	任劳任怨，竭尽所能完成任务(优秀10分)				
		工作努力，主动，能较好完成分内工作(好 8 ~ 9 分）				
		有责任心，能主动自发（良好 6 ~ 7 分）				
		交付工作需要督促方能完成（较差 4 ~ 5 分）				
		敷衍了事，无责任心，做事粗心大意（极差 1 ~ 2 分）				
	协调性 10%	与人协调无间，为工作顺利完成尽最大努力（优秀 10 分）				

续上表

考核项目 占比	项目细分		自评	上司评	裁决 小组	平均分
综合能力 （30%）	协调性 10%	爱护团体，常协助别人（好8～9分）				
		肯应他人要求帮助别人（良好6～7分）				
		仅在必要与人协调的工作上与人合作（较差4～5分）				
		精神散漫不肯与别人合作（极差1～2分）				
日常行为 规范表现 （10%）	自觉遵守和维护公司各项规章制度（优秀10分）					
	能遵守公司各项规章制度，但需要有人督导(好8～9分)					
	偶有迟到，但上班后工作兢兢业业（良好6～7分）					
	纪律观念不强，偶尔违反公司规章制度（较差4～5分）					
	经常违反公司制度,被指正时态度傲慢(极差1～2分)					
评价得分	平均得分 =　　　　　分					
奖惩加 /减分	出勤：迟到 / 早退　次 ×2+ 旷工　天 ×20+ 事假　天 ×2+ 病假　天 ×1=　分					
	处罚：口头指导　次 ×2+ 书面指导　次 ×50=　　分					
	奖励：表扬　次 ×5=　　分					
总　计	平均得分 – 出勤 – 处罚 + 奖励 =　　　　分					
评价等级	□ A　　　　□ B　　　　□ C　　　　□ D					

注：1. 此表由自评及上司考评相结合进行，填写时务必认真、客观、实事求是；本月考核70分以上者才有资格进入绩效排名；
　　2. 员工自评须于每月5日前完成，上司评价根据当月实际情况进行综合打分，平均分计算时精确到0.01；
　　3. 关于"工作任务"这个项目，必须另附上个人月度工作情况报表。

范表 客服部关键绩效考核指标

序　号	KPI 指标	考核周期	指标定义 / 公式	资料来源
1	项目计划完成率	月	按时完成的项目数 ÷ 计划项目总数 ×100%	客服部 综合部
2	客户对服务的满意率	月	达到客户满意的项目数 ÷ 考核期内项目总数 ×100%	客服部 综合部
3	客户关系维护的良好率	月	关系良好的客户数量 ÷ 考核期内客户总数量 ×100%	客服部 综合部
4	客户访问计划实施的有效率	月	达到访问要求的客户数 ÷ 考核期内计划访问客户总数 ×100%	客服部 综合部
5	个人负责的所有项目回款跟进情况	月	上级领导根据实际情况对员工的此项工作进行打分	客服部 综合部

范表 客服员工周排班表

日期： 年 月 第 周

班次	月 日 周一	月 日 周二	月 日 周三	月 日 周四	月 日 周五	月 日 周六	月 日 周日	备 注
早班								
白班								
晚班								

范表 客服岗值班记录表

日 期	年 月 日	星 期		值班人员	
	值班事项				值班情况记录
当天客户服务情况					

范表 客服人员日常服务考核评分表

指标类别	指标项	关键考核点	评分标准
服务质量	服务用语	通话过程中适时使用标准招呼语、结束语等礼貌用语；服务用语规范简洁、具有专业性（详见"客服管理制度"）	招呼语5分
			结束语5分
			礼貌用语5分
	服务意识	情绪控制到位；不可搪塞用户、推卸责任，对用户耐心细致、积极主动地为用户着想，不允许抢话；禁止使用服务禁忌语	情绪控制5分
			以客为主5分
			服务忌语5分
	沟通技巧	语句表达通畅；反应敏捷；思维清晰；认真仔细地聆听用户问题，避免让用户多次重复	表达能力5分
			反应能力5分
	业务知识	回答问题准确、规范、专业、无差错；业务知识掌握熟练、能独立思考客户提出的业务问题，并予以妥善解决	准确、规范5分
			独立性5分
			回复准确无误并记录清楚5分
	通话质量	感情饱满、热情；语气平和；语调平稳、具有亲和力；语速适中、不宜过快；普通话标准、咬字清楚	普通话5分
			热情度5分
			语气5分
			语调5分
			语速5分
工作纪律		根据"客服管理制度"进行考核，违规每次扣5分	
其 他		完成本职工作后积极参与其他工作加10分	
		特殊情况下主动要求加班加5分	
补 充		凡因个人原因造成错误导致的经济损失由客服人员自行承担	
备 注		90分～100分为A，80分～89分为B，70分～79分为C 连续3个月考核不及C或连续3个月投诉超过10次的客服专员，将接受降薪处理	

范表 客服部值班签到表

部门：　　　　　　　　　　　　　　　　　　　　年　　　月　　　日

日期	值班时间	值班人员签到	联系电话	备 注

范表 客服人员培训计划表

培训项目	内 容	对 象	讲 师	频 次
岗前培训	1. 公司简介 2. 部门简介 3. 岗位说明书 4. 安全意识 5. 服务意识 6. 其他岗位实习知识	新录用客服人员	1. 客服主管 2. 岗位教练	正式上岗前的 5 天，每天不少于 8 课时，共 40 课时
常规培训	1. 服务意识 2. 客服人员岗位职责 3. 岗位操作标准和技能 4. 客户投诉处理流程及回复 5. 案例分析研讨 6. 客户服务技巧与心理 7. 客服接待流程及礼仪 8. 客户服务规程 9. 突发事件的处理 10. 岗位协调配合	客服部正式员工	1. 客服主管 2. 岗位教练 3. 指定人员	服务意识、岗位职责等课程每周 1 次；岗位操作标准和技能、投诉处理流程及回复、客户服务技巧与心理、客服接待流程及礼仪等课程每两周 3 次；案例分析研讨、突发事件的处理、岗位协调配合等课程每月一次

说明：客服主管负责制订培训计划并组织实施，并对培训结果进行检验考核。
管理处主任负责培训计划的审定及培训工作的指导和检查。
岗位教练由业务熟练的老员工担任。

更多模板

电商部客服工作制度

网店客服岗位职责与规章制度

客户服务人员考勤表

电商客服管理制度

客服部门员工月度绩效考核表

客服主管每月工作内容流程表

客服部值班制度

客服部员工工作手册

客服中心值班记录表

客服专员岗位说明书

春节期间客服部值班安排表

客服中心客服人员量化考核办法

五一劳动节客服岗位值班表

客服中心安全保密制度

客服部月排班表

客服中心现场管理制度

客服中心值班表

3.2 售前客服管理

　　按照客服岗位的工作性质，大多数企业一般会将客服岗位分为售前客服和售后客服岗位。售前客服主要是在客户未接触产品之前为其提供服务，如询单订购、产品定制、提供咨询、信息确认。售前客服服务质量的好坏很大程度上会影响客户对企业的第一印象，同时也会影响成交率、客单价以及客户满意度等。

● 售前服务的流程

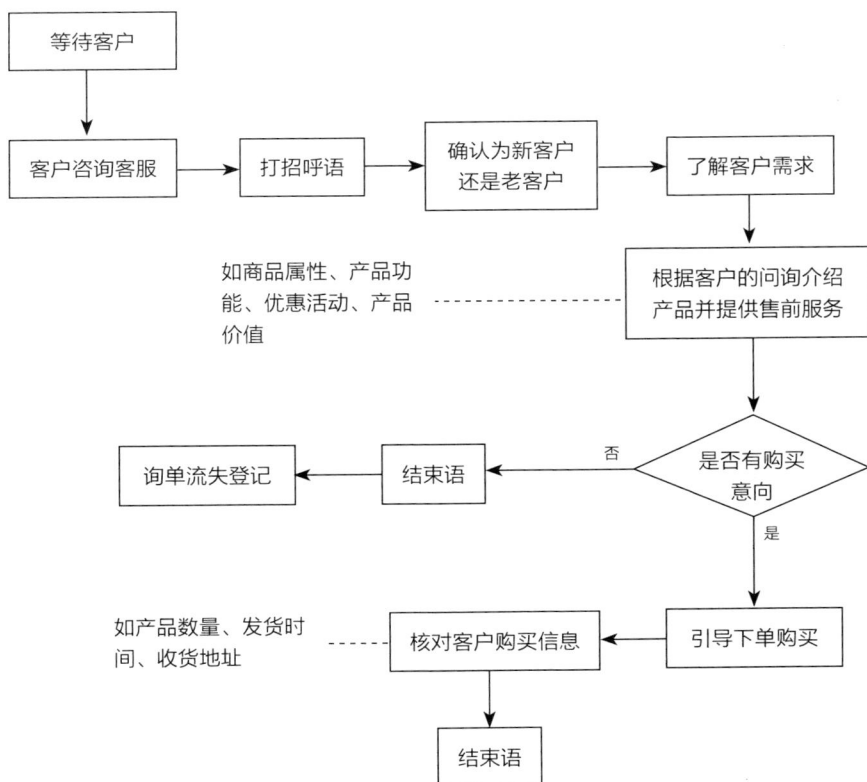

● 提高客户转化率的技巧

熟悉公司产品

客服在为客户提供售前服务时，首先要对公司产品有足够的了解，如产品规格、产品优惠、产品功能、产品属性、特点功效及包装方式，这样才能在问询中及时给予专业解答。

及时给予应答

不管是现场接待还是网络接待，客服都需要针对客户的提问及时给予应答，客服应尽可能地减少客户的等待时间，若等待时间过久，可能会导致客户流失。针对一些客户常见的问题，客服可以提前准备好回复语，这样不仅能提高客户服务的响应时间，还能体现服务的专业性。

懂得随机应变

不同的客户其产品需求和性格特征都是有差异的，客服要懂得随机应变，学会根据不同类型的客户人群以及当时的情景做好产品推荐。一般来说，针对理性型客户就不要强行推销，否则会引起反感；针对健谈型客户可以多与其交流，建立良好的关系；针对利益型客户可以适当给予赠品、价格优惠等，促进其订购。

保持积极心态

售前客服在为客户提供服务的过程中要有强烈的服务意识，在沟通中应始终保持积极的心态，学会尊重客户、换位思考、理解客户，积极主动地为客户解决问题，以保证沟通的有效性。

制度 售前客服绩效考核制度

第1章 总 则

第1条 目的。

1. 客观公正地评估售前客服的工作业绩、工作能力及工作态度，使售前客服不断提高工作绩效和自身能力。

2. 为售前客服的薪酬、培训规划、岗位轮换等人力资源管理工作提供决策依据。

3. 为店铺的运营情况提供数据上的分析，提升店铺的整体运行效率和经济效益。

第2条 适用对象。

本制度适用于 ×× 商务有限公司全体售前客服。

第2章　绩效考核内容

第3条　工作业绩。

售前客服每周、每月的销售业绩,以询单转化率、客单价、退单率等各项指标为考核依据[1]。

第4条　工作能力。

掌握公司产品的专业知识程度,打字速度,学习新知识的能力,沟通技巧以及语言文字表述能力。

第5条　工作态度。

主要评估售前客服对上级布置的任务的完成程度和完成效果,对客户的主动性、积极性、责任心以及反馈信息的及时性。

第3章　绩效考核实施

第6条　考核周期。

根据岗位的需要,以四个星期为一个周期,对这一周期做售前客服绩效评估和总结。

第7条　考核实施。

根据考核内容,主管部门对绩效考核信息进行收集,根据评估标准对于售前客服的绩效做出公平公正的绩效评估。

第4章　考核结果应用

第8条　个人绩效考核办法。

1. 销售额 × 转化率,占评估标准权重 75%[2]。

2. 工作能力,占评估标准权重 15%。

3. 工作态度,占评估标准权重 10%[3]。

4. 每个周期的下个星期五公布绩效考核结果。

第9条　每个周期绩效考核评估排名第一的售前客服,给予 ×× 元的奖励,第二名奖励 ×× 元,第三名奖励 ×× 元;连续三个周期考核都在前三名的售前客服额外一次性奖励 ×× 元。

第10条　连续三周绩效考核都是最后一名的售前客服,提交人事部建议辞退。

第11条　如果考核数据上出现异常情况,及时反馈给公司技术部(运营部)分析。

第5章　附　　则

第12条　解释权。

本制度由公司制定,绩效考核制度最终解释权归于本公司。

第13条　生效时间。

本制度自 ×××× 年 ×× 月 ×× 日开始执行。

---

[1] 以公司制定的客服绩效考核报表为基准。

[2] 不含节日大促、店庆等活动的销售额。

[3] 由客服主管和各客服组长评估。

制度 网销部售前客服岗位测试

1. 基本信息。

姓名：_____

部门：_____

小组：_____

2. 售前客服接待流程一共有几项？

○ 5 项　○ 6 项　○ 7 项　○ 8 项

3. 退款挽留是否适用于售前？

○适用　○不适用

4. 挽留的订单一般分为几个类型？

○ 6 个　○ 7 个　○ 8 个　○ 9 个

5. 工作纪律规范。

白班下班前 _____ 分钟可以挂起清人。中班下班前 _____ 分钟挂起清人。如特殊情况需离开座位 10 分钟应该 _____。

6. 接待话术规范。

客服人员应保持 _____，及时对光临的顾客礼貌问候，_____，让顾客在愉快的气氛中接受应客服人员的推荐，促成订单。在接待过程中多使用 ___，___，___。如果忙碌要表示歉意后及时解答。

7. 备注。

红包发送备注格式为：_____。发送之后要在订单 _____。

8. 售前接待流程分别是什么？

_____

9. 定制单的处理跟进流程是如何的？请解答。

_____

10. 当顾客对产品价格表示异议时，我们可以通过哪些方面做出有条件的让步？请做细答。

_____

11. 催单催付应该如何做？请详细写出。

_____

12. 订单备注的要素是什么？指定快递如何备注？指定颜色（换款）如何备注？大单如何备注？约定发货时间或者不发货如何备注？赠品如何备注？请为以上问题做出解答。

_____

13. 已下单付款的买家表示需要修改订单内容的，具体应该怎么操作？若订单超过 20 分钟，又该如何处理？

_____

14. 制定退货退款挽单处理规范制度的目的是什么？

_____

制度 网店售前客服考勤管理制度

一、说　明

（1）公司售前客服严格按照提前制定的排班表上班和休息（停电等无法改变的因素除外）。

（2）作息时间为客服部排班表规定的作息时间。

（3）出勤打卡记录和排班表作为考勤的依据，不接受其他考勤依据。

（4）上长白班员工考勤参照"考勤管理制度"。

二、排班表

客服经理每周六提交下周排班表，否则按照上周排班表作为考核依据。

三、迟到、早退、长时间无应答

（1）迟到：超过排班规定的上班时间后5分钟打卡，视为迟到。

（2）早退：在排班规定的下班时间提前5分钟打卡，视为早退。

（3）上班员工迟到、早退每分钟××元，直到日基本工资扣完，日基本工资＝月基本工资/26.5。迟到、早退累计超过5次（含），加扣半天工资。

（4）长时间无应答：上班时间内超过30分钟无应答，每次扣××元，一月超过5次，视为自动离职。

四、请　假

必须事前填写"请假申请单"。有特殊或紧急事由，员工无法事先请假的，须以面对面、电话等形式知会上级领导和行政考勤人员，事后当日内必须补办请假手续。未请假擅离岗位或休假期满未归的，按旷工处理。请假1天，由部门负责人审批；1天以上由总经理审批。

五、离　职

离职首先提出离职申请，填写"离职申请表"，批准后进行交接，试用期员工交接时间最长不超过15天，正式员工最长不超过30天。交接完毕后，填写"离职交接单"，相关部门签字后，正式离职。不按规定流程离职者，公司有权扣发所有奖金、工资以及押金等。

…………

拓展知识 客服考勤的方式

比较常用的考勤方式有以下几种，企业可以结合自身实际选择适合客服岗位的员工考勤方式。

指纹打卡：利用指纹考勤机来记录员工的实际出勤，具有考勤识别精度高的优势，但是如果企业员工较多，就可能出现影响员工考勤的情况，因此更适合中小型企业。

磁卡考勤：通过上下班刷IC卡片的方式实现考勤管理，维护成本较低，但可能出现代刷卡等考勤造假现象。

手机打卡考勤：通过手机打卡软件进行考勤管理，有地点打卡、办公WIFI打卡等方式，具有考勤方式灵活、打卡速度快等优点，常用工具有钉钉、企业微信等。

纸质签到考勤：以在纸质考勤表上签到的方式进行打卡，人工考勤统计可能会出现漏计、多记等情况，因此更适合职工数量较少的企业。

制度 **营业厅客服排班制度**

1 目 的

为确保营业厅客户服务人员了解其在工作场所的工作内容，合理分配人力资源，激发工作热情，为客户提供优质的服务。

2 范 围

本制度适用于营业厅客户服务岗位全体员工。

3 职 责

营业厅经理负责制定排班表，营业厅经理和值班经理负责营业员调班审批与记录。

4 内 容

4.1 排班周期：营业厅经理在 25 日前根据当月的排班资料及上月员工的工作表现（积极程度、业务技能）进行分析，制定出排班表，每月 26 日将下个月的排班情况通报全厅人员。每月 30 日之前将本厅下个月的排班汇总到营业厅管理部门。

…………

5.1 业务受理员的班次安排主要依据客流量的变化规律来进行设计，观测营业厅的营业特点，总结出这样一个规律：营业厅早上刚开始营业、中午休息时间和晚上结束营业前的这三个时间段相对来说客流量较少，而 9:30 ～ 12:00 与 14:00 ～ 17:30 是全天营业的高峰期。

时间段	8:00 ～ 9:00	9:00 ～ 12:00	12:00 ～ 14:00	14:00 ～ 18:00	18:00 ～ 20:00
时 长	1 小时	3 小时	2 小时	4 小时	2 小时
客流量	少	多	少	多	少

5.2 根据营业时段将营业厅分成四种班次，即 A、B1、B2、D、R。A 班的工作时间为 8:00 ～ 12:00，B1 班的工作时间为 12:00 ～ 18:00，B2 班的工作时间为 12:00 ～ 20:00，D 班的工作时间为 9:00 ～ 12:00、14:00 ～ 18:00，R 为休息。

班次名称	班次代码	工作时间	工作时长
上午班	A	8:00-12:00	4 小时
下午 1 班	B1	12:00-18:00	6 小时
下午 2 班	B2	12:00-20:00	8 小时
白班	D	9:00-12:00，14:00-18:00	7 小时
休息日	R	无	无
备注：早班和晚班的交接班时间为 10 分钟。			

5.3 以四个营业台席为例，编制业务受理员 7 名。将 7 名业务受理员分成 4 组，每组各负责一个台席，即 A 班员工与 B 班员工共同负责一个台席，D 班员工各负责一个台席。

员工工号	班　次	负责台席	备　注
001	A	台席一	1. 营业闲时开放两个台席，忙时开放四个台席
002	B1		2. 001号和002号相互交接，共同负责一号台席的全天工作
003	A	台席二	3. 003号和004号相互交接，共同负责二号台席的全天工作
004	B2		4. 005号、006号负责忙时的三、四号台席开放
005	D	台席三	
006	D	台席四	
007	R	无	

制度 售前客服工时管理制度

一、目　的

规范××客服部的内部工时管理制度，规范日常行为操作。

二、适用范围

本流程适用于××客服部的所有员工。

三、工作时间的相关规则与说明

3.1　工作时间说明

3.1.1　工作时间统一采用综合计算工时工作制[1]，根据各小组的服务需要及岗位性质实行轮班制，具体每个岗位的工作时间以实际安排为主。

3.1.2　原则上每天的工作时间为7～8小时，各组主管人员会结合客户服务需求及岗位的特性安排每天的具体工作时间，每月的工作时间按国家有关劳动法规定工作时间执行，当月如有超出法定工作时间的将给予调休或计算加班，每月工作时间为176小时左右。

3.1.3　每月休息天数的安排

（1）售前员工岗位：每月休息7天。每月具体的休息日期以当月主管人员的排班通知为准。

（2）主管岗位：按公司实施的大小周工作时间。

3.1.4　每月连续上班天数的安排

原则上连续上班的天数≤5天，如遇员工特殊情况需延长连续上班天数，最长可延长至7天。

　　…………

---

[1] 由于客服工作主要以满足客户服务需求为主，服务特性较强，工作性质较为特殊，因此客服部采用弹性综合计算工作制。

范表 售前客服岗位说明书

岗位名称	售前客服	岗位编号	
所在部门	××客服部	岗位定员	
直接上级	售前客服部组长	直接下级	无
职责总述	根据售前服务流程开展客服工作，了解客户情况及需求，对客户数据进行分析，发掘客户需求，并给出客观性建议，建立完善的客户档案，同时对公司活动提供服务支持工作，保证公司业务良性发展		
职责描述	职能概述	具体职能描述	
职责描述	客户售前服务	1. 负责零售电话、400电话的接听及处理 2. 负责在线上回答客人的咨询问题 3. 能够及时发现客户问题并给到正确和满意的答复 4. 根据顾客的需求提出合理的建议	
	反馈分析	1. 对客户反馈的问题和一些沟通的技巧进行总结和分析，向客服部门提出建议和改进措施 2. 做好售前分析、收集统计工作，及时反馈售前碰到的问题，提出适当的改进建议或意见，将产品售前服务过程中反馈的数据和信息转送相关部门	
	客户档案的建立	1. 负责客户信息档案的收集整理 2. 定期更新客户档案资料库，确保客户及销售人员的信息对称	
	活动支持	1. 负责节日活动礼品的发放，客户信息的收集整理 2. 负责庆典活动、年会活动等大型活动的客户邀约工作等	
任职要求	任职要求概述	具体要求描述	
任职要求	教育背景	全日制大专及以上学历，工商管理、行政管理、市场营销、电子商务等相关专业	
	知识技能	掌握办公软件操作；熟悉客户服务的流程及要点	
	工作经验	有客服等相关岗位工作经验	
	素质要求	诚实敬业、态度温和、严谨细致、服务意识、沟通协调能力	
	培训要求	客服相关培训	
工作权限	工作权限概述	具体权限描述	
工作权限	人事权限	无	
	财务权限	无	
	业务权限	1. 客服平台（电话、短信平台、网络聊天工具）的使用及管理权 2. 客户服务工作改进建议权 3. 客户信息的收集统计权	
工作特点	工作特点概述	具体特点描述	
工作特点	工作环境	一般在室内，环境较好，舒适	
	工作时间特点	工作时间较固定，为轮班制	

范表 售前客服KPI考核表

KPI 指标	描 述	标 准	分 值	权 重	得 分
订单转化率（X）	最终付款人数 / 询单人数	$X \geqslant 55\%$	100	35%	
		$55\% > X \geqslant 45\%$	80		
		$45\% > X \geqslant 40\%$	60		
		$X < 40\%$	50		
落实客单价（Y）	客服落实客单价 / 店铺客单价	$Y \geqslant 1.12$	100	10%	
		$1.12 > Y \geqslant 1.08$	80		
		$1.08 > Y \geqslant 1.06$	60		
		$Y < 1.06$	50		
回复率（Z）	回复过的客户 / 接待人数	$Z \geqslant 99\%$	100	25%	
		$99\% > Z \geqslant 97\%$	80		
		$97\% > Z \geqslant 95\%$	60		
		$Z < 95\%$	50		
响应时间（T）	平均响应时间（秒）	$T \leqslant 25$	100	15%	
		$25 < T \leqslant 30$	80		
		$30 < T \leqslant 35$	60		
		$T > 40$	50		
平时表现	客服主管打分	优秀	100	15%	
		良好	80		
		合格	70		
		差	50		

范表 售前客服绩效工资基数

考核评估等级	考核分值	绩效工资系数	说 明
A 级	100 ~ 91 分	950	1.连续2个月获得优秀客服，额外奖励 300 ~ 500 元 / 次
B 级	90 ~ 86 分	800	2. 连续 3 个月为优秀客服底薪调整
C 级	85 ~ 76 分	650	

范表 售前客服工作量统计表

项　目	指标说明	数　据
会话数	在指定的时间段内，该客服人员接入的会话的总量	
消息数	在指定的时间段内，该客服人员发出的消息的总量	
转接率	在指定的时间段内，该客服人员接入访客对话后，再将其转移给其他客服人员的次数，和他接入的会话数总数比例	
会话总时长	在指定的时间段内，该客服人员的所有会话持续时间的总和	
平均会话时长	在指定的时间段内，该客服人员每一次会话持续时间的平均值	
单会话平均消息数	在指定的时间段内，该客服人员每一次会话发出的消息平均值	

范表 售前客服服务评分表

评分指标	指标说明	指标值	得　分
平均首次响应时长	在访客向在线客服人员首次发送消息后，客服工作人员回复消息的时间与访客发送消息时间的间隔		
平均应答间隔	每一次访客向在线客服人员发送消息后，客服工作人员回复消息的时间与访客发送消息时间的间隔的平均值		
非常满意	在客服满意度评价中，客服工作人员被访客评为"非常满意"的次数总和		
满意	在客服满意度评价中，客服工作人员被访客评为"满意"的次数总和		
一般	在客服满意度评价中，客服工作人员被访客评为"一般"的次数总和		
不满意	在客服满意度评价中，客服工作人员被访客评为"不满意"的次数总和		
非常不满意	在客服满意度评价中，客服工作人员被访客评为"非常不满意"的次数总和		

范表 售前客服外呼工作表

客户姓名	号　码	要点信息	备　注

范表 电话客服外呼准备表

客户姓名		电话号码	
客户地址		所属部门	
公司职务		公司规模	
电话外呼的目的	1. 2. 3.		
重点要解决的问题	1. 2. 3.		
客户可能会询问的问题			
客户可能会问的问题		回　答	

范表 售前服务客户登记表

日　期	客户姓名	接待客服	客户进入店铺的途径	总共接待时长	是否下单

范表 售前疑问客户登记表

年　　月　　日

日　期	产品型号	订单额度	买家姓名	问题／理由	原因确认	处理备注	是否下单

范表 售前项目执行情况表

售前执行总结			
项目名称			
项目编号		项目简称	
项目执行部门		部门负责人	
客户名称			
客户联系人及联系方式			
售前人员执行情况			
执行日期	执行人	执行工作描述	工作量

范表 售前方案登记表

序 号	方案编号	设备类型	顾客名称	工程名称	业务所属人	报价资料	报价日期	备 注

注：用红色注明已签订合同的方案；用绿色注明作废的方案；用蓝色注明已送货的方案。

更多模板

店面售前客户统计表	售前客服跟踪表
呼叫中心客服人员管理制度	售前客服调查问卷
客服部请假申请单	售前客户信息登记表
客服接线人员保密制度	售前客户资料卡
售前服务调查表	外呼中心人员签到表
售前会员回访登记表	网店售前客服管理办法
售前客服常见问题测试	在线客服管理制度
售前客服岗 5S 管理规范	

3.3 售后客服管理

售后客服主要处理各种售后问题，如客户维权、客户投诉、申请退款以及退货、换货等其他服务请求。售前和售后客服相辅相成，两者分别处于整个服务流程的开始和结尾，其服务水平和质量共同影响着客户体验、企业营收等。因此，售后客服的管理也同样重要。

● **售后服务流程**

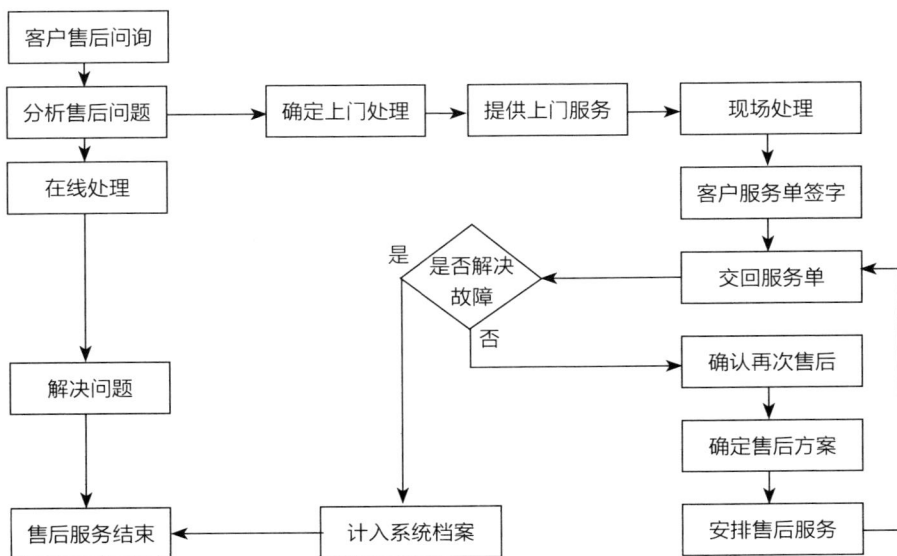

● 售后服务如何提升客户体验

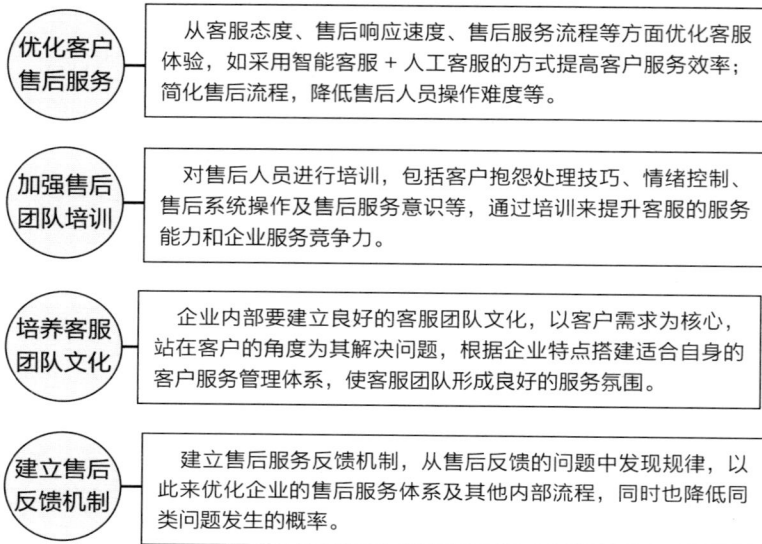

优化客户售后服务	从客服态度、售后响应速度、售后服务流程等方面优化客服体验，如采用智能客服＋人工客服的方式提高客户服务效率；简化售后流程，降低售后人员操作难度等。
加强售后团队培训	对售后人员进行培训，包括客户抱怨处理技巧、情绪控制、售后系统操作及售后服务意识等，通过培训来提升客服的服务能力和企业服务竞争力。
培养客服团队文化	企业内部要建立良好的客服团队文化，以客户需求为核心，站在客户的角度为其解决问题，根据企业特点搭建适合自身的客户服务管理体系，使客服团队形成良好的服务氛围。
建立售后反馈机制	建立售后服务反馈机制，从售后反馈的问题中发现规律，以此来优化企业的售后服务体系及其他内部流程，同时也降低同类问题发生的概率。

● 良好售后服务的要素

要　　素	具体阐述
情感性	在对客户提供售后服务时，要关注客户的情绪，如果在服务过程中没有任何情绪安抚，很容易增加客户的不满情绪。良好的售后服务应是有温度的，面对客户的质疑、抱怨，客服人员要学会站在客户的角度思考，这样更能有效地解决售后问题
专业性	在售后服务中，售后人员应体现自身的专业性，如客户质疑产品使用问题时，能准确地为客户提供专业指导。这种专业性能够赢得客户的信任，更高效地解决客户问题，企业可以制定科学、规范、合理的售后服务体系，让客服人员能够规范地处理售后问题
效率性	效率性主要体现在售后服务的及时性和速度上，售后服务响应速度的快慢会直接影响客户的售后体验。效率的高低不仅体现了企业的服务水平，还体现企业的管理水平。企业应重视售后过程管理，通过优化流程、建立制度、定期培训等方式来提高售后服务的效率

续上表

要　　素	具体阐述
持续性	有的时候企业的售后服务并非一次性的，多次为客户提供售后服务时，在服务内容和质量上都要注重连续性，如在线客服将客户售后服务问题移交到审核处后，审核要了解客户与客服的沟通情况，然后做出返修、更换等解决方案

制度 售后服务管理办法

一、总　　则

（一）本公司为求增进经营效能，加强售后服务的工作，特制定本办法。

（二）本办法包括总则、服务作业程序、客户意见调整等三部分。

（三）各单位服务收入的处理及零件请购，悉依本公司制度办理。

（四）客服部为本公司商品售后的策划单位，其与服务中心及营业部，应保持直接及密切的联系，依本公司权责划分办法对服务工作处理进行核定。

（五）本办法呈请总经理核准公布后施行，修正时同。

二、维护与保养作业程序

（一）本公司售后服务的作业分为下列四项。

1. 有费服务（A）：凡为客户保养或维护本公司出售的商品，而向客户收取服务费用者属于此类。

2. 合同服务（B）：凡为客户保养或修护本公司出售的商品，依本公司与客户所订立商品保养合同书的规定，而向客户收取服务费用者属于此类。

3. 免费服务（C）：凡为客户保养或维护本公司出售的商品，在免费保证期间内，免向客户收取服务费用者属于此类。

4. 一般行政工作（D）：凡与服务有关之内部一般行政工作，如工作检查及其他不属于前三项的工作均属此类一般行政工作。

（二）有关服务作业所应用的表单如下。

名　　称	说　　明
服务凭证	商品销售时设立，作为该商品售后服务的历史记录，并作为技术员的服务证明
叫修登记本	接到客户叫修的电话或函件时记录
技术人员报表	由技术人员填报工作类别及耗用时数，并送部门主管查核

（三）售后服务中心在接到客户的叫修电话或文件时，应立即将客户的名称、地址、

电话、商品型号等，登记于"叫修登记簿"上，并在该客户资料袋内将该商品型号的"服务凭证"抽出，送工程部以便派工。

（四）技术人员持"售后服务评价表"前往客户现场服务，凡可当场处理完妥者即请客户在"售后服务评价表"上签字，携回交于内勤人员于"叫修登记簿"上注销，并将"售后服务评价表"与"服务凭证"归档。

（五）凡属收费服务，其费用较低者，应由技术人员当场向客户收费，将款交于财务部补寄发票，否则应于当天凭"服务凭证"、开发票资料至财务部处开具发票，以便另行前往收费。

（六）凡待修商品，不能按原定时间修妥者，技术员应立即报请主管予以协助。

（七）技术员应将所从事修护工作的类别及所耗用时间填"技术员工作报表"送请服务主管核阅存查。

（八）服务中心部人员应根据"叫修登记簿"核对"服务凭证"后，将当天未派修工作，于次日送请主管优先派工。

（九）所有服务作业，市区采用六小时，郊区采用七小时派工制，即叫修时间至抵达服务时间不得逾上班时间内六小时或七小时。

（十）保养合同期满前一个月，服务中心部应填具保养到期通知书寄给客户。

…………

制度 门店商品售后服务管理规范

为规范商品售后服务工作流程，提高全方位服务质量，特制定本管理规范。

一、售后人员每日工作流程

…………

二、解决顾客售后问题的操作流程

1. 顾客如有售后问题找到营业员时，营业员应主动相迎，"您好，请问您有什么需要帮忙的吗？"，对顾客提出的问题仔细聆听。

1.1 如是手机操作不当，营业员应该马上告诉顾客正确的使用方法，并要教会顾客排除故障。

1.2 如是质量问题，营业员应该陪同顾客到售后服务处，并向售后说明情况，由售后人员依据三包规定妥善解决。

1.3 如手机无质量问题，因顾客个人原因而要求退换机时，营业员也要热情接待，要讲明依据国家的相关规定是不能退换的。处理不了时，应及时陪同顾客到售后服务或店长处反映。

1.4 手机配件有质量问题时，若是原装配件，依照"三包"（即产品维修、更换、退货）规定，请顾客凭有效的检测单来更换新的配件；若是国产配件，在半年内有质量问题，则凭发票直接更换，并在发票上记录更换日期。

1.5　禁忌。

1.5.1　遇到顾客投诉，相互推诿，或者不予以理睬。

…………

9. 接到检测报告，先认真核对，在无法确认检测单时，须打电话到检测点进行核实确认，确属质量问题的：

9.1　七天以内的手机：配件完好无磨损、外包装齐全，即可给顾客办理退机 [1]。

9.1.1　开红单（退机小票），店长签字认可；

9.1.2　把手机交至库房，库房人员检验完毕后，在退机小票上注明"货已收"；

9.1.3　顾客持此小票到收银台退款。

9.2　十五天以内的手机：开红、蓝单给顾客换同型号同颜色的手机（只换机头），并在发票上注明换机日期和新手机的串号，盖售后服务章；如果顾客不愿意换同型号手机一定要退机或换其他型号的手机，可以按发票价格的5%进行折旧并给顾客办理退机 [2]。

10.　对于三次维修的手机：

10.1　顾客凭两次保修记录单和第三次的检测报告单到门店办理换机，门店有同型号、相同颜色的手机则当场给顾客换新机。

10.2　门店若没有同型号、相同颜色的手机，可以帮顾客收下来返厂换新机。如顾客提出要备用机，可以告之顾客"三包"法规定手机在七个工作日内未维修好或未换回新机的情况下才可以给顾客提供备用机。

10.3　如果顾客不愿意换同型号手机一定要退机或换其他型号的手机，可以按发票价格的5%。进行折旧并给顾客办理退机。

…………

四、送检的操作流程

1.　门店接到顾客的售后机应及时交到售后主管人员处，主城区内第二天必须交到，郊区在第五天内交到售后主管人员处。

2.　每两天售后主管人员必须到主城区各门店去领取需售后服务的手机。

3.　对需要检测的所有售后产品进行仔细检查，检查其外观有无磨损、配置是否齐全、有无保修卡、销售时期是否在"三包"期限内。

4.　需邮寄到厂家的及时通过快递公司邮往各厂家。

5.　检查后填写调拨单，登记台账和E商系统。

…………

[1] 对于检测点没有封掉的手机要核对手机串号与发票上的串号是否一致。
[2] 办理退机要求配件完好无磨损，外包装及说明书齐全。对于某些机型的外包装、说明书、电池、充电器顾客难以买到的，门店可以帮忙联系购买，但先要确认一定能买到并知道准确的价格再收取顾客的相关费用，否则不能办理退机。

制度 售后服务三包管理规定

一、目　的

1. 为了明确家具产品经销商与厂家承担的产品维修、更换、退货（简称三包）的责任和义务。

2. 为消费者提供满意的服务。

二、适用范围

本规定适用于××家具有限公司生产的所有产品。

三、规定内容

1. 本规定所称家具产品是指××家具有限公司生产的板式家具。

2. 家具产品实行谁销售，谁负责三包的原则。销售者承担三包责任后，有权向负有责任的厂家追偿。

3. 家具产品三包有限期规定一般为一年。玻璃、镜子发生霉点和雾光的三包有效期为六个月。

4. 销售者应向消费者提供购货发票和三包凭证。

5. 销售者在接到产品时，必须执行进货验收制度，验明产品质量合格证明和其他标识及有关质量情况。

6. 销售者接到产品时，对于易损产品零部件进行拆包验收（所有镜片、所有产品的玻璃门、玻璃搁板）。卸货验收时发现损坏现象，销售者追究运输者承担，否则造成的损失自负。

7. 销售者接到产品后，在卸货运输及后期付货运输时必须小心轻放，避免野蛮作业，不允许倒置、单角着地、摆放无次序等易造成产品损坏的动作或方式，否则责任自负。

8. 销售者接到产品验货时，发现包装箱有外观破损、刮伤、边角部有摔（损）伤现象，必须拆包检查并追究运输者责任。并将实况拍照传至厂家，否则责任自负。

9. 凡是客户投诉的品质问题，公司本着先解决后处理的原则，待问题解决后客户必须提供产品批号、包装员号，并将装箱单传真至公司，便于查实，分清责任者，否则将视为客户责任处理。

10. 家具产品自交货之日起在15日内发生以下质量问题的消费者可以选择退货、更换或者维修。

10.1　产品出现断裂、变形、结构松动。

10.2　板件组装出现的劈裂（由销售者拍照传至厂家由品质部判定）。

10.3　颜色明显不一致。

10.4　其他影响外观和质量的严重缺陷。

11. 经厂家品质部判定不属于生产厂家生产原因造成的品质问题，产生的补件费用由销售者和厂家各承担50%（包括材料费、工时费）。

12. 对于符合更换条件的产品，销售者及厂家予以更换，对已使用过的产品按规定收取折旧费，折旧费计算自开具发票之日起至退货之日止，其中应当扣除因待修和修理所占用的时间，板式家具的日折旧率为0.1%。

13. 在三包有效期内的，厂家或销售者应当日上门提供三包服务并免收材料、工时费用，双方另有约定的除外。

14. 有下列情况之一者不实行三包。

14.1 因消费者使用维修、保管不当造成损坏的。

14.2 无三包凭证及有效发票，又不能证明其所购买的产品在三包有效期之内的。

14.3 发票中证明的型号规格与修理的产品型号规格不同或者涂改的。

14.4 其他非生产者、销售者责任造成损坏的。

14.5 销售者的责任造成损坏的，厂家不负责三包。

制度 售后保修条例

一、保修条例

1. 服务内容。

1.1 服务方式：经销商送修

凡属于在××××有限公司合法渠道购买的在保修期之内的产品，在正常使用情况下，由于产品本身质量问题引起的故障，××科技将负责给予维修支持服务。

1.2 产品保换：自消费者购买产品的日期算起，相关期限内如发现产品存在质量或性能问题，出具产品购买发票，可享受免费维修服务，如产品无法维修或维修费用超出产品价格的一半，则可免费更换为良品。

…………

3. 软件服务。

××科技在产品保修期内为用户免费提供产品软件服务 [1]。

4. 保外需求。

若您对所选购的产品有超出本保修政策外的需求，请在购买产品时与××科技合法经销商协商，另行订立产品延保、续保服务。

5. 标准保修期限。

产品的标准保修期因形态和定位的不同存在差异，详情请参照下表。

产品类型	服务政策	产品系列	服务方式
路由器产品	三个月保换，三年保修	ER、R8、R9 系列，ME 系列	用户、代理商送修
交换机产品	三个月保换，三年保修	MS 系列	用户、代理商送修
无线产品	三个月保换，三年保修	MP、MC 系列无线网络，M、S 系列自组网	用户、代理商送修

[1] 如有需要，您可以从××科技官方网站（www.××××.cn）免费下载最新的固件升级程序。

配件产品	三个月保换，三年保修	有线网络配件、无线网络配件	用户、代理商送修

··········

    ××科技股份有限公司对本保修政策拥有最终解释权。在未通知客户的情况下，××科技有权对所有保证信息、产品性能和规范做必要的变更。

    本保修政策于发布之日起生效。

范表 售后客服KPI考核表

KPI指标	描　述	标　准	分　值	权重（%）	得　分	加权得分
指标完成率	交易纠纷成功解决数 ÷ 交易纠纷数	≥ 90%	100	40%		
		90%>x ≥ 70%	80			
		70%>x ≥ 60%	60			
		<60%	0			
首次响应时间	平均每个客户的旺旺首次响应时间	≤ 26s	100	10%		
		30s ≥ x>26s	80			
		32s ≥ x>30s	60			
		>32s	0			
聊天记录	通过抽查，了解客服服务的态度，心态与质量越优越好	上级打分	100	10%		
			80			
			60			
			0			
专业知识	观察客服在工作过程中与客人交流的熟练度和专业性	上级打分	100	20%		
			80			
			60			
			0			
满意度	按照主管要求完成分配的任务／平时的工作表现	上级打分	100	20%		
			80			
			60			
			0			

范表 客户售后服务产品维修记录单

<table>
<tr><td rowspan="3">客户信息</td><td>客户名称</td><td></td><td>联系方式</td><td></td><td>报修时间</td><td></td><td colspan="2">客户类型</td></tr>
<tr><td>项目名称</td><td></td><td>项目地址</td><td></td><td colspan="2"></td><td colspan="2">□家庭 □酒店
□商业</td></tr>
<tr><td>故障问题
详细描述</td><td colspan="7"></td></tr>
<tr><td rowspan="2">故障设备
信息</td><td>设备名称</td><td></td><td>设备型号</td><td></td><td colspan="2">设备外观</td><td></td></tr>
<tr><td>设备附件</td><td></td><td colspan="3"></td><td>购买日期</td><td></td></tr>
<tr><td colspan="2">维修性质</td><td colspan="7">□保修期内　　□保修期外　　□保修范围以外</td></tr>
<tr><td colspan="2">故障原因分析</td><td colspan="7"></td></tr>
<tr><td colspan="2">客户确认</td><td colspan="7">1.已认真阅读并完全了解，下附服务声明条款。
2.故障描述内容与自己实际使用碰到的现象一致。

　　　　　　　　　　　　　　　　　　客户签字：</td></tr>
</table>

<table>
<tr><td rowspan="5">产品更换
记录</td><td>序　号</td><td>产品名称</td><td>型　号</td><td>数　量</td><td>单　价</td><td>金　额</td><td>备　注</td></tr>
<tr><td></td><td></td><td></td><td></td><td></td><td></td><td></td></tr>
<tr><td></td><td></td><td></td><td></td><td></td><td></td><td></td></tr>
<tr><td></td><td></td><td></td><td></td><td></td><td></td><td></td></tr>
<tr><td>小　计</td><td></td><td></td><td></td><td></td><td></td><td></td></tr>
</table>

<table>
<tr><td rowspan="3">有偿服务价格</td><td>维修服务费</td><td>配件费</td><td>其　他</td><td>合　计</td><td rowspan="3">客户签字：</td></tr>
<tr><td></td><td></td><td></td><td></td></tr>
<tr><td></td><td></td><td></td><td></td></tr>
</table>

<table>
<tr><td rowspan="2">故障处理</td><td>故障类型</td><td colspan="3">□设备故障　　　□软件系统故障　　　　□其他</td></tr>
<tr><td>处理结果</td><td colspan="3"></td></tr>
<tr><td rowspan="4">客户反馈信息</td><td>请您确认您提供的问题/故障是否排除</td><td colspan="3">欢迎您留下对我们此次服务的宝贵评价</td></tr>
<tr><td>□是　　　　□否</td><td colspan="3">□非常满意　　□满意　　□一般
□不满意　　　□很不满意</td></tr>
<tr><td>工程师是否向您解释了问题/故障原因</td><td colspan="3">客户签字：</td></tr>
<tr><td>□是　　　　□否</td><td colspan="3">日期：　　年　月　日</td></tr>
<tr><td colspan="2">请选择您希望改善的项目</td><td colspan="3">□调试周期　　□功能完善　　□服务质量</td></tr>
<tr><td colspan="2">您的意见和建议是
我们最宝贵的礼物</td><td colspan="3">您的意见和建议：</td></tr>
</table>

范表 零部件售后保修期限表

序号	保修项目	1 个月	3 个月	6 个月	12 个月	说 明
1	电机				★	
2	变速箱				★	
3	后桥				★	
4	电机炭刷			★		
5	轮胎总成		★			
6	制动摩擦片	★				
7	半轴				★	
8	减震器				★	
……						

范表 售后服务单

编号：

客户名称			地　址			
联系人			联系电话			
产品名称			保修期内		□是　　□否	
售后服务人员			联系电话			
售后服务内容	故障现象					
	原　因					
	解决方法					
	其他服务					
售后服务结果	收费情况					

售后服务结果		售后服务提供方	客户方
		目前系统工作： □完全正常　□基本正常　□不正常	售后服务是否满意： □非常满意　□满意　□一般　□不满意
		签字：　　　　　日期：	签字：　　　　　日期：

范表 售后回访记录表

回访时间：　　年　月　日　　　　　　　　　　　　　　　编号：

客户名称			电　话		
回访方式			类　别	□使用人员	□管理人员
回访内容		□产品使用情况　　□产品问题反馈　　□公司服务响应情况 □其他需求			
客户回访 内容记录	产品质量 评价	1. 请您对我司产品质量稳定性情况进行评价： A. 很稳定　　B. 较稳定　　C. 一般，不够稳定 2. 您对我司产品外观质量的评价是： A. 好　　　B. 一般　　　C. 不够完善 3. 您对我司产品整体质量评价是： A. 好　　　B. 一般　　　C. 较差			
	服务响应 情况评价	1. 请您对于我公司销售员的服务态度进行评价： A. 很好，热情、周到、耐心　　B. 较好，较耐心 C. 差，没有耐心，态度恶劣 2. 请您对于我公司客户服务的响应速度的满意度进行评价： A. 满意　　　B. 较满意　　　C. 不满意 3. 请您对我公司客服人员服务承诺方面的实现情况进行评价： A. 很好，都实现了　　B. 较好，尽力而为之　　C. 差，基本实现不了 4. 客服在沟通过程中是否存在敷衍了事的现象： A. 有　　　　　B. 没有 5. 您对于我们服务的整体满意度： A. 满意　　　B. 较满意　　　C. 不满意			
客户意见 （现场回访需填写）	客户确认（签字）：　　　　　日期：			客户评分	
回访记录人员			主管领导审批		

范表 售后问题处理登记表

客户名称	联系电话	产品名称	产品型号	售后申请日期
售后原因	□商品发错　　　　□快递丢件　　　□漏发商品 □产品质量问题　　□返修　　　　　□其他			
问题描述				
处理方式				
处理人			完成日期：	

范表 售后客服回访表

回访人：

客户姓名	客户等级	购买日期	回访日期	产品名称	购买数量	消费金额	回访评价	备 注

范表 售后维修派工单

单号：   日期：

部 门		维修意向	□安装 □保养 □维修 □拆除
联系人		预约方式	□上门 □送修 □协助
电 话		希望解决时间： 年 月 日	
设备名称		故障描述：	
使用时间			
是否维修过	□是 □否		
使用/操作人			
故障原因及解决方案			

维修部件更换记录	名 称	数 量	单 价	备 注	未更换

维修员签名		主管签名	

客户申请方填写		
维修员是否向你解释了故障原因	□是 □否	
你对维修服务是否满意	□很满意 □满意 □一般 □不满意	
意见和建议：		
客户签字：	日期：	

范表 退换货登记表

ID		订单编号	
收货人姓名		联系电话	
收货地址			
□换货		□退货	
换货原因:		退货原因:	
对我们的批评与建议			

注: 1. 若商品有质量问题,请在 48 小时内联系我们。2. 对于退货产生的合理快递费,我们遵循责任方承担运费的原则,质量问题的退货,请您先垫付运费,我们收到货确认以后通过支付宝退还运费,我们不接受平邮和任何到付快递,请尽快与我们协商选择经济的快递。3. 请保证商品的完好无损(包括商品附赠品、说明书、保障卡、标签等齐全),不影响二次销售。4. 请填好退换货登记表,在退换货时随商品一起寄出,谢谢配合。

范表 网店售后服务卡

售后服务指南:
⊙亲爱的顾客朋友,感谢您在本店购物,谢谢您对本公司的支持!
⊙本店秉承"以顾客为主"的服务理念,衷心希望您对本次合作感到满意。
⊙您的评价对我们是非常重要的,希望得到您的好评和五星肯定。如有任何不满意,恳请您在评价打分之前联系我们,给我们一个弥补的机会。对于任何合理的问题我们都会为您迅速解决。我们会在您的支持下不断努力,更好地为您服务。

满意请打 5 分哦!

宝贝与描述相符:☆☆☆☆☆ 5 分 卖家的服务态度:☆☆☆☆☆ 5 分 卖家发货的速度:☆☆☆☆☆ 5 分	如果您不满意,请与我们联系。 我们将服务到您满意为止! 如果您满意我们的服务, 请记得打 5 分哦,作为给我们的奖励!

本店为 ×× 品牌授权直营店,保证所售产品皆为正品,请放心购买!当然,如果您对产品不满意需要发起退换货时需要注意以下几点。
1. 退换货承诺
对 ×× 所售商品,我们为您提供"七天无理由退换货"的退换保障!
2. 七日内无理由退货
自客户收到商品之日起(以签收日期为准)七日内,如商品及包装保持 ×× 出售时原状且配件齐全,不影响我公司进行二次销售的,我们可提供全额退货服务。非质量问题的,运费由顾客承担;有质量问题的,运费由我公司承担。

范表 保修卡

用户档案：　　　　　　　　　　　　　　　　　　　　年　　月　　日

用户姓名		联系电话	
通信地址			
购买日期		购买价格	
品名规格		订单编号	
经销商		保修电话	

保修条款
（1）保修时必须提供本卡，保修服务只限正常使用下有效。
（2）商品本身必须保持完整无损。
（3）一切人为损坏，如自行拆机、保修标签丢失或损毁、使用不当，不在保修范围内。
（4）配件不在保修范围。
（5）本保修卡必须有经销商的盖章方有效。

维修记录

第一次维修时间：
故障现象：

第二次维修时间：
故障现象：

第三次维修时间：
故障现象：

更多模板

产品安装维修售后服务单	售后回访调查问卷
产品售后服务规定	售后三包服务规定
电商客服售后处理记录表	售后维修处理单
三包备件售后管理规定	售后维修服务单
售后部维修报表	退换货清单
售后服务回执单	退换货售后规定
售后服务记录表	退换货统计表
售后服务凭证管理规范	网站退货退款规定

第❹章

客户营销管理制度与范表

客户营销管理是企业经营管理的重要组成部分，企业要实现经营目标，就必须根据客户需求开展有效的营销服务，与目标客户进行交流合作。与客户营销管理密切相关的职能部门一般是市场部和销售部，主要负责市场渠道的建设、市场数据分析以及客户开发等工作，企业的可持续发展离不开有效的客户营销管理。

4.1 客户渠道管理

营销渠道就是商品和服务从生产者向消费者转移过程的具体通道或路径。对企业而言，渠道也是一种重要资源，其影响着商品流通费用、交易成本、销量大小等。渠道建设是客户营销管理中的一个关键点，企业如果无法解决渠道问题，会极大地影响产品或服务的市场销售。

● 客户渠道管理工作流程和关键点

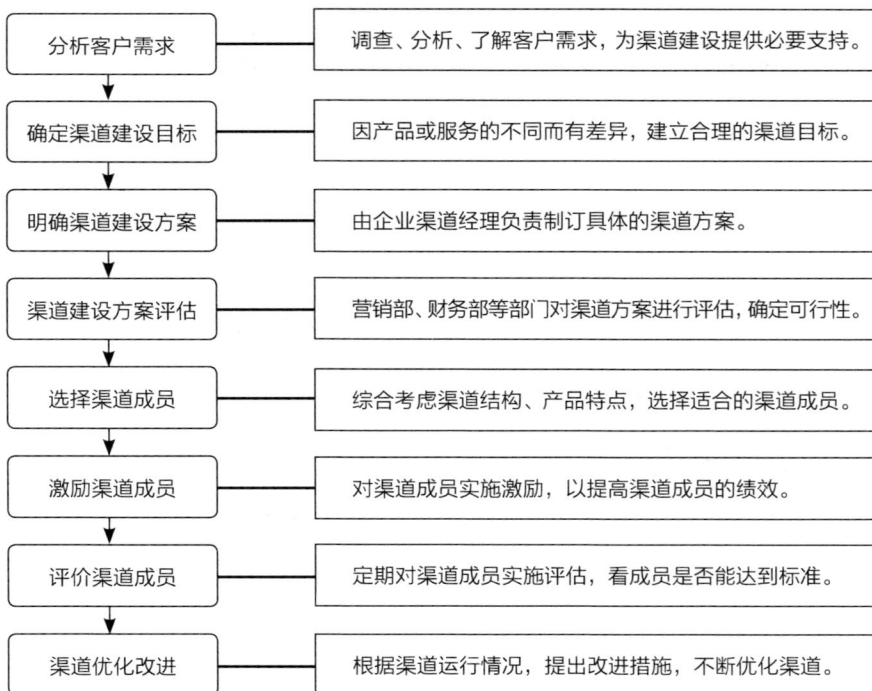

渠道管理的工作目标是什么 **?** →
①让产品或服务快速交到消费者手中。
②建立适合企业的渠道模式。
③实现企业的经营目标。

关键点

分析客户需求	调查、分析、了解客户需求，为渠道建设提供必要支持。
确定渠道建设目标	因产品或服务的不同而有差异，建立合理的渠道目标。
明确渠道建设方案	由企业渠道经理负责制订具体的渠道方案。
渠道建设方案评估	营销部、财务部等部门对渠道方案进行评估，确定可行性。
选择渠道成员	综合考虑渠道结构、产品特点，选择适合的渠道成员。
激励渠道成员	对渠道成员实施激励，以提高渠道成员的绩效。
评价渠道成员	定期对渠道成员实施评估，看成员是否能达到标准。
渠道优化改进	根据渠道运行情况，提出改进措施，不断优化渠道。

● 渠道管理的原则

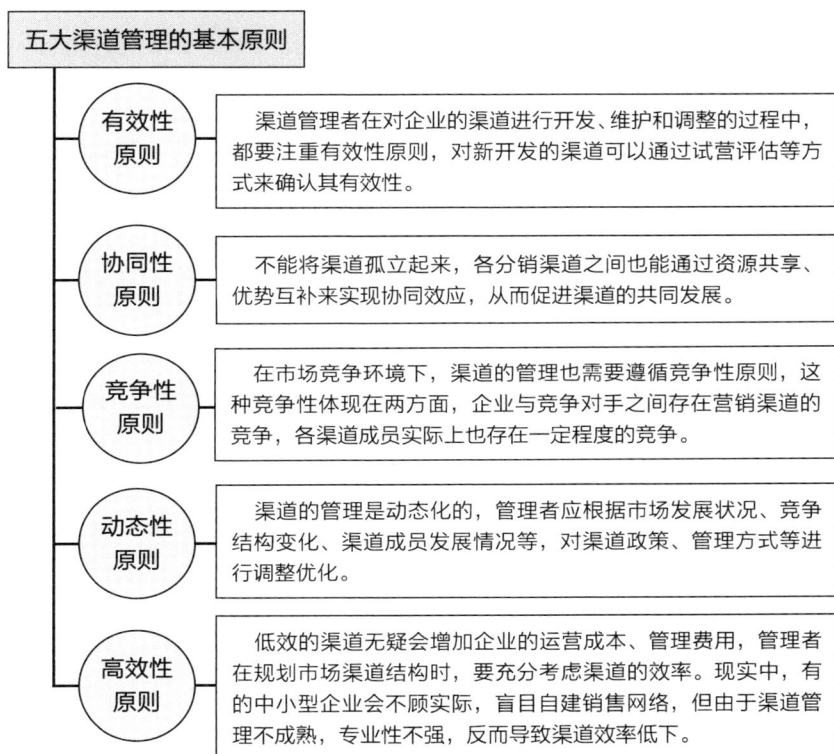

五大渠道管理的基本原则

有效性原则
渠道管理者在对企业的渠道进行开发、维护和调整的过程中，都要注重有效性原则，对新开发的渠道可以通过试营评估等方式来确认其有效性。

协同性原则
不能将渠道孤立起来，各分销渠道之间也能通过资源共享、优势互补来实现协同效应，从而促进渠道的共同发展。

竞争性原则
在市场竞争环境下，渠道的管理也需要遵循竞争性原则，这种竞争性体现在两方面，企业与竞争对手之间存在营销渠道的竞争，各渠道成员实际上也存在一定程度的竞争。

动态性原则
渠道的管理是动态化的，管理者应根据市场发展状况、竞争结构变化、渠道成员发展情况等，对渠道政策、管理方式等进行调整优化。

高效性原则
低效的渠道无疑会增加企业的运营成本、管理费用，管理者在规划市场渠道结构时，要充分考虑渠道的效率。现实中，有的中小型企业会不顾实际，盲目自建销售网络，但由于渠道管理不成熟，专业性不强，反而导致渠道效率低下。

● 渠道的两种分类方式

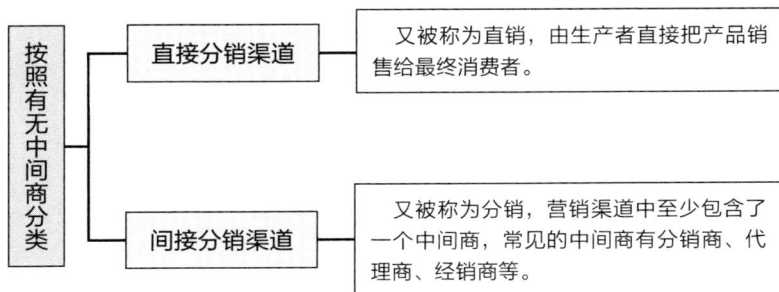

按照有无中间商分类

直接分销渠道
又被称为直销，由生产者直接把产品销售给最终消费者。

间接分销渠道
又被称为分销，营销渠道中至少包含了一个中间商，常见的中间商有分销商、代理商、经销商等。

● 传统和网络营销渠道

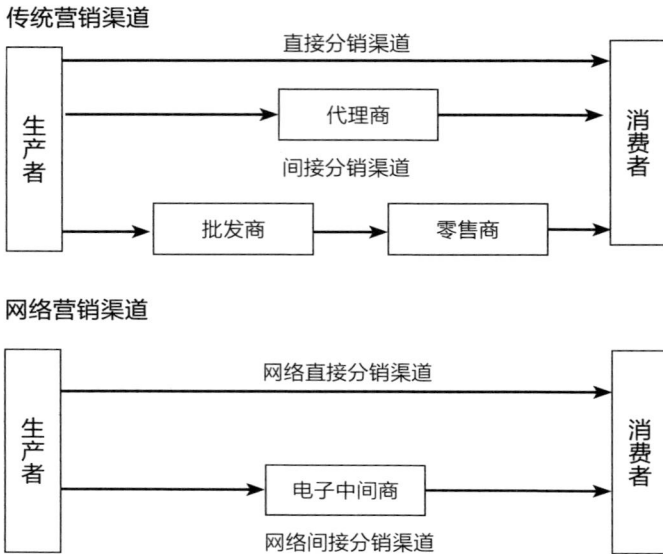

传统营销渠道

```
                    直接分销渠道
生          ────────────────────────────────→  消
            ┌──────────┐
产   ──────→│  代理商   │──────────────────────→  费
            └──────────┘
者                间接分销渠道                      者
     ┌──────────┐          ┌──────────┐
  ──→│  批发商   │─────────→│  零售商   │──────→
     └──────────┘          └──────────┘
```

网络营销渠道

```
                网络直接分销渠道
生    ──────────────────────────────────────→  消

产                 ┌──────────┐                  费
      ────────────→│ 电子中间商 │─────────────→
者                 └──────────┘                  者
                网络间接分销渠道
```

制度 销售渠道管理制度

第一章　总　　则

第一条　为加强公司营销，提高公司营销水平，拓展公司营销渠道，特制定本制度。

第二条　适用范围：本制度的主要对象为销售渠道的中间环节。

第二章　渠道分类及界定

第三条　渠道的分类：公司设立的零售渠道（×××）、经销渠道、加盟渠道、商场渠道和区域代理渠道。

第四条　公司设立的网上销售渠道是主要销售 ×× 品牌的全系列产品，该渠道由公司销售部人员负责销售。

第五条　大客户渠道是销售公司 ×× 系列产品的大型户外店，要求在全国有一定影响力的户外店，能够提升品牌的户外店。

第六条　×××品牌的经销渠道主要采用网上销售模式。

第三章　渠道管理要求

第七条　商场、加盟和区域代理渠道的业务一律实行合同制，合同文本按照公司制定的大客户合同文本格式签订。商场和加盟销售渠道必须严格执行渠道价格体系，具体要求以公司和其签订的合同为准。

第八条 商场和加盟要求只做零售终端，不得从事批发和网上销售。

第九条 公司的产品必须在商场和加盟店中销售，并且要求在同类产品中要有较好的陈列位子和面积，最好以专柜的形式出现，其店面不要销售与××品牌价位相当的品牌。

第十条 鼓励客户做××产品的专卖和专柜，并支持其销售×××品牌，鼓励客户以××品牌进商场销售。

…………

第十五条 本制度解释权归××××××有限公司。

第十六条 本制度自颁布之日起正式执行，未尽事宜将另行补充。

颁发日期：××××年××月××日

制度 渠道商评估考核办法

一、总 则

1.为强化经销商的经营意识，促进厂商价值一体化，良性互动，共同进步，特制定本方案。

2.本考核方案强调定量、时效性和公平的原则。

二、考核频率

1.季度考核。

每季度进行一次，考核时间为下个季度第一个月的1日～10日。

2.年度考核。

一年开展一次，考核时间为下一年度的1月1日～15日。

三、考核双方

1.被考核者。

被考核者为公司所有代理商，包括一级代理商和二级代理商，其中又包括一级代理商所属二级代理商。

2.考核者。

（1）公司渠道部负责考核一级代理商。

（2）一级代理商负责考核自身发展的二级经销商（也可由公司负责直接考核）。

四、考核内容

1.季度考核。

代理商季度考核包括销售业绩、销售管理和扣分项目三方面的内容。

（1）销售业绩、销售管理考核

对代理商销售业绩和销售管理考核时，每项考核指标满分均为100分，具体评价标准如表所示。

考核指标		权重	评价标准	得分
销售业绩	协议任务完成率	30%	1. 协议完成率 = 实际完成进卡量（面值）÷ 协议任务量（面值）×100% 2. 得分 = 协议完成率 ×100% 3. 完成率低于____%，得分为 0	
	销售任务完成率	20%	1. 销售任务完成率 = 实际售卡量（面值）÷ 实际完成进卡量（面值）×100% 2. 得分 = 销售目标完成率 ×100% 3. 完成率低于____%，得分为 0	
	主推产品销量目标完成率	20%	1. 主推产品销量目标完成率 = 实际完成主推产品销售量 ÷ 计划完成主推产品销售量 ×100% 2. 得分 = 销售目标完成率 ×100% 3. 完成率低于____%，得分为 0	
销售管理	销售订单改动率	10%	1. 销售订单改动率≤ 6%，得 100 分 2. 6% ＜销售订单改动率≤ 18%，得 80 分 3. 18% ＜销售订单改动率≤ 30%，得 60 分 4. 销售订单改动率 >30%，得 0 分	
	销售预测偏差率	5%	1. 销售预测偏差率≤ 20%，得 100 分 2. 20% ＜销售预测偏差率≤ 50%，得 80 分 3. 50% ＜销售预测偏差率≤ 100%，得 60 分 4. 销售预测偏差率 > 100%，得 0 分	
	市场信息反馈质量	5%	1. 由市场管理部评价经销商市场信息反馈质量等级 2. 优 100 分；良 80 分；中 60 分；差 0 分	
	促销额度达成率	5%	1. 促销额度达成率 = 实际促销额度 ÷ 标准促销额度 ×100% 其中，标准促销额度 = 实际销售额 ×____% 2. 得分 = 促销额度达成率 ×100% 3. 达成率低于__%，得分为 0	
	二级经销商平均销售目标完成率	5%	1. 二级经销商平均销售目标完成率 = 二级经销商销售目标完成率之和 ÷ 二级经销商个数 其中，二级经销商销售目标完成率 = 实际完成销售量（额）÷ 计划完成销售量（额）×100% 2. 得分 = 完成率 ×100 3. 完成率低于____%，得分为 0	
备注	1. 销售订单改动率 销售订单改动率 =（用户撤单数量 ×3+ 重大改动订单数量 ×1.5+ 轻微改动定单数量 ×0.5）÷ 订单数量 ×100% 其中，用户撤单数量是指用户因故取消合同的数量，权重系数为 3 重大改动是指订单的改动影响自己或其他订单的正常交货期，权重系数为 1.5 轻微改动是指订单的改动不影响自己或其他订单的正常交货期，权重系数为 0.5 2. 销售预测偏差率 （1）月单产品预测偏差 =（月预测销售量（额）－ 月实际销售量（额））÷ 月实际销售量 ×100% （2）月销售预测偏差率 = 单产品预测偏差率之和 ÷ 产品种类数量 （3）季度销售预测偏差率 = 各月销售预测偏差率 ÷3 ……………			

制度 渠道薪资及奖惩制度

一、人员配置

1. 每月销量 ××× 万元以下项目。

1 名渠道经理 +1 名渠道主管 +1 名渠道组长 +10 名渠道人员

2. 每月销量 ××× 万元以上的项目。

1 名渠道经理 +1 名渠道主管 +2 名渠道组长 +20 名渠道人员

二、薪资待遇

1. 底薪 + 提成 + 年终奖 [1]。

职　位	三　级	二　级	一　级	备　注
渠道经理	＿＿＿元	＿＿＿元	＿＿＿元	月工资
渠道主管	＿＿＿元	＿＿＿元	＿＿＿元	月工资
渠道组长	＿＿＿元	＿＿＿元	＿＿＿元	月工资
渠道人员	＿＿＿元	＿＿＿元	＿＿＿元	日工资

实际 1 月可拿到工资 = 工资基数 /20× 实际带客数 /30 天 × 实际上班天数。

渠道人员试用期 3 ~ 7 天，未满 3 天者自然淘汰，不计薪资；满 7 天者，正式上岗。享受公司的所有奖励制度。员工每带一组客户到现场，提成 5 元。一级员工每月带客量在 90 组以上，二级员工每月带客量在 60 组以上，三级员工每月带客量在 30 组以上。每月带客量低于 15 组，自然淘汰，再不启用。

2. 电商及分销（只提渠道客户）。

任务完成比例	60% 以下	60% ~ 80%	80% ~ 100%	100% 以上
项目经理	100	200	250	300
渠道主管	50	60	70	80
渠道人员	300	400	500	600

3. 薪资计算方式。

业务员每月内必须带 20 组客户，完成或超额完成可拿到全额工资。每次带领客户经现场管理人员确定为有效客户为准，并填写"来访有效客户确认单"，每日由销售助理统计并录入当日销售日报，以每月 30 日统一结算。若当月未完成 20 组客户带领，以实际完成数的百分比计算底薪：

工资基数 ÷20× 实际带客数 ÷30 天 × 实际上班天数 = 实际 1 月可拿到工资

[1] 渠道经理和渠道主管级别根据入司时间确定。刚入司时按三级标准发放工资，三个月转正后晋升为二级，升为一级管理者需入司时间达到一年以上。其他人员的级别每两个月评定一次，每月带客量 40 组以上定为一级，30 组以上定为二级，20 组以上定为三级，未完成 20 组者以实际完成数的百分比计算底薪。

年终奖：公司净利润 10% 全体员工发放。

4. 发放时间

工资次月 10 号发放，提成签约后次月 15 号发放。

三、奖惩制度

1. 周奖：一周完成公司下达的带访任务前三名，分别奖___元、___元、___元（前提必须是有效客户签了确认单以后）；月奖：完成公司下达的任务后销售业绩前三名，分别奖___元、___元、___元。

2. 迟到：一次罚___元，以后每次比上次翻倍。一个月内累计迟到三次算旷工一次。

…………

制度 渠道客户管理细则

第一部分　经销商管理规范

经销商是公司的重要协作伙伴，销售人员必须与他们坦诚相待。为能协调好销售人员与经销商的关系、公司与经销商的关系，更进一步的促进双方销售，取得共同发展，销售公司特制定了以下销售人员对经销商的管理规范。

一、树立观念

1. 销售人员必须与经销商坦诚相对，树立"顾客为上帝"的观念，决不为一已之利，欺骗经销商。

2. 销售人员在销售过程中公平地对待不同经销商，不遗余力地协助经销商做好各种销售及服务工作。如在工作过程中与经销商产生矛盾，或有其他隔阂，必须立即反馈至副总办公室备案。

3. 销售人员不得欺诈或胁迫经销商，侵占经销商利益，损害公司的形象。

4. 销售人员须把公司利益放在首位，决不允许在销售工作中与经销商串通一气，损害公司的利益。

二、日常工作

1. 销售人员必须经常拜访经销商。

2. 了解市场销售情况。

3. 及时协助解决经销商提出的各项问题。

4. 销售人员必须当天将公司的政策信息传达经销商。

5. 销售人员引导经销商合理提报产品需求。

6. 销售部必须根据客户提报的产品需求开单及发货，也就是按需制单，按单发货。

…………

制度 代理商管理制度

第一条 主旨

根据《中华人民共和国合同法》等国家有关法律法规，结合本公司实际情况，本管理制度规定本公司与代理商之间的有关合作事项。

第二条 代理商的销售区域

代理商销售的区域，依"市场开发合作协议书"来决定。代理商如欲在指定以外的区域进行销售活动，应事前与本公司联络，取得书面认可。

第三条 经营产品

代理商所经营的本公司产品必须是协议中规定的本公司委托销售产品。

第四条 销售责任额

代理商的销售额即为第三条规定商品的总额。销售责任额由本公司根据市场情况进行制定，代理商执行。代理商须于每月15～20日之前，向本公司上报上月的销售总结和下个月的销售计划。本公司将根据代理商的销售完成情况进行相应的奖罚。

第五条 经销处的设置

代理商可在自己的责任范围下设置经销及代办处等。但设置之前须与本公司联络，取得其书面认可方能实施。

…………

第十三条 销售奖励

以下奖励制度适用于代理商的销售及付款事宜。

销售额业绩突出的奖励：代理商在协议有效期内，超额完成最低销售额，本公司对超额部分除支付规定的佣金外，另付奖金或其他实物奖励。其他形式奖励，由本公司另行决定。

第十四条 代理商的优惠条件

代理商可享受本公司的产品技术知识培训及指导（培训合格后颁发培训证书），配发宣传用品、经营资料及其他优惠条件。

…………

第二十四条 实施时间

本制度经本公司董事会审议通过后自下发之日起实施。

范表 渠道客户拓展登记表

序 号	公司名称	所在区域	联系人姓名	电 话	拓展方式

范表 渠道成员评估表

项目	标 准	权重	程 度	评分标准	得分
经销商基本实力	资金实力	8%	资金实力较差	0	
			具有基本的资金实力，能保证日常的销售进货	4	
			具有超强的资金实力，能很好配合公司的资金要求	8	
	仓储能力	6%	独立的库房	6	
			门市兼库房	4	
			没有库房	0	
	有独立的办公场所	4%	批发门市	1	
			办公室	2	
			批发门市兼办公室	4	
	有自己的运输工具	6%	有自己的大型货车	6	
			有自己的小型货车	4	
			有自己的三轮车配送	2	
	具有一定的文化素质	3%	高中及高中以下学历	1	
			高中到本科学历	2	
			本科学历以上	3	
	有较好的人际关系	6%	社会关系较强	6	
			社会关系一般	4	
			社会关系较差	0	
	有自己的经营销售团队	5%	独立的企业	5	
			小型门市，由家族成员组成，共同分工经营	3	
			只有夫妻两人组成	1	
	直营能力	6%	直供终端	2	
			有批发商，方便积极开发终端	4	
			有网络直销终端、批发商和直供终端	6	
市场能力	现经营的产品的市场占有率	5%	只覆盖了几个一线城市	1	
			覆盖各个城市的主城区	3	
			不仅覆盖了各个城市主城区，还有各个县、乡镇甚至农村	5	
	现经营产品的终端销售情况	4%	终端表现优秀，销量好，客情反映好	4	
			终端表现一般，销量一般，客情反映一般	2	
			终端表现较差，销量较差，客情反映较差	0	

续上表

项目	标 准	权重	程 度	评分标准	得分
市场能力	业内口碑	3%	同行评价高	3	
			同行评价一般	2	
			同行评价较差	0	
	经销商所拥有的市场潜力	6%	市场潜力大，有很大的发展空间	6	
			市场潜力一般，发展空间有一定局限性	4	
			市场潜力较差，发展空间太小	1	
管理能力	有明确的业绩奖惩制度	4%	表现好，完成销售目标，给予一定奖金	4	
			表现好，未完成销售目标，扣除奖金	1	
			表现差，未完成销售目标，扣除奖金，并警告开除	0	
	对业务人员有明确的管理方式	4%	对业务员、配送员等每月发固定工资	1	
			对业务员、配送员按提成法计算工资	2	
			对业务员、配送员有明确的绩效考核	4	
	……				

范表 渠道开发确认单

开发人		岗位名称		经纪号	
推广名称					
其他基本信息	1. 推广要求 2. 推广可提供的支持				
渠道管理岗意见	□驻点试营　　安排＿＿＿＿＿＿＿＿团队于＿＿年＿＿月＿＿日驻该网点营业 □无效网点 　　　　　　　　　　签字：　　　　　　　日期：				
区域经理驻点确认	 　　　　　　　　　　签字：　　　　　　　日期：				
营销总监意见	同意按总奖励（＿＿＿＿＿元）＿＿＿＿%给予＿＿＿＿（经纪号：＿＿＿＿）渠道开发奖励。在＿＿＿＿月工资中发放。剩余部分待确认网点有效后发放。 　　　　　　　　　　签字：　　　　　　　日期：				

范表 客户来源渠道分析表

渠　道	本月咨询量	本月成交量	本月成交金额	转　化　率
社群渠道				
网络广告				
搜索引擎				
视频广告				
线下派单				
户外广告				
……				
平均值				

范表 新开发渠道（网点）有效性确认单

推广名称		报告人	
网点地址		进驻起止日期	
网点基本情况	□已摆放电脑设备 □截止至＿＿＿月＿＿＿日，本网点共开发客户＿＿＿个，其中有效客户 ＿＿＿个 □有效驻点天数：＿＿＿天／月 □其他：＿＿＿＿＿＿＿＿＿＿＿＿＿＿＿＿＿＿＿＿＿＿＿		
渠道管理岗意见	□基本情况经调查属实，符合有效性网点要求，认定为有效网点，给予开发人（经纪号：＿＿＿＿＿＿）＿＿＿＿元渠道开发奖励，在＿＿月工资中发放 □基本情况不符，认定为无效网点。说明：＿＿＿＿＿＿＿＿＿＿＿＿＿＿＿ ＿＿＿＿＿＿＿＿＿＿＿＿＿＿＿＿＿＿＿＿＿＿＿ 　　　　　　　　签字：　　　　　　日期：		
营销总监意见	 　　　　　　　　签字：　　　　　　日期：		
营业部总经理意见	 　　　　　　　　签字：　　　　　　日期：		

范表 经销商验收评审表

经销商名称		地 址	
类别店评审	□旗舰　　　□标杆　　　□LA　　　□LB　　　□LC　　　□LD		

<table>
<tr><td rowspan="21">销售展厅
验收项目</td><td rowspan="5">销售展厅布局</td><td colspan="2">位置：</td></tr>
<tr><td colspan="2">展厅形式：□前店后厂　　　□左店右厂　　　□右店左厂
落地玻璃：□一面　　　　□两面　　　　□三面
内二层：　□是　　　　　□否</td></tr>
<tr><td colspan="2">□卫生间　　□文化展示区　□业务洽谈区
□会议培训室　□荣誉展示区　□精品展示区</td></tr>
<tr><td>VI 标识使用</td><td>□接待台　　□背景板　　□办公区标识　□店招　□立招</td></tr>
<tr><td rowspan="3">新 VSI 物料采购</td><td>铝板类：　　□门头铝板</td></tr>
<tr><td>家具类：□接待台　　　□背景板　　　□资料架
　　　　□售后接待桌　□售后员工桌　□售后客户椅
　　　　□客休区单人沙发　　　　　□客休区茶几</td></tr>
<tr><td>非家具类：□门头 logo 组合　□售后服务字体　□精品展示区　　□字体户外立柱　□品牌 logo　　　□指示牌</td></tr>
</table>

	销售市场组织机构 人员配置	总经理：　　　　　，请填写以下岗位人员的姓名	
		销售部经理		市场部经理	
		分销渠道专员		市场专员	
		批售专员		网络营销专员	
		销售 DCRC		订单员	
		专职销售顾问 _____人，姓名：	

服务验收 项目	维修站资质	□一类　　　　□二类　　　□三类	
	维修站顶部是否封闭	□是　　□否	维修站四面是否封闭　□是　　□否
	服务场地及工位	维修厂面积＿m²，维修工位＿＿个	客户休息区面积＿m²
	功能区	□接待室　□配件仓库　□旧件仓库　□停车区　□洗车区	
	服务组织机构人员 配置	维修站人员＿＿＿人，以下岗位请填写具体任职人员的姓名	
		站长		索赔员	
		服务专员		售后 DCRC	
		技术总监		质检员	
		配件经理		技工	

其他验收项目	
整改项目	
服务验收人 意见	签字：　　　　　日期：　　年　月　日
展厅验收人 意见	签字：　　　　　日期：　　年　月　日
区域人员 意见	签字：　　　　　日期：　　年　月　日

续上表

渠道发展部 意见	签字： 日期： 年 月 日
总经理意见	签字： 日期： 年 月 日

填表说明：1. 请在相应项目前的"□"内打√；2. 上述各验收项目须拍照贴在A4纸上，盖公章后一并寄往渠道发展部。

||||||||||||||||||||||||||||||||||||||||||||||||||||||||||||||||||||||||||||||||||||||||||||||||||||||||||||||||||

范表 代理商资格审查表

客户区域		客户姓名	
店面详细地址			
联系方式	手机： 座机： QQ：		
流动资金	□2～5万元 □5～10万元 □30～50万元 □50～100万元 □100万元以上		
月平均销量	□1万元以内 □1～5万元 □5～10万元 □10～20万元 □20～50万元 □50万元以上		
下属加盟商数量	□1～5个 □5～10个 □10～20个 □20～50个 □50个以上		
进入行业时间			
曾经经营品牌			
目前经营品牌			
店面地段	□大型批发市场 □大型商场 □市内繁华街道 □市内普通街道 □县城 □乡镇		
是否有做广告宣传	□电视广告 □报纸杂志广告 □网络广告 □室外广告牌 □室内广告 □灯箱广告 □否		
店面面积	□1～20 ㎡ □20～50 ㎡ □50～100 ㎡ □100 ㎡以上		
店面数量	□1个 □2个 □3个 □4个以上		
仓库总面积	□1～20 ㎡ □20～50 ㎡ □50～100 ㎡ □100～200 ㎡ □200 ㎡以上		
是否具备自备车辆	□1台 □2台 □3台 □4台以上 □否		
初审（客服部经理）			
复审（副总经理）			
批准（总经理）			

特别说明：上述资料请各代理商如实填写，若有虚假，一经核实，公司有权取消代理资格。通过审核程序，方可确定代理资格。

更多模板

代理商评估奖惩制度	渠道管理奖惩制度
公司渠道管理制度	渠道开发进度表
公司营销渠道管理办法	渠道开拓奖励办法
广告渠道发布表	渠道调查问卷
加盟店经营管理制度	渠道团队管理制度
连锁店管理制度	渠道员工奖励单
品牌产品代理商制度	特约店协会组织制度
渠道登记表	网络渠道分销登记表
渠道关系加强对策表	

4.2 客户开发管理

客户开发是建立客户基础的第一步，企业要从目标计划、自身资源情况出发，来制订合适的客户开发战略。企业的客户开发战略最终要由销售人员负责落实执行，其执行情况的好坏决定着客户开发计划能否顺利完成。

● 新客户接触的常见方式

电话接触

第一次电话接触一般要了解客户信息、客户需求以及客户意向等。要保证电话接触的有效性，应注意以下几个要点。一是在进行电话接触前做好打电话的准备；二是把握适当的时机，避免在客户繁忙时致电；三是电话接触时要快速切入主题，让对方积极参与到交谈中。

面谈接触

面谈是与新客户建立信任关系的重要过程。面谈接触前同样需要做好充足准备，包括准备好个人名片、展示资料、产品说明书等。面谈过程中要注意控制谈话进程和主题，了解客户的真实想法，如资金预算、签单的顾虑。如果当次面谈没有成交，可以约下次面谈。

● 客户开发的步骤

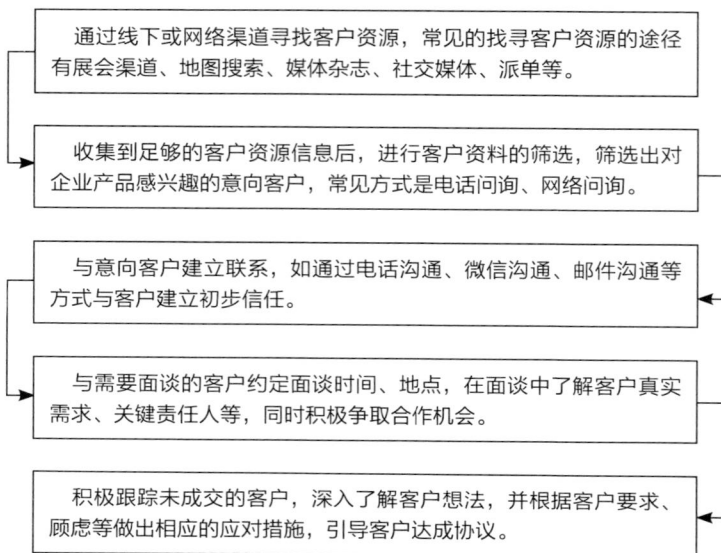

通过线下或网络渠道寻找客户资源，常见的找寻客户资源的途径有展会渠道、地图搜索、媒体杂志、社交媒体、派单等。

收集到足够的客户资源信息后，进行客户资料的筛选，筛选出对企业产品感兴趣的意向客户，常见方式是电话问询、网络问询。

与意向客户建立联系，如通过电话沟通、微信沟通、邮件沟通等方式与客户建立初步信任。

与需要面谈的客户约定面谈时间、地点，在面谈中了解客户真实需求、关键责任人等，同时积极争取合作机会。

积极跟踪未成交的客户，深入了解客户想法，并根据客户要求、顾虑等做出相应的应对措施，引导客户达成协议。

● 客户开发的技巧

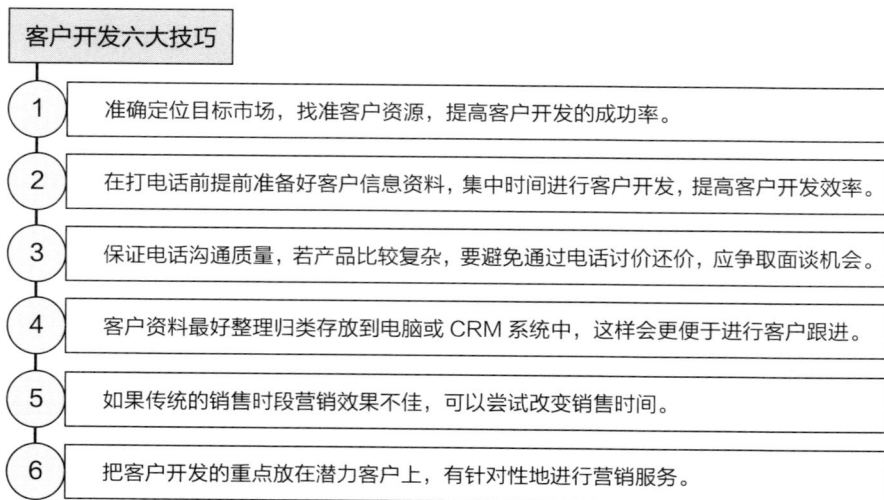

客户开发六大技巧

1　准确定位目标市场，找准客户资源，提高客户开发的成功率。

2　在打电话前提前准备好客户信息资料，集中时间进行客户开发，提高客户开发效率。

3　保证电话沟通质量，若产品比较复杂，要避免通过电话讨价还价，应争取面谈机会。

4　客户资料最好整理归类存放到电脑或 CRM 系统中，这样会更便于进行客户跟进。

5　如果传统的销售时段营销效果不佳，可以尝试改变销售时间。

6　把客户开发的重点放在潜力客户上，有针对性地进行营销服务。

制度 客户开发选择制度

本制度旨在选择新的原料供应商，保证企业原材料的合理供应，确定合理标准及选择程序。

第一条　新客户的选择原则

1. 新客户必须具有满足本企业质量要求的设备和技术能力。

2. 新客户必须具备按时供货的管理能力。

3. 新客户必须达到较高的经营水平，具有较强的财务能力和较好的信用。

4. 新客户必须具有积极的合作态度。

5. 新客户必须遵守双方在商业和技术上的保密原则。

6. 新客户的成本管理和成本水平必须符合本公司要求。

第二条　新客户的选择程序

1. 一般调查。

（1）候选客户向本公司提交企业概况、最新年度决算表、产品指南、产品目录等文件。

（2）与新客户的负责人交谈，进一步了解其生产经营情况、经营方针和对本公司的基本看法。

（3）新客户技术负责人与本公司技术和质量管理部门负责人进一步商洽合作事宜。

2. 实地调查。

根据一般调查的总体印象做出总体判断，衡量新客户是否符合上述基本原则。在此基础上，资材部会同技术、设计、质量管理等部门对新客户进行实地调查。调查结束后，要提出新客户认定申请。

第三条　客户开发选择认定

1. 提出认定申请报告。

根据一般调查和实地调查结果，向市场部主管正式提出新客户选择申请报告，该报告主要包括以下项目。

（1）与新客户交易的理由及今后交易的基本方针。

（2）交易商品目录与金额。

（3）调查资料与调查结果。

2. 签订商品供应合同。

与所选定的新客户正式签订供货合同，签订合同者原则上应是本公司的资材部长和新客户的法人代表。

3. 签订质量保证合同。

与供应合同同时签订的还有质量保证合同，其签订合同者与以上合同相同。

4. 设定新客户代码。

为新客户设定代码，进行有关登记准备。

5. 其他事项。

将选定的新客户的基本资料递交本企业相关部门；确定购货款的支付方式；将新客户有关资料存档。

制度 客户开发规章制度

第1章 总 则

第1条 目的

为争取更多的客户和更大的市场份额，保证客户开发计划顺利进行，特制定本制度。

第2条 职责分工

1.客户开发主管负责制订客户开发计划，并组织客户开发专员实施该计划。

2.客户开发专员在客户开发主管的指导下实施客户开发计划。

3.客户服务部其他人员协助客户开发计划的实施。

第2章 客户的筛选与管理

第3条 客户资料的获取

1.在进行客户开发之前，客户开发专员应先收集潜在客户的信息，客户信息收集的内容如下表所示。

信息类别	具体内容
客户基本信息	1.客户名称、所属机构
	2.客户的通信方式
	3.了解客户的基层人员及管理层情况
	4.客户的产品安装和使用情况
	5.客户的业务情况
	6.客户所在行业的基本状况
与本企业业务相关的项目资料	1.客户的采购计划、采购预算、采购时间表及采购流程等
	2.相关业务的决策人和影响者
与本企业业务相关人员的个人资料	1.毕业的学校及受教育程度
	2.个人爱好，如运动、喜欢的书籍
	3.工作行程安排，在企业中的职位
	4.与同事之间的关系
	5.今年的工作目标及个人发展计划等

2.客户信息收集的方法及渠道一般有以下四种。

（1）客户发布的广告。

（2）客户企业的网站。

（3）客户参加的展会。

（4）资料查询。

…………

制度 客户开发提案改善制度

第一条 为集中员工们的智慧与经验，鼓励员工特别是直接面向市场的客户开发人员，提出更多有利于公司生产改善、业务发展的建议，以达到降低成本、提高质量、增加公司效益、激励同仁士气的目的，特制定本办法。

第二条 提案内容为针对本公司生产、经营事务且具有建设性及具体可行的改善方法。

1. 公司关于客户的销售政策与信用政策。

2. 各种操作方法、制造方法、生产程序、行政效率等的改善与提高。

3. 提高原科的使用效率，改用替代品，节约能源等。

4. 新产品的设计、制造、包装及新市场的开发等。

5. 各种应收款项及呆死账的回收政策与策略。

第三条 提案如包含下列内容，即为不适当的提案，不予受理。

1. 攻击团体或个人的提案。

2. 诉苦或要求、改善待遇的提案。

3. 与曾被提出或被采用过的提案内容相同的提案。

4. 与专利法抵触的提案。

第四条 提案人或单位应填写规定的提案表，必要时可另加书面或图表说明。投入提案箱，每周六开箱一次。

第五条 审查组织。

1. 各公司成立"提案审查小组"，该小组由有关主管组成。

2. 公司成立"提案审查委员会"，该委员会由总经理及公司有关部门主管组成并设执行秘书。

第六条 审查程序

1. 各提案表均须先经各公司"提案审查小组"初审并经评分通过后方可呈报 [1]。

2. "提案审查委员会"每月视提案需要，召开 1 ~ 2 次委员会会议，审查核定各小组汇集呈送的提案表及评分表，必要时请提案人或有关人员列席会议并做出解释说明。

…………

制度 新开发客户资质管理制度

第一条 为了规范 ×××× 有限公司(以下简称"××××")客户资质评定的管理工作，特制定本制度，并通过本制度保证 ×××× 客户资质评级的管理工作顺利进行。

---

[1] 公司各部门提案直接送提案审查委员会。

第二条　××××的客户资质评级工作是在销售经理、企划部的主持下进行的，需要销售部等其他部门的工作参与，客户资质评级的结果向公司管理层汇报，企划部是客户资质等级评定的唯一出口。

第三条　××××的客户资质政策编制和调整由销售经理、企划部牵头操作，企划部每年年初对上一年资质评定工作进行评审，同时依据××××的营销模式和业务量的变化对资质的评定方法进行调整，并依据新的资质评定方式对原有客户进行级别重新评定。

第四条　本制度中涉及的名词解释

1. 客户资质等级：××××依据客户的资质等级配合销售政策，确定客户能够享受的价格折扣、市场支持和销售奖励等。

2. 客户信用：××××依据客户资质等级的内容制定客户信用，来确定客户的付款方式和付款期限。

第五条　××××的客户资质评定标准适用于销售终端开发过程和日常维护过程的资质评定。

第六条　××××的客户资质分为六个等级：普通客户、一星客户、二星客户、三星客户、四星客户、五星客户。

…………

范表 新开发客户报告表

年　　　月　　　日

客户名称		电　话	
公司地址			
工厂地址			
主办人员			
推销产品			
第一次交易额及品名			
开拓经过			
备　注			
批　示			

经理：　　　　　　　报告者：

范表 新开发重点客户表

客户代表		编 号	
开发日期		客户等级	
客户信息			
公司名称		公司类型	
地 址		邮 编	
董事长		总经理	
电 话		传 真	邮 箱
第一次联系			
日 期		时 间	联系人
联系情况总结:			
客户重新分类	□ B □ C □ D □ E		
是否需要演示		演示日期	
客户跟踪			
跟踪情况:			

注: B- 客户现在不感兴趣,但将来有; C- 客户打算替换当前使用的产品,但不会很快做出决定;
D- 打算购买产品,但需要向总部汇报; E- 计划购买产品,且得到了总部的批准。

范表 新客户洽谈情况表

营销经理: 日期:

客户姓名		联系方式		所属城市	
店面面积		现经营品牌		周边品牌	
信息地址		合作模式			
客户反馈意见					
意向洽谈结果					

注: 1. 此表每星期填写一次,每周六 17:00 点前交常务副总经理一份,内容务必详细清楚填写。
    2. 由副总经理交总经理审核,并留档备查。

范表 市场部客户开发计划表

市场专员：　　　　　　　　　　　　　　　　　　　　　年度：

月份	序号	计划访问客户信息						约定	访问结果报告	客户分类
		企业名称	访问时间	拜访对象	职务	所属部门	电话			

注：访问报告简要说明访问进度状况和问题。

范表 经销商开发进度表

市场专员：　　　　　　　　　　　　　　　　　　　　　年度：

序号	开发步骤	进度日期							
1	寻找新经销商资料	1月	2月	3月	4月	5月	6月	7月	……
2	提供资料并面试详谈								
3	企业资质要求评审								
4	报价								
5	确定经销商考察对象								
6	初步进行试验性开发								
7	评估首次产品								
8	评估小批量产品								
9	评估中批量产品								
10	合格经销商评估								

注：开发步骤可根据实际情况进行调整。

更多模板

分公司潜在客户开发跟踪表	客户开发业绩考核制度
客户拜访记录	客户业务联系记录表
客户开发激励制度	新客户开发管理制度
客户开发建议管理制度	新客户开发申请表
客户开发情况登记表	重点客户开发进度表

4.3 客户合作管理

客户开发、跟进都是为了争取业务合作，为了与客户达成良好的长期合作关系，营销人员应本着互利共赢、坦诚相待的原则与客户进行沟通洽谈。同时，在合作期间做好合作评审、合同管理、应收账款管理、交货期管理等事项，以避免产生不必要的纠纷和麻烦。

● 签订安全可靠的合同

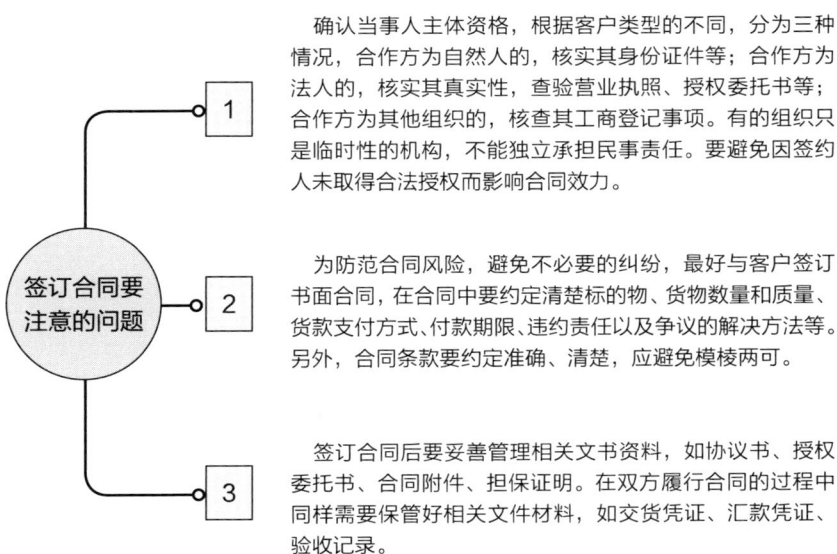

签订合同要注意的问题

1. 确认当事人主体资格，根据客户类型的不同，分为三种情况，合作方为自然人的，核实其身份证件等；合作方为法人的，核实其真实性，查验营业执照、授权委托书等；合作方为其他组织的，核查其工商登记事项。有的组织只是临时性的机构，不能独立承担民事责任。要避免因签约人未取得合法授权而影响合同效力。

2. 为防范合同风险，避免不必要的纠纷，最好与客户签订书面合同，在合同中要约定清楚标的物、货物数量和质量、货款支付方式、付款期限、违约责任以及争议的解决方法等。另外，合同条款要约定准确、清楚，应避免模棱两可。

3. 签订合同后要妥善管理相关文书资料，如协议书、授权委托书、合同附件、担保证明。在双方履行合同的过程中同样需要保管好相关文件材料，如交货凭证、汇款凭证、验收记录。

● 商品交货程序

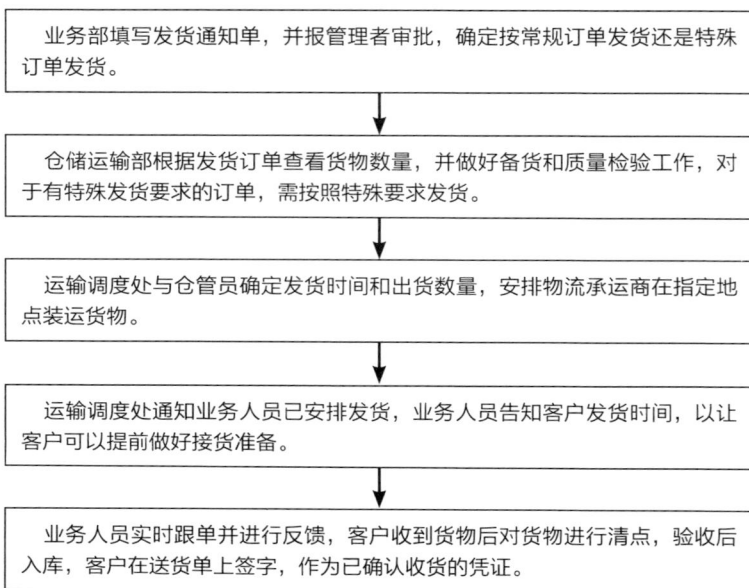

> 业务部填写发货通知单，并报管理者审批，确定按常规订单发货还是特殊订单发货。

↓

> 仓储运输部根据发货订单查看货物数量，并做好备货和质量检验工作，对于有特殊发货要求的订单，需按照特殊要求发货。

↓

> 运输调度处与仓管员确定发货时间和出货数量，安排物流承运商在指定地点装运货物。

↓

> 运输调度处通知业务人员已安排发货，业务人员告知客户发货时间，以让客户可以提前做好接货准备。

↓

> 业务人员实时跟单并进行反馈，客户收到货物后对货物进行清点，验收后入库，客户在送货单上签字，作为已确认收货的凭证。

● 促进签单要注意的细节

细节 1

在拜访意向客户前预约好时间，以便客户能做好合理的安排。提前准备好拜访资料，如公司宣传片和展示PPT等。在合作洽谈的当天按照约定的时间准时到达，给客户留下准时守约的印象。当业务员给客户留下良好印象后，会更有助于洽谈，也能提高签单的成功率。

细节 2

在合作谈判前就对谈判目标和价格底线有一定的心理预期，这样在谈判过程中才能更灵活地处理客户提出的要求，如客户要求降价、要求由乙方承担运输费用等。谈判时要避免双方陷入僵局，在此过程中可以适当运用谈判技巧来促成签单，如让步、以退为进。

细节 3

谈判时语气要肯定，模糊不清会加剧对方的疑虑。谈判过程中要善于沟通，同时也要注意倾听，聆听客户提出的条件、迟迟不做决定的原因，判断客户的立场，从而评估签单可能性的大小。不要为了签单而做出乙方无法实现的承诺，这会给企业带来更多麻烦。

制度 货款回收管理办法

1 目的

为了规范公司货款回收流程，便于应收账款及时回收，预防发生坏账，特制定本办法。

2 适用范围

适用于整个公司的货款回收。

3 定义

3.1 未收款

当月到期的应收货款在次月5日前尚未收回，从即日起至月底止将此货款列为"未收款"。

3.2 催收款

"未收款"在次月5日前尚未收回，即日起到月底止将此应收货款列为"催收款"。

3.3 准呆账

3.3.1 客户已宣告破产或虽未正式宣告破产但已有明显的要破产的迹象。

3.3.2 客户因其他债务而受到法院查封，货款已无偿还的可能。

3.3.3 支付货款的票据一再退票没有令人信服的理由，且已停止出货一个月以上者。

3.3.4 催收款迄今未能收回且已停止出货一个月以上者。

3.3.5 催收款的回收明显有重大困难，经批准依法处理者。

4 管理办法

4.1 未收款的管理

4.1.1 财务部应于每月5号前将未收款明细表交市场部业务员。

4.1.2 业务员应将未收款之未能收回的原因及对策、收回该批货款的时间于3日内以书面形式提交市场经理，市场经理根据实际情况审核是否向该客户提供销售。

4.1.3 市场部经理每月应监督各业务员回收未收款。

4.1.4 财务部根据业务员承诺的收回货款时间于每月底检查执行情况。

4.2 催收款的管理

4.2.1 市场部经理应将未收款转为催收款的原因及对策于3日内以书面形式提交分管副总转呈总经理批示。

4.2.2 货款经列为催收款后副总经理应于30日内监督各相关业务员收回货款。

4.2.3 货款经列为催收款后30日内货款尚未收回，将暂停对该客户提供销售。

4.3 准呆账的处理

4.3.1 准呆账的回收仍以市场部为主，由财务部协助，必要时由法律顾问通过法律途径处理。

4.3.2 正式采取法律途径解决，由市场部相关人员同法律顾问前往处理。

4.3.3 法律顾问以专案形式处理准呆账时，由市场部协助，确保法律顾问随时知会市场部案件的进展情况并予以跟进。

4.3.4 财务部每月初对应收款进行检查，将准呆账填写"坏账申请批复表"报请部门负责人批准，经批准为坏账的货款将对该相关业务员进行处罚。

4.4　准呆账的检查

准呆账的报送，法律部门处理后由销售会计报请董事会定期召集市场部、财务部、负责市场的副总等相关部门召开检查会，检查事件的前因后果，以作为前车之鉴，并评述有关人员是否失职。

制度 公司合同管理制度

第一章　总　　则

第一条　目的。

为规范公司经济合同的管理，防范与控制合同风险，有效维护公司的合法权益，制定本制度。

第二条　适用范围。

本制度适用于公司对外签订、履行的建立民事权利义务关系的各类合同、协议等，包括买卖合同、借款合同、租赁合同、加工承揽合同、运输合同、资产转让合同、仓储合同、服务合同等。

公司各部门及下属企业对外签订的各类经济合同一律适用本制度。

第三条　公司总经理负责公司销售、采购合同及其他经济合同的审批。

第四条　公司法律顾问室负责公司各类合同的管理工作，具体职责如下。

（一）负责除销售、采购合同以外，其他各类合同的谈判工作并根据公司法定代表人的授权签订合同；

（二）负责制定销售、采购合同统一文本；

（三）负责对合同专用章、合同统一文本、法人授权委托书的发放和管理；

（四）负责各部门提交的各类合同的合法性、可行性审查；

（五）负责经济合同纠纷的处理；

（六）负责经济合同的档案管理；

（七）负责本制度的监督执行。

第二章　合同的签订

第五条　合同的主体。

（一）订立合同的主体必须是公司，其他部门不得以部门名义擅自签订合同。

（二）订立合同前，应当针对对方当事人的主体资格、资信能力、履约能力进行调查，不得与不能独立承担民事责任的组织签订合同，也不得与法人单位签订与该单位履约能力明显不相符的经济合同。

（三）公司一般不与自然人签订经济合同，确有必要签订经济合同，应经公司总经理同意。

第六条　合同的形式。

…………

第六章　合同的履行

第二十八条　公司应当按照合同约定全面履行自己的义务，并随时督促对方当事人及时履行其义务。

第二十九条　在合同履行过程中，对本公司的履行情况应及时做好记录。履行销售合同交付货物时应由对方当事人签署一式二份的收货单，一份留存对方，一份交销售部门备查。向对方当事人交付增值税发票时应由对方当事人出具收条。履行采购合同付款时应由对方当事人出具收款据或收条，公司原则上只开具限制性抬头的转账支票，不允许以现金形式支付。

第三十条　在履行合同过程中，经办人员若发现并有确切证据证明对方当事人有下列情况之一的，应立即中止履行，并及时书面上报公司法律顾问室处理，并报总经理。

（一）经营状况严重恶化；

（二）转移财产，抽逃资金，以逃避债务；

（三）丧失商业信誉；

（四）有丧失或者可能丧失履行债务能力的其他情形。

第三十一条　债权债务的定期确认和发生重大变动时的确认

…………

制度 公司合作商管理制度

第一章　总　则

第一条　为规范公司与合作商商务往来中的行为建立，与合作商建立文明健康理性的合作关系，并不断提升合作商选择标准，特制定本制度。

第二条　本制度的合作商是指经销商、供应商、工程合作商、物流商、广告商、生产厂家以及其他与公司有经济业务往来的长期合作单位。对于调研咨询等短期合作单位也可参照本制度执行。

第二章　细　则

第三条　管理职责

一、各业务单位部门

1. 负责合作单位选择，管理标准的制定与提升，负责"××有限公司与合作商文明合作条约"与合同的签订，并定期对执行情况进行检核。

2. 负责建立对应合作单位的评价标准，定期对合作情况进行总结评价。

3. 负责合作单位在合作期间的日常管理。

二、企业管理部

1. 负责不定期检核各业务单位部门对合作单位的管理情况。

2. 负责组织对各业务部门文明合作条约的签订和执行情况进行不定期抽查。

第四条 管理原则

一、坚持标准原则：所有合作商的选择都要坚持遵循公司标准，能满足相关业务开展的要求。

…………

范表 代理商加盟申请表

档案编号：NO.

申请人资料	姓　名		性　别			照片
	婚姻状况		学　历			
	户籍地址					
	现住地址					
	身份证号码					
	联系电话		手机号码		邮政编码	
申请公司资料	公司名称				简　称	
	公司地址					
	法人姓名		公司成立日期			
	经营模式	□独资　□合作	持股比例	%	合作人数	人
申请区域			市场级别	级（由	工作人员填写）	
代理模式	□独资代理　□合作代理		持股比例	%	合作人数	人
申请经营产品	□橱柜		□衣柜		□其他	
经营计划	计划投入资金，计划开设卖场数量、卖场面积，人员配备，广告投放等详细情况。按照"经营计划书"标准版本完成					
申请人所需提交资料（有则提供，作为附件）						
1. 营业执照；2. 申请人身份证复印件；3. 申请人一寸照片						
本人声明：以上内容均为真实信息，若有虚假，愿承担一切后果。						

范表 经销商合作评审表

评审时间		区 域		城 市		经办人	
经办人电话		经销单位				注册资金	
法人代表		公司性质		一般纳税人税号			
业务联系人		联系方式		员工人数			
经销商办公仓储							
办公地址						面 积	
经销商经销产品与渠道							
经销品牌、产品							
经销其他品牌年销售额		合作家数和占比			合作便利家数占比		
其他渠道数量		现有市场服务频率			愿意投入的资金		
物流车介绍及数量							
经销商原有经销产品市场推广方法							
新品铺市推广							
销量提升推广							
滞销商品处理							
拟定合作区域、渠道、品项							
拟定经销区域		拟定合作渠道			拟定合作品项		
拟定合作渠道终端							
经销商要求							
公司给予政策支持							
公司提出要求							
公司审核意见							
业务主管		渠道经理意见		销售总监意见		总经理意见	

范表 客户要求及合同承诺事项表

序 号	项 目	客户要求	责 任 人	差 距	完成日期	对策措施
1	产品名称、规格	见客户图纸				
2	交货时间、数量	按每批次采购订单执行				
3	质量要求、技术标准和质量负责条件	执行"质量协议"				
4	交货期	交货随检验报告				
5	交货地点方式	发运至需方仓库				
6	运输方式以及费用承担	购方负担				
7	运输合理损耗及计算方式	按合同执行				
8	包装标准、包装物的供应与回收	不回收				
9	验收标准、方法及提出异议期限	自到货之日起15天,因供方质量问题,无条件退货或换货				
……						

范表 产品交货单

编号:　　　　　　　　　　　　　　　　序号:

购货单位:						
供货单位:						
序 号	产品名称	规格型号	单 位	数 量	单 价	金 额
合计:						
备注:						

范表 客户合作记录表

公司名称				客户编号		
通信地址						
公司负责人	固 话	手 机	采购联系人	固 话	手 机	
收货联系人	固 话	手 机	财务联系人	固 话	手 机	
发货方式				运 费		
收货地址						
日 期	订 单	金 额	执行完毕	回款完毕	质保到期	

范表 催款通知明细表

区 域	部 门	在外货款金额	催款日期	合同期限	货物在途天数	超期日期

范表 合作客户往来明细表

区 域	业 务 员	客户名称	期初往来	变 动 数	期末往来	预收账款

范表 应收账款控制表

时间： 年 月 第 周 填表时间： 月 日

星 期		星期一	星期二	星期三	星期四	星期五	星期六	星期日	总计
接听电话记录									
接待客户	A								
	B								
	C								
	合计								
销售情况	面积								
	单位								
	合同金额								
	订金数额								

范表 合作客户管理表

客户信息表						
客户全称		客户性质	□企业 □个人 □经销		联系人	
所属区域		经营品牌			电 话	
详细地址		员工人数			销售规模	
法人代表		仓库面积			注册资本	
发货方式			运 费			
代理区域						
客户情况						
客户跟进记录						
日 期	沟通内容		沟通方式和结果		下一步计划	

范表 交货期管理工作考核表

序号	流程	标准	要求	考核制度	责任人	考核人
一	销售合同签约下达	1. 选择市场与客户需求的，适合本企业生产的合同签约	销售合同应既满足客户需求又适合企业生产	签约不适宜合同每份扣×元	市场主管	总经理
		2. 常规合同经批准后直接填写"生产订单"并下达	按"生产过程管理流程、标准、考核制度"	同"生产过程管理考核制度"		
		3. 特殊合同评审后方能下达	按"SD-OP-07与产品有关要求的评审控制程序"中"特殊合同"要求，填写"合同评审后产审"	特殊合同未经评审下达"生产订单"的每份扣×元		
二	内部保障管理	1. 确保每份"生产订单"如期完成	按"生产过程管理流程、标准、考核制度"组织生产	未完成"生产订单"每份扣×元	生产主管	总经理
		2. 确保"生产计划"所需的原辅材料及时到位	按"SD-OP-08采购控制程序"要求组织原辅材料	因原辅材料未及时到位影响生产每次扣×元	采购主管	
		3. 确保产品质量符合"生产订单"要求	按"质检员考核表"要求对产品进行检测	因质量问题影响交货期每次扣×元	质量主管	
		4. 各岗位人员配备齐全，确保生产任务的完成	按"SD-OP-04人力资源控制程序"要求配备各工作岗位必要人员	因人员短缺影响"生产订单"如期完成，每次扣×元	人力主管	
		5. 跟踪生产全过程，做好与顾客信息沟通工作	及时掌握生产进程情况，有问题时做好内外部沟通工作，保障"生产订单"顺利完成	未将内部生产进度变化等信息及时与客户沟通而影响交货期每次扣×元	市场主管	
三	库存与发货管理	1. 确保入库产品必须质量合格	按"质检员考核表"第1条考核内容	不合格产品入库每只扣×元	质检员	总经理市场主管
		2. 库存发货产品必须符合各户合同要求	按"质检员考核表"成品检验第2、3条考核内容	不符合合同产品发货每批扣×元	市场主管	
		3. 产品包装可靠，确保运输途中不损坏	根据客户要求及运输方式需实施合理包装	因包装不当损坏产品，每批扣×元	包装工	生产主管
		4. 运输方式合理，物流运输成本的最当，达到节约运输成本的目的	根据客户要求及产品特性选择合理的运输方式适当的运输公司	因运输方式选物流公司选择不当影响交货期每次扣×元	市场主管	总经理

范表 发货通知单

客户编号			通知日期		
客户名称					
序号	型号规格			发货数量	发货日期
收货人			运输方式		
联系方式			运费承运	□我司	□客户
收货地址					

客户代表：　　　　　生产：　　　　　　　物流／仓库：

更多模板

出库单　　　　　　　　　　　客户交易明细对账单
订单交货跟踪表　　　　　　　客户交易日记表
订单延期交货的相关处理规定　快递渠道商合作方案
公司呆坏账处理制度　　　　　连锁加盟申请书
公司货款回收管理细则　　　　送货通知单
加盟申请表　　　　　　　　　销售账款回收管理制度
交货期管理制度　　　　　　　应收账款统计分析表
客户成交记录表　　　　　　　直销人员申请表
客户合作意向表

第❺章

客户服务管理制度与范表

　　客户服务是客户管理中的重要一环，其主要目的是提高客户满意度和忠诚度，与客户建立良好的关系，以实现客户价值。在激烈的市场竞争中，每一个企业都清楚客户服务的重要性，优质的客户服务不仅能展示企业的良好形象，还有利于与客户建立情感纽带，让企业在竞争中占得有利地位。

● 客户接待管理　　　　　　　　　　　　　　　　　　P144

● 客户回访管理　　　　　　　　　　　　　　　　　　P155

● 客户体验管理　　　　　　　　　　　　　　　　　　P166

5.1 客户接待管理

　　做好客户接待工作有助于树立企业的良好形象，接待礼仪体现在客户迎送、会议邀约、商务来访等客户活动的安排中。企业应重视客户接待管理工作，通过接待服务与客户建立良好的关系。

● 客户接待工作流程

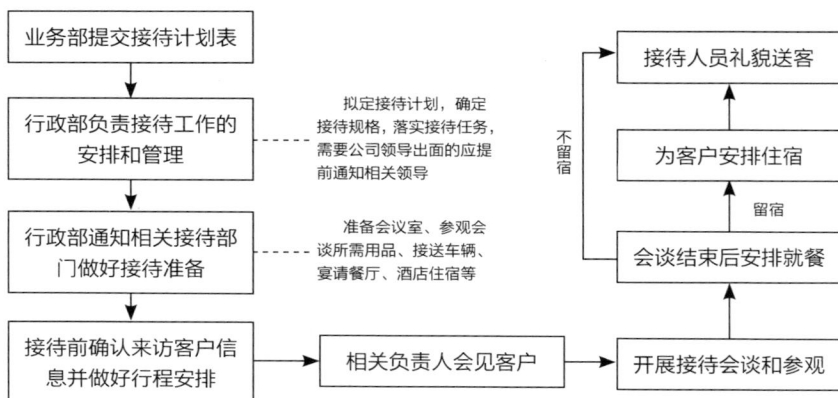

业务部提交接待计划表

↓

行政部负责接待工作的安排和管理　- - - -　拟定接待计划，确定接待规格，落实接待任务，需要公司领导出面的应提前通知相关领导

↓

行政部通知相关接待部门做好接待准备　- - - -　准备会议室、参观会谈所需用品、接送车辆、宴请餐厅、酒店住宿等

↓

接待前确认来访客户信息并做好行程安排　→　相关负责人会见客户　→　开展接待会谈和参观

会谈结束后安排就餐（留宿）→ 为客户安排住宿 → 接待人员礼貌送客（不留宿）

● 客户接待专员工作职责

1　负责公司来访人员来公司参观、交流的接待及服务工作。

2　负责对外会务工作的安排准备，协作做好会议确定的各项工作任务。

3　负责来访宾客住宿、用餐、行程的安排，明确接待用餐的服务标准。

4　负责宾客接送、引领客户参观公司等其他接待工作。

5　负责与后勤接待各部门进行沟通联系，做好接待工作的监督管理和协调工作。

● 客户接待注意事项

注意事项	内　容
注意接待基本礼仪	热情地招呼来访公司的客户，语气应客气礼貌，常用语有"请坐""请进""请问有什么帮助"等
	引导客户到指定地点，引导时配合客户的步调，乘坐电梯时，应让客户先进入电梯，出电梯时，应让客户先走出电梯
	在与客户交谈时，应神情专注，避免心不在焉，消极怠慢
	客户离开时应礼貌送客，部分客户可以送到电梯口或公司楼下
注意客户的迎接	针对需要迎接的客户，应提前做好接待准备，了解客户达到的时间，安排恰当的人员迎接，应提前规划好时间，避免迟到让客户久等
	接到客户后首先要问候客户，如"欢迎来到……""辛苦了"，然后向客户介绍自己
	提前为客户办理好住宿等事宜，同时要告知客户行程安排、活动计划等事项

制度 客户接待管理制度

为进一步规范客户接待管理工作，不断提高客户接待的水平。充分展示公司良好形象，增强客户满意度和信任度，促进营销市场不断拓展，制定本制度。

一、适用范围

本制度中客户接待是指商务客户来公司参观、考察、业务洽谈等接待工作。

二、客户分级

1. 特别重要客户为贵宾级客户。

2. 非常重要客户为嘉宾级客户。

3. 重要客户为商务级客户。

4. 一般客户为业务级客户。

三、接待小组

为做好公司接待工作，公司成立接待小组，负责组织安排接待工作。

组长：总经理。

副组长：副总经理。

成员：营销部部长、技术部部长、生产部部长、品质保障部部长、供应部部长、办公室主任、后勤保障部部长、车间主任、项目技术负责人、项目营销负责人。

营销部为客户接待主管职能部门。

四、批准权限

1. 项目营销负责人根据需要提前三天向营销部提出客户到公司参观、考察接待申请（见附表）。

2. 营销部将接待申请报公司主管领导审批并确定接待级别。贵宾级客户由总经理审批，嘉宾级和商务级客户由主管副总经理审批，业务级客户由营销部长审批。

3. 接待申请经批准后，营销部负责组织安排。

五、陪同人员

1. 贵宾级客户由总经理主陪，嘉宾级和商务级客户至少有一名副总经理主陪，业务级客户由营销部长主陪。

2. 其他陪同人员有营销部部长、技术部部长、生产部部长、供应部部长、项目技术负责人、项目营销负责人。

六、接待程序

接待申请批准后其接待程序为：接机接站、迎宾入室、公司介绍、业务洽谈、参观介绍、餐饮招待、住宿安排、组织活动、礼品准备、送客回程。

七、接待分工

1. 公司主陪领导负责领导指挥接待工作，负责介绍公司企业概况，负责贵宾级客户接送。

2. 营销部：负责具体组织安排接待工作；负责报价、资质等方面的介绍说明；负责产品样册、资质文件的提供发放；负责组织陪同接待人员迎宾；负责在公司就餐专人服务；负责必要活动的组织安排。

3. 技术部：负责引领客户参观，介绍产品种类、功能、工艺流程等；负责技术沟通交底、方案确定。

4. 生产部：负责介绍生产排产及工期情况；负责送货现场安装情况介绍。

5. 供应部：负责介绍元器件品牌、质量等情况。

6. 质检部：负责产品认证及检验、试验等质量方面的介绍；负责售后服务方面情况介绍。

…………

制度 前台接待礼仪规范

公司前台接待礼仪包括仪容礼仪、仪态礼仪、接待送别礼仪和电话接待礼仪。

一、公司前台仪容礼仪

1. 面带笑容，保持开朗心态，有利于营造和谐、融洽的工作气氛。

2. 保持身体清洁卫生，这不仅是健康的需要，更是文明的表现，有利于与人交往。

3. 头发梳理整齐、面部保持清洁；女员工不化浓妆；男员工不留长发。

4. 保持唇部润泽，口气清新，以适合近距离交谈。

5. 手部干净，指甲修剪整齐，不留长指甲，不涂抹鲜艳指甲油。

6. 宜使用清新、淡雅的香水，不宜用浓烈刺鼻的香水。

7. 不佩戴款式夸张的首饰、挂饰、耳饰。

二、公司前台仪态礼仪

1. 坐姿：要端正稳重，入座要轻缓，上身要直，人体重心垂直向下，腰部挺起，手自然放在双膝上，双膝并拢，目光平视，面带微笑；切忌前俯后仰、半倚半坐、上下晃动、抖腿、跷脚、跷二郎腿、脱鞋、趴在工作桌上、伸懒腰、哼小调、打哈欠等行为。

2. 站姿：自然、轻松、优美，站立时身体要求端正、挺拔，重心放在两脚中间，挺胸、收腹，两肩要平，两眼平视，嘴微闭，面带笑容。切忌东倒西歪、歪脖、斜肩、弓背等，双手不得交叉，也不得抱在胸前或插入口袋，不得靠墙或斜倚在其他支撑物上。

3. 走姿：自然大方、充满活力、神采奕奕，行走时身体重心可稍向前倾，昂首、挺胸、收腹，上体要正直，双目平视，嘴微闭，面露笑容，肩部放松，两臂自然下垂摆动。切忌走"内八字"或"外八字"，摇头晃脑、左顾右盼、手插口袋、慌张奔跑、嬉戏打闹或与他人勾肩搭背。

4. 目光：面带微笑、积极热情、尊重、友好、真诚；切忌用不满、愤怒的眼神对待他人。

5. 眼神：眼睛正视对方双眉正中心，神情专注，自然微笑，长时间交谈时，应柔视对方。

6. 手势：优雅、含蓄、彬彬有礼，在接待、引路、向客人介绍信息时要使用正确的手势，五指并拢伸直，掌心不可凹陷（女士可稍稍压低食指），掌心向上，以肘关节为轴，眼望目标指引方向，同时应注意客人是否明确所指引的目标。切忌不可只用食指指指点点，而应采用掌式指引。谈话时，手势不宜过多，幅度不宜过大。

三、公司前台接待送别礼仪

1. 接待：微笑接待、精神饱满、服装大方、称呼规范、用语文明、标准站姿，点头礼和问候语迎接来宾及客人，回答问题时注意礼貌用语和肢体语言。切忌与用户交谈时以任何借口顶撞讽刺用户，或粗言恶语，使用歧视或侮辱性的语言，不得讲有损公司形象的话。

礼貌用语：对来访人员主动说"您好，请问您需要帮助吗"；确认对方要求后，说"请稍等，我马上帮您联系"，并及时与被访人联络，引领来访人员到会议室等候，并回复"对方马上过来，请您先稍坐一下"，此时为来访人员倒水；如果被访人不在公司或不想见时，应礼貌回复来访人"对不起，××××"，当来访人员离开时，应说"欢迎您再来，再见！"。

2. 送别：目光送别、起立相送、愉快微笑告别；切忌不理不睬、仍坐在自己位子上、以不愉快的表情对待来访客人。

礼貌用语："欢迎您再来，再见！"。

…………

制度 会务接待工作手册

一、手册说明

"会务接待手册"内容主要包含组织一次会议中所应做好的各项工作（会前、会中、会后）及注意事项，以便于会务人员掌握会议服务的各项流程，更好地为会议做好服务保障工作。

二、有关会议的说明

适用范围：本手册所指会议是指公司或部门牵头组织的各类会议，部门内部会议不做要求，可作参考。有关名词解释如下：

汇报人：对会议议题的内容进行阐述，并回答参会人员的问题，参与讨论。

主持人：对会议的进程进行整体控制，保证会议目标实现。

参会人员：对会议议程参与讨论和决策。

列席人：列席会议，但不参与会议议题的讨论和决策。

与会人员：参会人员、汇报人员、列席人员和主持人等参加会议人员的总称。

会议通知起草与发送：会议组织部门应在会议前发出会议通知，充分准备，一项会议的召开必然涉及其他部门人员的相应工作安排和时间资源的占用，因此在组织会议前应有充分的客户意识，使与会人员能够准确了解本次会议的关键信息，以便提前准备，保证会议目标的实现。

会议通知应该包括以下几项内容。

会议目的：明确说明举行此次会议要达到的效果。

会议时间：应包括会议的开始时间和结束时间。

由多个部门参加的会议：上午的会议定为 9:00 开始，下午的会议定为 14:00 开始，均提前十分钟作为会议签到时间。由于特殊情况无法按以上规定时间开始的会议，需由会议组织者在会前通知中明确说明。为保证会议效率和质量，在议题和内容有限的情况下，每场会议时间一般应控制在两小时以内。

会议地点：会议地点应该明确标出，如果会议地点在公司外部，与会人员并不熟悉，会议通知中应附上会议地点示意图。

会议议程：根据会议内容的不同，可分为汇报、通报、研讨等内容。每项会议议程应该列出本项议程的汇报人、参会人员、列席人员和主持人的名单。组织会议人员在确定与会人员时，应该在明确会议目的的基础上确定哪些人必须参会，哪些人可不参加。努力做到既不因某些人的缺席而影响会议效果，也不影响与本次会议关系不大的人员的正常工作，同时又给相关人员以学习、观摩的机会。

…………

四、注意事项

会务人员要做好会议保障工作并携带公司通讯录方便联系。

全程会议要至少保证有一辆会议用车。

会议所需仪器应有备份。对所借用品应在出发前进行检测与调试。

…………

范表 客户接待计划表

来宾公司名称		来宾人数	
来宾负责人		职　务	
接待部门		接待负责人	
接待时间		接待地点	
来访事由			
接待标准			
用车规格			
用餐规格			
住宿规格			
其他事宜			
接待物资准备（需要的打√）			
□茶　　□咖啡　　□烟　　□水果饮料　□圆珠笔　□插线板　□投影仪　□电脑 □白板　　□白纸　　□白板笔　□公司资料　□公司样品　□其他：_____			
申请人		部门经理	
副总裁		总　裁	

范表 接待费用预算表

20××		接待项目	费用预算			备注说明
月	日		最低	最高	实际预算	

范表 客户接待申请表

申请人		接待日期	
接待事由			
客户单位			
客户姓名		职务		来访人员	
来访目的	□考察　□参观　□签合同　□合作　□顺访　□游玩　□其他____		
接待标准	□贵宾级　　□嘉宾级　　□商务级　　□业务级		
接待类别	就餐	公司陪餐	人员
	住宿		人数
	其他	起止时间	
接待标准	□车辆接送　　　　□参观讲解　□准备水果　□电子字幕 □邀请领导陪同　□其他_____		
接待安排			
部门负责人意见			
公司领导审批			

日期：　　　年　　月　　日

¦¦¦

范表 接待住宿申请表

　年　　月　　日

接待负责人		接待部门		职务	
来宾负责人		公司名称		职务	
来宾人数		住宿地点			
住宿时间	年　　月　　日　　时至　年　　月　　日　　时				
接待事由					
住宿规格					

范表 客户接待安排表

客户信息	
单位名称	
联系人	
电 话	
地 址	
访客目的	

工作提前准备事项	
工作准备	公司简介、提案档案、宣传资料（商品目录、样品）、企划书（说明书）
	合同（请款单、发票、收据、借据）
	笔记本、名片、通讯录
	印有公司名的信封（大）、标准信封、信纸、邮票、明信片
	宣传资料（商品目录、样品）
	……
其他准备	投影仪
	话筒
	……

客户日程安排					
时 间	地 点	事 件	联系人	联系方式	备 注

负责人：　　　　　　　　　接待人：

范表 前台接待人员绩效考核表

考评类型：□月度　□年度　□调薪　□转正　□晋职　　考评日期：					
岗位	前台接待		在岗人员		
序号	考核指标	基本目标	分　值	完成情况	考核分数
1	接待事务处理差错、延迟次数	0次	15		
2	接待服务质量	客人无投诉	15		
3	报纸、信件等分发事务	分发无差错、无延迟	10		
4	外来人员进入办公室登记工作严格	登记记录完整	10		
5	服务礼仪	符合公司相关规范	10		
6	办理票务准确、及时	无延迟、无差错	10		
7	钥匙管理	无违规使用情况	10		
8	办公室门窗管理	及时、到位	10		
9	监督办公室保洁工作	办公室整洁、干净	10		
综合考评分值					
主要缺点及改进建议：			直接领导人： 人力资源部负责人： 审批：		

范表 客户接待登记表

年　　月　　日

序号	姓　名	联系方式	客户地址	备　注	登记人姓名

范表 会务接待分工明细表

时间	事项说明	执行人	备注	负责人及配合部门
一、前期准备（人员落实、酒店预订、水果准备、物品准备、入住确认等）				
	参会人员落实（姓名、职位、性别、报到时间、回程方式等）			
	入住酒店客房、会议室及设备的预订			
	到达人员接待晚餐预订，菜单确认，酒水确认			
	会议通知函件的准备及发送			
	……			
二、人员报到（人员接机、报到登记、客房安排、用餐安排等）				
	酒店报到接待处的布置到位			
	客房水果安排			
	人员签到，发放行程安排表，客房安排并登记			
	……			
三、会议培训期间（会前、会中、会后）				
	酒店出行车辆的确认			
	会议室服务人员、音响工程人员的确认			
	会议室引导牌的摆放			
	……			
四、会议结束及回程安排（退房、费用确认、车辆安排）				
	出发人员的早餐准备			
	房卡的收集与核对确认			
	延迟退房房号的确认			
	……			
五、活动总结（费用结算、发票整理、费用报销、会务总结）				
	会议所有费用结算清单的整理			
	费用发票的归集与核算			
	办理费用报销及未付款的结算			
	会务总结			
	……			

范表 外贸客户接待记录表

客户姓名		客户公司	
客户公司 主营业务			
业务员		首次询盘时间		询盘机型（可另附）	
历次联系关 键内容记录 （可另附）					
来访信息					
抵达日期		离开日期	
来访人数			
主联系人		来访人员组 成（职务）	
联系方式			
交通方式					
来访当天需接送　　□		居留期限都需接送　　□		自驾　　　　□	
接客时间		首接时间		抵达时间：	
接客地点		首接地点			
安排车辆		安排车辆			
送客时间		居留地点		向客户建议最佳路线；途中保持 必要的联系	
送客地点		送客时间			
安排车辆		送客地点		需要制作接客牌　　□	
备　注		安排车辆		接客牌制作完成　　□	
需要安排住宿　　□					
星级要求	星，接受价位　　　，房间数　　间，住宿　　天数　　晚				
实际住宿情况					
宾馆名		房间号		是否付费　□	

更多模板

办公室接待制度	会议酒店信息确认函
参会人员名单	会议议程安排表
公司员工仪容仪表管理规范	会议与接待费用预算清单
会务接待安排表	接待服务人员礼仪规范
会议活动客户签到表	接待客户申请及报告书
会议接待安排表	客户参观接待管理制度
会议接待酒店选择表	客户来访接待需求表
会议酒店信息确认表	来宾接待管理制度

5.2 客户回访管理

　　客户回访是企业调查客户满意度、维护客户、进行客户二次开发的常用方法。在开展客户回访的过程中，有时会遇到客户不愿配合，认为回访是打扰等情况。企业应避免回访给客户留下不好的印象，在开展回访工作前，要做好回访策划管理工作，明确回访目的、回访对象、回访时机以及回访方式等。

● 客户回访流程和关键点控制

流　　程	关　键　点
查询客户资料	在回访前提前查阅客户资料，包括客户档案卡、客户名录、客户管理卡等，根据客户资料分析客户服务需求
制订回访计划	根据查询到的客户信息制订回访计划，明确回访对象、回访目的、回访时间以及回访内容等
预约客户拜访	对需要拜访的客户，在回访中与客户约定具体的拜访时间
准备拜访资料	在拜访前准备客户拜访相关资料，如客户服务记录表、公司资料、产品简介
开展回访	拜访人员开展回访，于约定时间到达指定地点

续上表

流　程	关　键　点
回访记录	在回访过程中认真记录客户需求、服务内容以及意见，按要求填写"客户回访记录表"
整理回访记录	结束回访后整理回访记录，根据回访的内容形成"客户回访报告"，将回访涉及的相关资料分类整理并存放归档，以备后续回访参考

● 客户回访工作要点

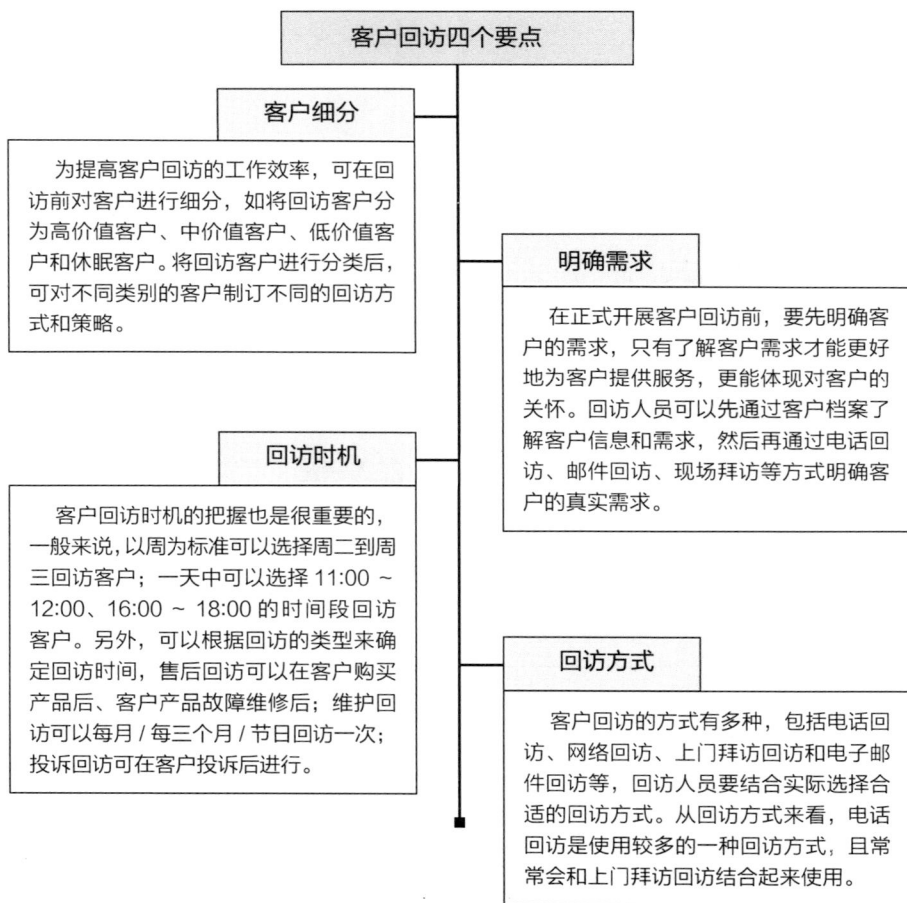

客户回访四个要点

客户细分

　　为提高客户回访的工作效率，可在回访前对客户进行细分，如将回访客户分为高价值客户、中价值客户、低价值客户和休眠客户。将回访客户进行分类后，可对不同类别的客户制订不同的回访方式和策略。

明确需求

　　在正式开展客户回访前，要先明确客户的需求，只有了解客户需求才能更好地为客户提供服务，更能体现对客户的关怀。回访人员可以先通过客户档案了解客户信息和需求，然后再通过电话回访、邮件回访、现场拜访等方式明确客户的真实需求。

回访时机

　　客户回访时机的把握也是很重要的，一般来说，以周为标准可以选择周二到周三回访客户；一天中可以选择 11:00 ～ 12:00、16:00 ～ 18:00 的时间段回访客户。另外，可以根据回访的类型来确定回访时间，售后回访可以在客户购买产品后、客户产品故障维修后；维护回访可以每月 / 每三个月 / 节日回访一次；投诉回访可在客户投诉后进行。

回访方式

　　客户回访的方式有多种，包括电话回访、网络回访、上门拜访回访和电子邮件回访等，回访人员要结合实际选择合适的回访方式。从回访方式来看，电话回访是使用较多的一种回访方式，且常常会和上门拜访回访结合起来使用。

● 如何有效回访老客户

○ **专人专岗，定期回访**

　　为了在回访过程中给老客户更好地服务体验，企业可以安排专人专岗、定期回访的策略，安排专人负责老客户的回访工作。相比随机安排回访人员进行客户回访，专人专岗回访的效果会更好，客户也容易与回访人员建立信任关系。

○ **主动联系，唤醒客户**

　　企业如果长期不与老客户保持联络，这些老客户也可能变成休眠客户，企业可以通过主动回访来唤醒休眠客户。对休眠客户进行首次回访时，要先自报家门，告知客户我们是哪家企业、自己的姓名以及工号等。首次回访过程中，要了解客户没有继续购买的原因，有针对性地为客户提供产品或服务。首次回访后，可以间隔一段时间进行二次、三次回访，通过定期的沟通唤醒这些老客户。

○ **持续跟踪，免费服务**

　　针对老客户的回访，还可以用客户奖励、免费服务、赠送生日礼物、优惠活动等福利来提高老客户的售后服务满意度，这样的售后回访能让老客户感受到公司的用心，同时能让客户记住公司。

制度 销售人员客户拜访管理办法

　　为规范客户拜访作业，以提升工作业绩及效率，特制定本办法。

一、拜访目的

1. 市场调查，研究市场。

2. 了解竞争对手。

3. 客户保养：A. 强化感情联系，建立核心客户；B. 推动业务量；C. 结清货款。

4. 开发新客户。

5. 新产品推广。

6. 提高本公司产品的覆盖率。

二、拜访对象

1. 业务往来之客户。

2. 目标客户。

3. 潜在客户。

4. 同行业。

三、拜访作业

1. 拜访计划：销售人员每月底提出拜访计划书，呈部门经理审核。

2. 客户拜访的准备。

（1）每月底应提出下月客户拜访计划书。

（2）拜访前应事先与拜访单位取得联系。

（3）确定拜访对象。

（4）拜访时应携带物品的申请及准备。

（5）拜访时相关费用的申请。

3. 拜访注意事项。

（1）服装仪容、言行举止要体现本公司一流的形象。

（2）尽可能地建立一定程度的私谊，成为核心客户。

（3）拜访过程可以赠送物品及进行一些应酬活动（提前申请）。

（4）拜访是发生的公出，出差行为依相关规定管理。

4. 拜访后续作业。

（1）拜访应于两天内提出客户拜访报告，呈主管审核。

（2）拜访过程中答应的事项或后续处理的工作应及时进行跟踪处理。

（3）拜访后续作业之结果列入员工考核项目，具体依相关规定。

5. 查核要项之销售人员。

（1）销售人员应依据"拜访计划表"所订的内容，按时前往拜访客户，并根据结果填制"客户拜访调查表"。

（2）如因工作因素而变更行程，除应向主管报备外，须将实际变更的内容及停留时数记录于"拜访计划表"内。

6. 查核要项之部门主管。

（1）审核"销售拜访调查报告表"时，应与"拜访计划表"对照，了解销售人员是否依计划执行。

（2）每周应依据销售人员的"拜访计划表"与"销售拜访调查报告表"，以抽查方式用电话向客户查询，确认销售人员是否依计划执行或不定期亲自拜访客户，以查明销售人员是否依计划执行。

…………

五、注意事项

1. 销售部主管应让销售人员了解填制"拜访计划表"并按表执行之目的，以使销售工作推展更顺畅。

2. 销售部主管查核销售人员的拜访计划作业实施时，应注意技巧，尤其是向客户查询时，须避免造成以后销售人员工作之困扰与尴尬。拜访计划作业实施的查核结果，应作为销售人员年度考核的重要参数。

制度 客户回访制度

一、总　则

1. 目的。

（1）提高客户对公司服务的满意度。

（2）全面了解客户的服务需求、消费特点和意向。

（3）提高公司信誉、知名度，传播公司服务理念。

2. 适用范围。

本制度适用于部门所有人员对客户进行的例行回访、售后维护回访、投诉处理和针对大客户的特定回访。

二、回访时间及内容

1. 定期回访：部门人员根据工作需求对客户进行定期回访，了解客户的服务需求和消费特点、意向。

2. 售后回访：项目验收后第一个月进行首次回访，了解客户对项目及产品的使用情况和满意度，及时反馈可能出现的问题；保修期内至少半年回访一次，保修期外进行不定期回访。

3. 维护回访：设备维护并交客户正常使用后第一个月进行维护回访，了解客户对维护过程的意见与建议及产品维护后的使用情况。

4. 投诉回访：处理客户投诉后及时对客户进行回访，表达歉意，了解客户对处理方式与结果的态度和意见。

三、客户回访准备

1. 制订回访计划。

部门人员根据客户资料制定"客户回访计划"，包括客户回访的日期、回访的内容、回访的目的等。

2. 回访时间的选择。

要充分考虑客户的时间安排，尽量不要在客户忙碌的时候打扰到客户。

3. 准备回访资料。

部门人员根据制订的回访计划准备客户回访相关资料，包括客户基本情况（姓名、联系方式等），客户接受服务的相关记录等。

四、实施回访

1. 部门人员要在回访时间内对客户进行回访。

2. 部门人员要热情全面地了解客户需求与对服务的意见，并认真填写"客户回访记录表"。

3. 回访结束后部门人员要及时将回访的相关资料送达有关部门，并将所回访的信息反馈给有关部门。

五、整理回访记录

1. 客户专员在结束回访后要根据回访过程与结果填写回访报告表，对客户回访过程与结果进行汇总与评价。

2. 主管领导审阅

销售部领导对客服的"客户回访记录""客户回访报告表"进行审查，并提出指导意见。

六、资料保存与使用

1. 部门人员对"客户回访记录表"进行汇总，经分类后由专人负责保存。

2. 如果遇到其他部门因年终奖金提成等问题，需要使用回访资料时，要经过负责人同意。

制度 公司客户走访方案

为进一步做好优质服务工作，征求客户对××服务的意见和建议，深入了解客户需求，提出针对性解决方法，主动加强与客户的沟通，确保我公司客户满意度目标的全面完成，不断提升优质服务水平，特制定本次走访活动。

一、走访目的

加强客户联系与沟通，完善客户基础信息资料；深入了解客户心声，听取走访对象对××服务的意见和建议；切实解决客户关心的、影响我公司××服务质量的实际问题，努力提升客户满意度。

二、组织机构

领导小组

组长：×××

副组长：×××

成员：×××、×××

职责：全面负责客户走访工作的领导、组织和部署，负责重大问题的决策；负责协调解决客户反映的热点、难点问题；负责协调工作、统一按计划开展。

三、走访时间

1. ×月×日至×月×日。

2. 工作分阶段完成。

…………

五、走访内容

1. 感谢客户一直以来对××企业的支持。

2. 核对客户联系人、联系方式，向客户介绍客户满意度调查情况，邀请客户积极配合并给予正面评价。

3. 介绍××形势、××政策等信息，掌握客户生产状况，听取客户需求，收集客户热点问题、建议及意见，帮助客户解决难题。

…………

范表 客户拜访报告

客户名称		客户类型	
拜访目的		拜访时间	
接洽人		联系方式	
客户拜访记录			
问题及改善对策			
后续行动			
主管：		拜访人：	

范表 客户回访记录

客户名称		地 址		电 话	
回访方式	□首次电话回访 □常规电话回访 □现场回访 □其他_____				
回访时间	年 月 日	产品购买时间	年 月 日		
回访内容	□产品使用情况 □产品问题反馈 □公司服务响应情况 □其他需求_____				
回访记录					
客户意见					
处理方式及结果	电话或现场回访记录：				
遗留问题处理跟踪	遗留问题： 提交日期： 受理部门： 处理结果跟踪：				
回访人员：		填写日期：			

范表 客户跟进回访表

姓　名		联系方式	
年　龄		目前居住地	
职　业		从事行业年限	
产品意向需求时间		拟购型号	
初次报价		理想价位	
初次接触时间		洽谈内容	
跟进方式			
洽谈人			
二次跟进时间		洽谈内容	
接触方式			
洽谈人			
三次跟进时间		洽谈内容	
跟进方式			
洽谈人			
跟进情况结果			
销售顾问评估意见		销售经理评估意见	

范表 出差拜访客户行程表

日　期	时　间	地　点	有关人物	事　件	费　用	备　注

范表 售后回访报告表

访问日期		访问客户		客服人员	
客户 ID		客户登记		购买数量	
访问目的					
访问记录	访问人	意　见		采取策略	
主管批示			审　核		

范表 客户回访意见调查表

客户 / 公司名称			地　址		
填表人			联系方式		
调查内容		非常满意	满意	一般	不满意	非常不满意
服务质量	服务态度					
	办事效率					
	服务人员专业水平					
	……					
咨询建议	业务诊断					
	经营建议					
	……					
业务提供	执行过程					
	执行效果					
	……					

范表 客户一周回访表

销售人员：				日期：				
回访活动表	客户信息			项目信息			回访情况	
时 间	客户姓名	联系人	联系电话	项目预算	项目概况	采购方式	回访内容	回访结果
星期一								
星期二								
星期三								
星期四								
星期五								
本周客户回访次数								
备 注								

范表 客户拜访申请表

姓 名		部 门		申请日期	
拜访单位		客户姓名		职 务	
地 址					
拜访时间					
预计成果					
服务项目	新客户调研				
	老客户服务				
直接上级签字		营销副总签字		总经理签字	

温馨提示：
1. 请在拜访客户前将该表提交直接上级（拜访客户一个工作日，总监批假；拜访客户两个工作日，营销副总批假；拜访客户三个工作日及以上，运营副总及总经理批假），人力资源部签字确认后方可出门拜访。
2. 如您为异地拜访客户，请在回程后提供人力资源部车票等行程证明，否则该假单无效。
3. 附上拜访客户的照片，例如和客户合影以及客户公司的照片等。

范表 年度出差拜访报告表

年度：　　　　　　　　　　　　　　　　　　　　　　　　　　　单位：

期	月	全天出差	半天出差	计	拜访次数	市内出差	外地出差	备　注
第一期	1月							
	2月							
	3月							
	4月							
	计							
第二期	5月							
	6月							
	7月							
	8月							
	计							
第三期	9月							
	10月							
	11月							
	12月							
	计							
总　计								

更多模板

标准客户回访记录表	客户回访登记表
大客户拜访管理制度	客户回访管理办法
地产公司客户回访制度	客户回访规定
电话回访表	客户回访日（月）报表
电话回访制度	客户回访问卷
分公司客户回访分派表	上门回访工作日志
工程回访单	市场部酒店渠道回访表
监理服务工作回访表	售后服务回访表
客户拜访计划表	业主（住户）回访表

5.3 客户体验管理

　　客户体验是客户的一种主观感受，包括客户对产品、产品销售、客服服务等的体验。由此可见，客户的体验感受并不局限于单一渠道，其贯穿于企业与客户每一次的接触环节。从客户开发到为客户提供售后服务的整个过程中，企业都需要通过良好的服务来提升客户的体验感和满意度，从而实现客户的忠诚。

● 如何给客户良好的体验

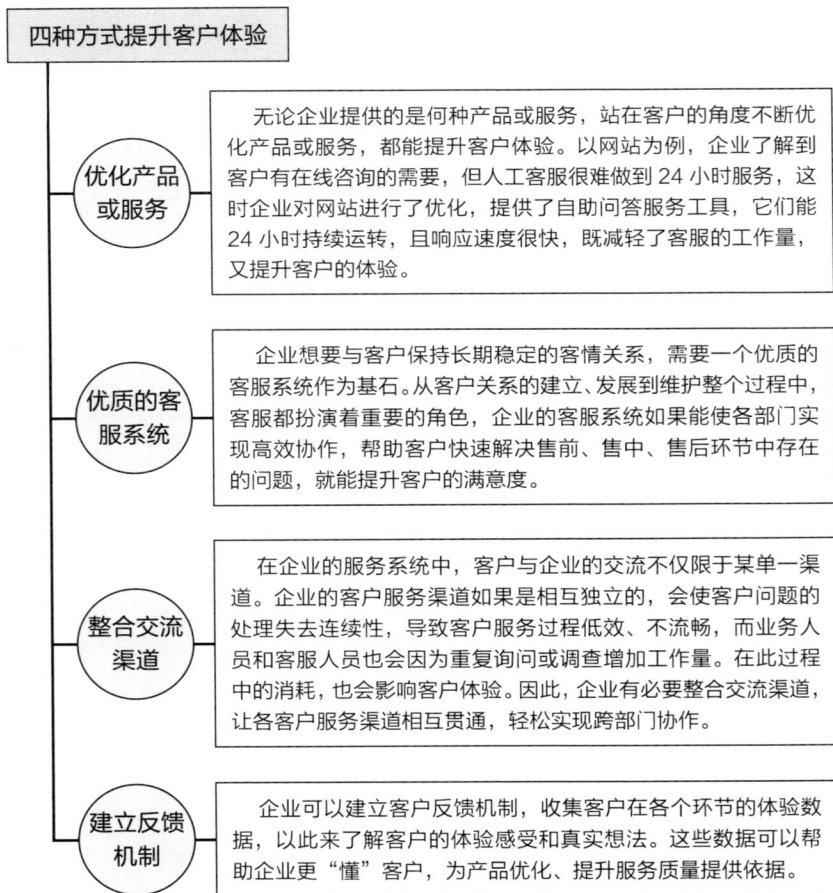

四种方式提升客户体验

优化产品或服务
　　无论企业提供的是何种产品或服务，站在客户的角度不断优化产品或服务，都能提升客户体验。以网站为例，企业了解到客户有在线咨询的需要，但人工客服很难做到 24 小时服务，这时企业对网站进行了优化，提供了自助问答服务工具，它们能 24 小时持续运转，且响应速度很快，既减轻了客服的工作量，又提升客户的体验。

优质的客服系统
　　企业想要与客户保持长期稳定的客情关系，需要一个优质的客服系统作为基石。从客户关系的建立、发展到维护整个过程中，客服都扮演着重要的角色，企业的客服系统如果能使各部门实现高效协作，帮助客户快速解决售前、售中、售后环节中存在的问题，就能提升客户的满意度。

整合交流渠道
　　在企业的服务系统中，客户与企业的交流不仅限于某单一渠道。企业的客户服务渠道如果是相互独立的，会使客户问题的处理失去连续性，导致客户服务过程低效、不流畅，而业务人员和客服人员也会因为重复询问或调查增加工作量。在此过程中的消耗，也会影响客户体验。因此，企业有必要整合交流渠道，让各客户服务渠道相互贯通，轻松实现跨部门协作。

建立反馈机制
　　企业可以建立客户反馈机制，收集客户在各个环节的体验数据，以此来了解客户的体验感受和真实想法。这些数据可以帮助企业更"懂"客户，为产品优化、提升服务质量提供依据。

● **客户体验的影响因素**

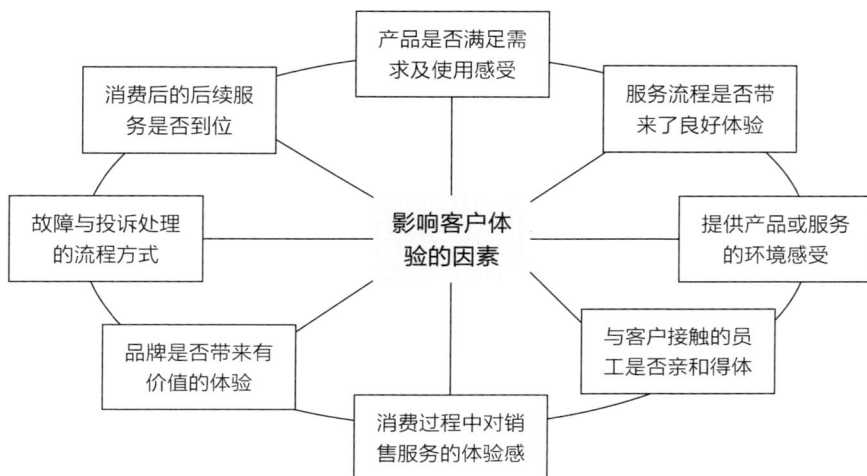

● **客户体验管理实施路径**

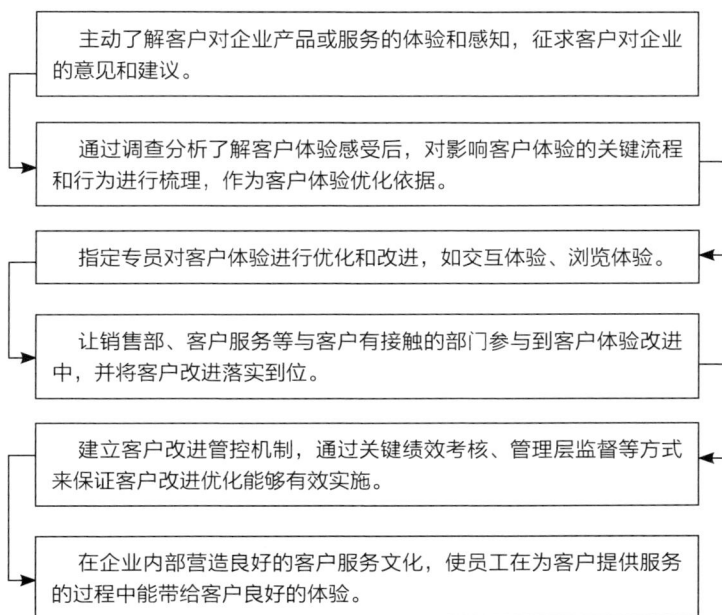

主动了解客户对企业产品或服务的体验和感知，征求客户对企业的意见和建议。

通过调查分析了解客户体验感受后，对影响客户体验的关键流程和行为进行梳理，作为客户体验优化依据。

指定专员对客户体验进行优化和改进，如交互体验、浏览体验。

让销售部、客户服务等与客户有接触的部门参与到客户体验改进中，并将客户改进落实到位。

建立客户改进管控机制，通过关键绩效考核、管理层监督等方式来保证客户改进优化能够有效实施。

在企业内部营造良好的客户服务文化，使员工在为客户提供服务的过程中能带给客户良好的体验。

● 客户体验分类

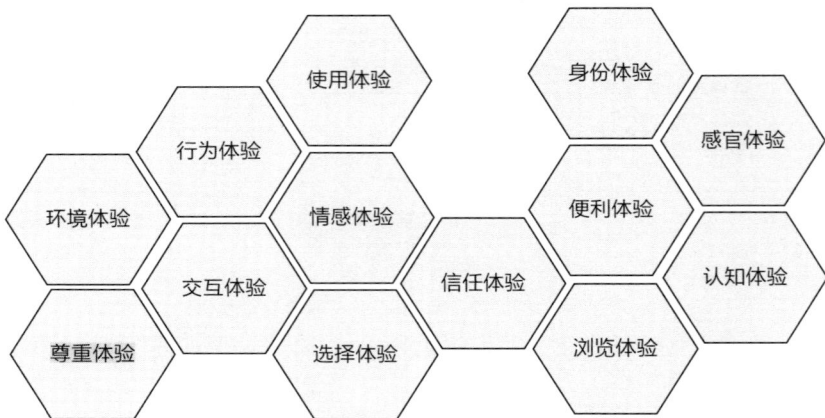

制度 客情服务管理办法

第一章　总　则

第一条　为进一步规范 ×× 公司客情管理，理顺客情管理工作程序、明确管理标准与职责，提高客户满意度，改善并提升客情关系，结合实际制定本办法。

第二条　本办法适用于 ×× 公司客情管理工作。

第二章　管理机构与职责

第三条　租售部是客情的归口管理部门，主要履行以下职责。

（一）组织公司客情管理工作的开展，贯彻执行本办法。

（二）负责建立公司客户档案，定期收集、更新客户信息，确保客情档案信息的完整，档案包括基本信息、走访记录、投诉收礼以及回访记录等。

（三）监督物业公司客情管理工作，确保服务质量。

（四）定期进行客户走访，收集、处理并及时反馈客户建议及意见。

（五）定期组织召开客户座谈会等活动，拓展我司与客户、客户与客户之间的沟通渠道，加强客户黏性。

（六）根据客情关系进行创新客情服务。

第三章　客情管理的主体与对象

第四条　租售部为公司客情管理的责任主体。

第五条　客情管理的对象为大厦现有租户。

…………

制度 客户服务管理制度

为加强客户服务的管理，提高客户服务水平，给予客户良好的服务体验，根据"×××××××"要求，特制定本制度。

1 总 则

随着科学技术和企业管理水平的不断提高，顾客购买能力的增强和需求趋向的变化，客户服务在市场竞争中已逐渐取代了产品的质量和价格而成为企业关注的焦点。服务是产品功能的延伸，有服务的销售才能充分满足客户需要，缺乏服务的产品只不过是半成品。现今的服务应是全过程的服务，即售前服务、售中服务和售后服务。

从表面上看，企业的服务设施和费用支出增加了企业的成本，但它发挥的促销作用会给企业带来更大的利润。企业要实现长期经营目标，建立客户服务制度是一个重要环节。

本客户服务管理制度主要包括客户关系管理制度、售后服务管理制度、客户投诉管理制度等内容。

2 客户关系的管理

2.1 客户资料的管理。

2.1.1 建立历年往来客户资料，作为企业销售管理活动的参考。

2.1.2 本客户资料分为"客户档案""客户状况一览表"两种[1]。

2.1.3 客户档案由业务室信息管理员专人保管，客户状况一览表则分配给各有关业务人员使用。

2.1.4 信息管理员应当妥善保管好自己的客户资料[2]。

2.1.5 客户资料如有变化，应当及时修订。

…………

3 客户服务的管理

3.1 为加强与客户的业务联系，树立企业的良好形象，不断开拓市场，特制定本管理制度。

3.2 本文所指的服务，包括对各地经销商、零售商、委托代理商等的全方位系统服务。

3.3 客户服务的范围。

3.3.1 巡回服务活动

A. 对有关客户经营项目的调查研究。

B. 对有关客户商品库存、进货、销售状况的调查研究。

C. 对客户对本企业产品及提供服务的批评、建议、希望和投诉的调查分析。

D. 收集对经营有参考价值的市场行情、竞争对手动向、营销政策等信息。

3.3.2 市场开拓活动

…………

---

[1] 客户档案是将往来客户的名称、内容、信用、与本企业的关系等详细记入，而客户状况一览表则将这些简单地列入记录。

[2] 企业以外其他人员需要查阅相关资料时，必须征得业务负责人或企业经理同意。

制度 公司环境卫生管理制度

第一章 总 则

第一条 为了加强本公司办公环境的卫生管理，创建文明、整洁、优美的工作和生活环境，特制定本制度。

第二条 本制度适用于本公司办公室内及公共区域（地面、走廊、卫生间）的卫生管理。

第三条 公司所有员工及外来人员都必须遵守本制度。

第四条 公司综合部为公司环境卫生管理的职能部门，负责全公司的环境卫生管理工作；公司其他部门都应当按照各自的职责，协同做好环境卫生的管理工作。

第五条 公司所有员工都应提高环境卫生意识，养成良好的环境卫生习惯。

第二章 办公环境卫生管理

第六条 各部门办公室内环境卫生的管理由各部门人员负责，由部门主管监管，安排卫生值日表，每天一小扫，每周一大扫，消除卫生死角。

第七条 经理级别以上的办公室环境卫生，由其助理或者秘书做好办公室的清洁卫生工作。

第八条 办公室环境卫生应做到以下几点。

1. 保持地面干净清洁、无污物、污水、浮土。

2. 每天清倒垃圾桶。

3. 保持桌面干净整齐无灰尘。

4. 电脑、打印机等办公设备保养良好，表面无尘土、污垢。

第三章 员工个人卫生管理

第九条 公司员工个人的办公桌、椅、电脑、打印机、扫描仪、电话机、传真机、书橱、书柜、书架、文件筐等由使用者本人负责卫生与清洁工作；须保持清洁、干净。

第十条 个人的文件、资料须摆放整齐；桌面应保持整洁、干净；与工作无关的物品不得摆放在办公桌上；个人的餐具、用具等应单独放在抽屉或橱柜内。

第十一条 下班后个人的文件要整理、摆放整齐；座椅要归位。

第十二条 员工个人应保持仪容端正，衣物整洁；不随地吐痰、乱扔纸屑、果壳；不吃零食（充饥食物除外）；不在办公室吸烟。

第四章 公共区域环境卫生管理

第十三条 办公室内公共环境卫生管理主要由综合部负责督查，保洁员要严格按照规定对公共区域进行清洁打扫。

第十四条 公共走廊、卫生间、洗手间由专职保洁人员打扫，保持地面无瓜皮、果壳、纸屑等脏物。卫生间的垃圾桶满时，保洁人员要及时更换垃圾袋，并定时运走。

第十五条 洗手间台面、镜面要保持干净、清洁，保洁人员要每日清理茶叶渣过滤框和桶内污水，用水管冲洗过滤框和桶。

第十六条 违反本制度有下列行为之一者，由综合部根据情节轻重给予适当的经济处罚。

1. 随地吐痰、乱扔果皮、纸屑及废弃物。

2. 垃圾不装袋、不入桶随意弃置的。

3. 办公桌面脏乱、个人物品随意摆放的。

第十七条 以上制度规定由综合部监督执行，各部门主管组成联合检查小组，每月进行卫生联查，平时不定期进行抽查，将检查和平时抽查相结合。检查结果及时公布于公告栏，以促进、推动公司卫生管理的规范化、经常化、制度化。

第十八条 本细则自发布之日起实施，望各部室认真执行。

范表 客户售后反馈表

表单编号			客户名称		
陈述部门			接受部门		
反馈情况陈述					
	陈述人		陈述日期		
处理情况	原因分析		分析人		
	采取措施		落实人		
			完成时间		
	处理意见		确认人		
客户评价	□非常满意　　□基本满意　　□不满意　　□其他_____				
附图片					
说　明	1. 陈述部门接到客户反馈的信息后，应在24小时内完成"反馈情况陈述"并告知接受部门。 2. 接受部门接到"反馈情况陈述"后，应在72小时内完成"原因分析、采取措施和处理意见"填报，并告知陈述部门。 3. 陈述部门接到"处理情况"信息后，应在24小时内将处理情况回复客户，并在改进产品发到客户手中起，跟踪客户使用情况，于两周内将客户评价告知接受部门。 4. 表单编号规则：客户名称 + 年份 + 二位数序号，按客户分别编号。				

范表 用户体验反馈表

体验者姓名		性　别	
年　龄		职　业	
体验时间			

Q1: 在使用过程中，该产品的直播效果如何？（单选）
○很差　○较差　○一般　○较好　○很好

Q2: 在使用过程中，该产品的短视频效果如何？（单选）
○很差　○较差　○一般　○较好　○很好

Q3: 在使用过程中，该产品的拍照效果如何？（单选）
○很差　○较差　○一般　○较好　○很好

Q4: 您对产品硬件操作体验（流畅度，按键交互）等易用性评判。（单选）
○很差　○较差　○一般　○较好　○很好

Q5: 您对产品硬件拍摄评判。（单选）
○很差　○较差　○一般　○较好　○很好

Q6: 您对产品 App 使用评判。（单选）
○很差　○较差　○一般　○较好　○很好

Q7: 拍照、拍短视频及直播等主要功能的使用方法是否简单明了？（单选）
○简单　○一般　○复杂

Q8: App 中的相应步骤和教学引导（照片与短视频同步，直播等）是否清楚明确？（单选）
○明确　○一般　○不够明确

Q9: 拍摄短视频或图片并分享到第三方应用（例如朋友圈）的功能对你是否重要？（单选）
○不重要　　　○一般　　　○重要

Q10: 您在程序的使用过程中，是否出现过程序崩溃失去响应的情况？（单选）
○经常出现　　○偶尔出现　　○未出现过

Q11: 对于可拍摄眼镜产品，影响购买的因素有哪些？（选最重要的三项）
○外观与佩戴舒适度　○功能　○价格　○拍摄时长　○配套 App 质量　○售后服务

Q12: 对于可拍摄眼镜产品，您觉得最重要的功能应该是？（单选）
○拍照　　○拍短视频　　○直播　　○其他

Q13: 对于眼镜纸质外包装满意度。
○满意　　　○一般　　　○较差

Q14: 对 ×× 眼镜的产品外观与包装的整体印象如何？（开放问题）

Q15: 对眼镜镜腿的满意度如何？（开放问题）

Q16: 对 ×× 眼镜的用户体验整体印象如何？（开放问题）

Q17: 你认为产品有哪些不足？从易用性、稳定性、拍摄质量以及外观等角度说明。（开放问题）

Q18: 对于在 ×× 眼镜 App 交互上有哪些改进意见？（开放问题）

范表 用户体验招募报名表（旅游产品）

欢迎加入 ×× 旅游"用户招募计划"，填写一份简单的报名表，即可成为 ×× 旅游用户体验专家团的一员。当有适合的项目时，我们将邀请您参与体验活动事宜，并赠送礼品以表感谢。

我们保证：该平台所获取的个人信息将严格保密！您在活动中提出的建议如被采纳，则会被用来优化 ×× 旅游的产品和服务，提升用户体验。

基本信息

1. 您的性别是：
○ 男　　　　　　　　　　○ 女

2. 您的出生年份是：

3. 您的常居地是：

4. 您的最高学历是：
○ 初中及以下　　　　　○ 高中 / 中专 / 职高　　　　○ 大专 / 本科　　　○ 硕士及以上

5. 您的职业是：
○ 企业 / 公司老板 / 股东　　○ 企业 / 公司管理人员　　○ 企业 / 公司一般人员
○ 政府机关 / 事业单位工作人员　○ 自由职业者　　　　　　○ 退休人员
○ 待业人员　　　　　　　　○ 学生　　　　　　　　　　○ 个体经营者　　○ 其他 _____

旅游信息

6. 您旅游的频率是：
○ 从没去过　　　　　○ 并非每年都去　　　　　○ 每年 1 次　　　○ 每年 2 ~ 3 次
○ 每年 4 次及以上

7. 最近两年里您有过哪些旅游经历 (可多选)：
○ 国外旅游　　　　　　　　　　　　　　　○ 国内长线旅游
○ 所在地周边短途旅游　　　　　　　　　　○ 国际 / 国内邮轮旅游
○ 其他 _____

8. 在您出游时，以下哪种旅行方式是您更加青睐的：
○ 自由行，自己规划行程　　　　○ 跟团游，不用操心行程规划
○ 半自助游，不用操心往返住宿又可自由活动

9. 您平时会通过哪些渠道关注旅游产品 (可多选)：
○ 手机 / 平板上的旅游 App　　○ 电脑上的旅游网站　　　　○ 旅行社门店　　○ 其他 _____

10. 您曾预定过哪些公司的旅游产品 (可多选)？
○ 同程旅行　　　　　　○ 携程旅行　　　　　　○ 飞猪旅行　　　　○ 去哪儿旅行
○ 驴妈妈旅游网　　　　○ 途牛旅游网　　　　　○ 穷游网　　　　　○ 蚂蜂窝旅游网
○ 没有预定过　　　　　○ 其他 _____

联系信息

11. 怎么称呼您：

12. 您的手机号：

范表 客户服务评价表

姓名（单位名称）		联系电话	
地　址		填表时间	

1. 所评价的部门名称：
2. 所评价的服务事项：
3. 您对工作人员的业务熟悉程度是否满意？ □非常满意　　□满意　　□基本满意　　□不满意　　□非常不满意
4. 您对服务事项办理过程的规范程度是否满意？ □非常满意　　□满意　　□基本满意　　□不满意　　□非常不满意
5. 您对服务事项的办理时限是否满意？ □非常满意　　□满意　　□基本满意　　□不满意　　□非常不满意
6. 您对工作人员的工作效率是否满意？ □非常满意　　□满意　　□基本满意　　□不满意　　□非常不满意
7. 您对我公司客户服务工作是否满意？ □非常满意　　□满意　　□基本满意　　□不满意　　□非常不满意
8. 您对我公司改进客户服务工作的意见和建议（如有）：

范表 服务体验客户登记表

编　号	客户姓名	性　别	服务项目				联系方式	备　注
			软件下载	软件更新	系统升级	其他		

范表 用户体验调查表

用户信息	性　别		年　龄		联系方式	
单位信息	单位名称		职　位		地　址	
体验项目	细　项		给予客观评价		遇到的问题	改善建议
产品外观	桌面上产品的形状和大小		A.好　B.良好　C.一般　D.较差　E.差			
	产品的色彩		A.好　B.良好　C.一般　D.较差　E.差			
	产品 logo 和名称		A.好　B.良好　C.一般　D.较差　E.差			
	功能模块的品质感		A.好　B.良好　C.一般　D.较差　E.差			
产品界面	每个图标设计的美观精致度		A.好　B.良好　C.一般　D.较差　E.差			
	每个图标设计的匹配易懂性		A.好　B.良好　C.一般　D.较差　E.差			
	界面功能布局合理性		A.好　B.良好　C.一般　D.较差　E.差			
产品功能	订阅	信息发布流畅度	A.好　B.良好　C.一般　D.较差　E.差			
		信息内容的美感	A.好　B.良好　C.一般　D.较差　E.差			
		信息内容实效性	A.好　B.良好　C.一般　D.较差　E.差			
	监控	目标监控及时性	A.好　B.良好　C.一般　D.较差　E.差			
		功能模块实用性	A.好　B.良好　C.一般　D.较差　E.差			
	资讯	资讯提供及时性	A.好　B.良好　C.一般　D.较差　E.差			
		资讯内容的价值	A.好　B.良好　C.一般　D.较差　E.差			

范表 新品试用体验登记表

活动日期	品牌名称	试用客户	产品名称	数　量	领取人签字	备　注

范表 客户服务考核记录表

项　目	权重	比率	扣分	比率	扣分	比率	扣分	比率	扣分	比率	扣分	得分
专业技能和接听质量	30%	抽查每次不合格扣2分，扣完为止，性质严重的另行处罚										
客户投诉率	20%	0%	0	0~0.4%	2	0.4%~1%	4	1%~1.5%	10	1.5%以上	10	
回访完成率	10%	100%	0	95%以下	1	95%~80%	2	80%~75%	3	75%以下	5	
回访违规行为	10%	每违规一次扣一分，本项分值扣完为止										
客户满意度	10%	100%	0	95%以下	1	95%~80%	2	80%~75%	3	75%以下	5	
报表真实性	10%	不真实的，每次扣2分，本项分值扣完为止，性质严重的另行处罚										
审计纠错及行政通报等	10%	从当月总分中扣除，每次扣罚2~10分，视问题性质由人力资源部会同客户服务部经理讨论决定，当月分值扣完为止										
奖　励	收到顾客表扬信一次，加1分；被部门表扬一次，加2分；被公司表扬一次，加3分；被媒体表扬一次，加5分（需要分部提供文字材料）											
处　罚	被部门批评一次，扣2分；被公司批评一次，扣3分；被媒体批评一次，扣5分											

说明：1. 以上考核作为月度考核，是月任务考核奖金发放的重要参考，同时考核分数将纳入年终考核范畴。2. 总计分数为100分，打90分以上为月优秀员工，80分以上可获得任务考核奖金，60分以下为需激励员工。3. 连续两个月被评为需激励员工将被警告、三个月被评为需激励员工将被劝退。4. 每月优秀员工将获得一定的奖励（奖励见每个月实际情况定）。5. 连续三个月被评为优秀员工将被授予"明星员工"，可获晋升中层干部预备机会，并享受带薪学习机会。

备注：①电话抽查以总部客服抽查为主，原则上每周不低于一次。②回访完成率为：每月实际回访条数÷（200条实际在岗人数）×当月应出勤天数

被评人签字		考核人签字	

更多模板

产品试用反馈表	客户服务体验动态跟踪调查表
产品体验反馈表	客户服务质量管理制度
顾客意见奖惩规范	生活体验馆员工管理规定
就餐客户体验调查表	维保服务质量评估制度
客户服务保障制度	营业厅服务管理考核细则
客户服务活动管理办法	用户意见反馈表

第❻章

客户关系管理制度与范表

在不同的情境下，客户关系管理有不同的含义，它可以是一个管理学概念，指协调和维护客户关系的一种管理策略；也可以是一个软件系统，即人们常说的CRM。客户关系管理的主要目标是吸引新客户、留住老客户，增强客户忠诚度。对企业来说，进行客户关系管理的意义体现在多个方面，如降低客户开发和维系的成本、提高客户价值、给企业带来更多利润等。

6.1 客户沟通管理

　　企业的营销人员和管理者都知道客户沟通的重要性，客户沟通是实现客户满意的基础，也是维护客户关系的基础。沟通是信息双向传递的过程，企业需要通过沟通将产品信息、营销政策及时传递给客户，同时也需要通过沟通了解客户需求，收集客户反馈的信息。

● 建立有效的客户沟通体系

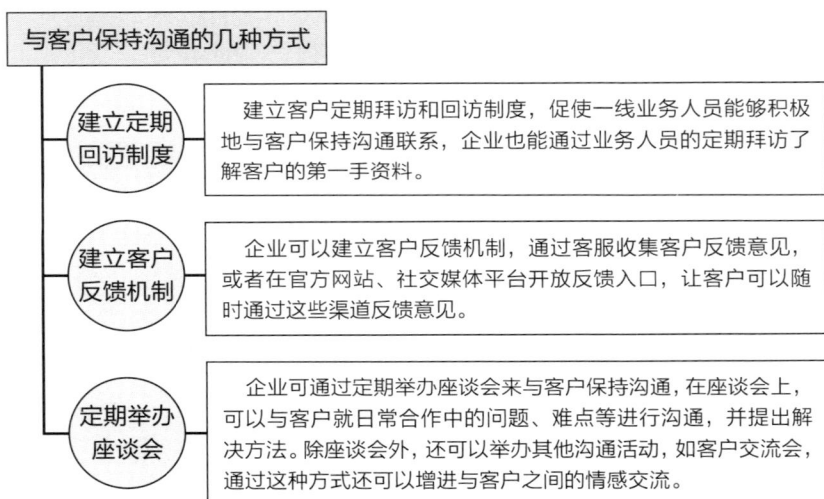

<table>
<tr><td colspan="2">与客户保持沟通的几种方式</td></tr>
<tr><td>建立定期
回访制度</td><td>建立客户定期拜访和回访制度，促使一线业务人员能够积极地与客户保持沟通联系，企业也能通过业务人员的定期拜访了解客户的第一手资料。</td></tr>
<tr><td>建立客户
反馈机制</td><td>企业可以建立客户反馈机制，通过客服收集客户反馈意见，或者在官方网站、社交媒体平台开放反馈入口，让客户可以随时通过这些渠道反馈意见。</td></tr>
<tr><td>定期举办
座谈会</td><td>企业可通过定期举办座谈会来与客户保持沟通，在座谈会上，可以与客户就日常合作中的问题、难点等进行沟通，并提出解决方法。除座谈会外，还可以举办其他沟通活动，如客户交流会，通过这种方式还可以增进与客户之间的情感交流。</td></tr>
</table>

● 与客户沟通的渠道

渠　道	特　点
人工客服渠道	主要方式是建立客户服务中心，客户服务中心要负责接听客户来电，或者主动外呼与客户沟通。对大部分客户来说，客户服务中心是帮助其解决问题的重要渠道，特别是一些紧急问题，若能直接与人工客服沟通，并快速得到解决，就可以提高客户满意度。为了提高客服的效率，企业可以在人工客服的基础上提供智能客服，以满足客户日常沟通反馈的需求

续上表

渠　道	特　点
网络问卷渠道	企业可以通过网络问卷对目标客户进行问卷调查，以此来与客户对话，并收集客户信息
网页自助渠道	利用网站、微信公众平台等来为客户提供自助服务，这种沟通服务渠道通常比较快捷，同时也能节省企业的服务成本
电子邮件或信函渠道	电子邮件和信函是一种通信方式，企业可以通过电子邮件或信函向客户发送企业的产品说明书、通知单、营销信息等，客户也可以通过电子邮件或信函向企业回复信息
网络即时聊天工具	网络即时聊天工具是与客户沟通的常用渠道之一，如QQ、微信、钉钉，这些工具即时性强，客服人员一般可同时与多名客户进行沟通，但也存在接待客户过多所带来的延时现象
面对面交流	与客户沟通交流的主要方式，相比网络聊天沟通，服务成本会更高，但沟通的有效性往往也会更高

● 客户沟通的基本步骤

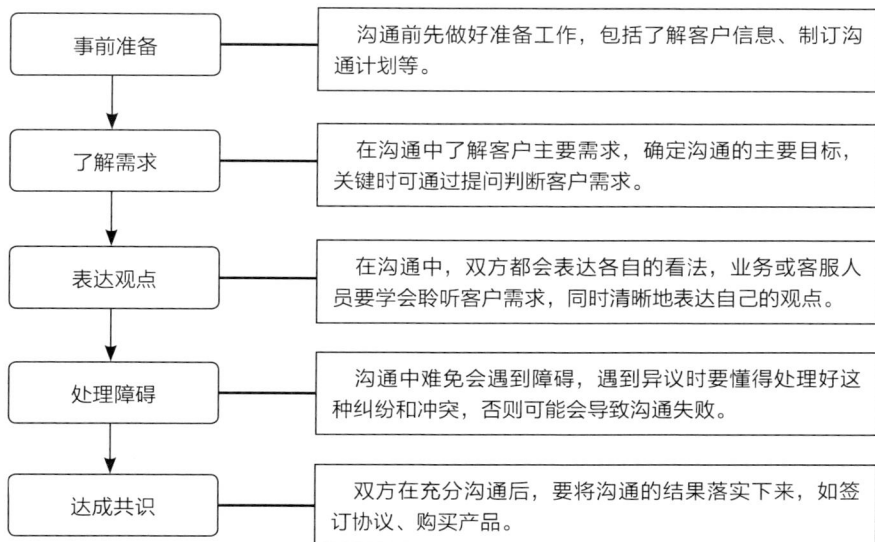

事前准备 → 沟通前先做好准备工作，包括了解客户信息、制订沟通计划等。

了解需求 → 在沟通中了解客户主要需求，确定沟通的主要目标，关键时可通过提问判断客户需求。

表达观点 → 在沟通中，双方都会表达各自的看法，业务或客服人员要学会聆听客户需求，同时清晰地表达自己的观点。

处理障碍 → 沟通中难免会遇到障碍，遇到异议时要懂得处理好这种纠纷和冲突，否则可能会导致沟通失败。

达成共识 → 双方在充分沟通后，要将沟通的结果落实下来，如签订协议、购买产品。

● 与客户沟通的技巧

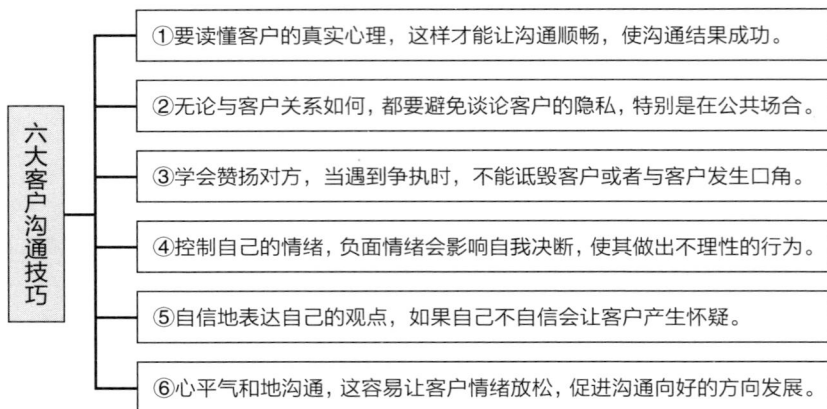

```
                  ┌──────────────────────────────────────────────────────────┐
                  │ ①要读懂客户的真实心理，这样才能让沟通顺畅，使沟通结果成功。 │
                  ├──────────────────────────────────────────────────────────┤
      六          │ ②无论与客户关系如何，都要避免谈论客户的隐私，特别是在公共场合。│
      大          ├──────────────────────────────────────────────────────────┤
      客          │ ③学会赞扬对方，当遇到争执时，不能诋毁客户或者与客户发生口角。│
      户          ├──────────────────────────────────────────────────────────┤
      沟          │ ④控制自己的情绪，负面情绪会影响自我决断，使其做出不理性的行为。│
      通          ├──────────────────────────────────────────────────────────┤
      技          │ ⑤自信地表达自己的观点，如果自己不自信会让客户产生怀疑。    │
      巧          ├──────────────────────────────────────────────────────────┤
                  │ ⑥心平气和地沟通，这容易让客户情绪放松，促进沟通向好的方向发展。│
                  └──────────────────────────────────────────────────────────┘
```

制度 招商部客户沟通制度

一、意向客户服务要求

1. 客户回访记录必须详细，时间、地点、人物、事件清晰，结尾部分要给出结论判断和下次回访的具体时间。

2. 回访及时，严格按照上次的建议回访时间进行回访（可提前，但不可推后），电话打不通时必须注明时间以及几次没有打通。

3. 每周（周六）给客户发一条问候性质的短信息，并在客户记录中详细记载。

二、成交客户服务要求

1. 客户沟通记录必须详细，时间、地点、人物、事件记录清晰，结尾部分要给出结论判断，需要主动回访的必须给出回访的具体时间。

2. 回访及时，严格按照上次的建议回访时间进行回访（可提前，但不可推后），电话打不通时必须注明时间以及几次没有打通。

3. 每周给客户发一条问候性质的短信息，并在客户记录中详细记载。

4. 客户订货记录详尽，价格、规格明确。

5. 客户反馈的信息及时记录，客户提出的问题及时提交，并提出解决方案。

三、发货服务要求

1. 发货通知单记录准确无误，电话、通信地址、货物名称、品牌、数量、价格必须无误，资料配送等信息表达清晰。

2. 发货通知单发送后要及时了解工厂发货情况，货物是否及时发出，单号是多少，没有及时发出的要立即向客户说明情况，取得客户谅解，并及时跟踪和询问何时能发出。

3. 货物发出后要当天告诉客户，并告知客户通过何种物流公司、单号是多少、大约到达日期。

4. 要第一时间了解货物到达客户手中的情况，货物是否破损，是否延期到达，并在单号上做好详尽的记录，同时把货物到达的情况反馈给发货部。

四、工作汇报要求

每天上午必须把前一天的工作情况，通过电子邮箱，按照公司的标准格式进行汇报。

五、电话记录要求

每天接听和打出的电话必须记录下来，包括电话号码、通话人、通话时间、打进或打出、主要内容等。

六、随即任务要求

因工作需要随即布置的任务，必须在规定的时间内完成，因特殊原因完不成的，必须在规定时间内说明理由。

七、客户投诉处理

因工作失误造成客户投诉的，严肃追究责任，隐瞒事件真相的，调离招商部。

八、累积错误处理

每个月，累计扣分最高者加倍处罚；同样错误违反超过三次（含三次）者，加倍处罚。

制度 物业公司客户沟通管理规定

1 目 的

规定客户沟通的基本要求、程序，保证客户沟通的有效性，提高管理服务水平。

2 适用范围

适用于物业管理服务中心与业主、租户和其他使用人的沟通工作。

3 职 责

3.1 物业服务中心经理负责组织本物业服务中心客户的沟通工作。

3.2 公司品质保证部对客户进行抽样回访。

3.3 公司运营管理部经理参与重要客户的沟通。

4 客户沟通的分类

4.1 一般客户的沟通。

一般客户是指物业服务中心服务的全体客户，包括业主、租户和其他使用人。

4.2 重要客户的沟通。

重要客户是指业主委员及业主代表、特殊身份客户以及其他投诉客户。

4.3 群体沟通。

分全体客户沟通以及部分客户沟通，通常采用社区活动的形式进行。

5 工作要求

5.1 沟通的基本要求。

5.1.1 物业服务中心经理于每年年末 11 月 30 日前制订次年的客户沟通计划，确定客户沟通的频次、内容，应包括一般客户、重要客户、社区活动等。

5.1.2 沟通方式可包括面对面沟通、电话沟通、电子邮件沟通、信函沟通、通告、问卷调查、社区活动、设摊咨询或服务开放日等形式。

5.1.3 客户沟通计划中应明确相关的成本和资源。

5.1.4 沟通的人员应详细记录沟通的情况，并负责客户提出各项问题的跟踪解决。

5.1.5 各类形式的沟通均以客户反馈意见为沟通效果评定的依据。

5.1.6 各类客户沟通均需建立详细完整的客户沟通档案。

5.2 一般客户的沟通。

5.2.1 物业服务中心。

a. 一般客户要求物业服务中心每年不少于一次的沟通，其中物业服务中心经理不得少于 50 户业主的面对面走访沟通并填写"客户沟通记录"；

b. 物业服务中心经理应根据年度沟通计划组织客服部人员进行沟通，了解客户对各类基础服务的满意程度，如秩序维护、保洁、绿化养护、维修，了解客户对投诉处理的满意程度，了解客户的其他需求，了解客户对服务的各项建议等；

c. 物业服务中心每季度以公告形式进行管理工作报告，每年按照法规或合同约定公告物业维修费、维修基金的收支情况。

5.2.2 品质保证部。

a. 公司品质保证部根据服务的总体状况以及投诉信息，以抽查的方式进行回访沟通，以面对面、电话、电子邮件以及信函沟通等个性化方式，一年不少于公司物业服务中心客户数的 1%。

b. 品质保证部应详细记录沟通的内容，并将信息反馈至物业服务中心，作为持续改进物业服务中心服务水平的依据。

5.3 重要客户的沟通。

5.3.1 重要客户的分类。

业主委员会及业主委员会委员、业主代表重要客户 [1]。

5.3.2 业主委员会及业主委员会委员的沟通要求。

a. 物业服务中心经理要了解掌握业主委员会每位委员的姓名、职务、性格、地位、家庭情况、联系电话和地址等。

b. 物业服务中心经理每月至少拜访两名业主委员会委员，在沟通中征求其对物业管理近期工作的意见，并记录备案。

…………

---

[1] 重要客户是指有特殊身份会对小区服务带来影响的业主或租户，对管理服务有重大建议或投诉的业主或租户。

制度 大客户沟通管理办法

第一章 总 则

第一条 为更好地实施"大市场、大业主、大项目"的营销策略,提高营销质量及服务水平,促进与大客户的沟通与交流,保证企业生产经营持续、健康发展,结合"三大战略"实施细则,特制定本办法。

第二条 大客户是指能为我公司带来较大合同额,提供稳定的施工回报,与我公司建立了或可以建立长期战略合作伙伴关系,且具有长期的、持续性强的基建投资、信誉良好的客户。

第二章 组织机构及职责

第三条 公司总部成立大客户管理委员会,主任:×××,副主任:×××、×××,成员由公司属各分公司经理及主管营销的副经理组成,大客户管理委员会日常办事机构设在公司经营部。

…………

第六条 专职客户经理的主要职责

(一)负责对接指定大客户的营销工作,与目标客户建立并保持良好关系,高效、灵活地完成营销任务。

(二)负责指定大客户基础资料的收集、整理与不断更新 [1]。

(三)在收集到的与大客户相关的各类信息基础上,研究、分析发展动态,适时提出风险预警或强化攻关等营销策略与建议。

(四)随时掌握与大客户合作项目的进展情况,配合协助二次及三次经营活动,及时向大客户管理委员会汇报大客户情况,保证沟通及时、顺畅,为领导决策提供准确有效的信息。

(五)大客户经理、相关人员要在保证市场营销工作有效开展的同时,做好大客户信息的保密工作。

…………

第六章 大客户分级标准

第十二条 确定为公司级的大客户应有__元以上后续合同成交额,分公司级的大客户应有__元以上后续合同成交额,客户经理及营销人员应做好大客户的服务和跟踪沟通工作,落实大客户营销战略。

第七章 附 则

第十三条 本办法适用于公司总部及公司所属各单位。

第十四条 本办法由大客户管理委员会负责解释,如有意见及建议,请及时向大客户管理委员会反馈,以便及时更新完善。

---

[1] 大客户资料主要包括大客户的资产状况、股东结构、高管层及核心人物、拟开发项目情况、竞标办法、合约习惯、价格水平、支付能力、与我公司或其他施工企业的合作情况、信用状况等方面。定时上报信息资料,按"大客户信息管理档案""大客户相关人员档案""大客户经营档案"的要求整理建立大客户档案,并及时更新。各大客户经理建立的大客户档案应指定专人负责汇总,按"大客户档案汇总表"的要求归档。

范表 客户沟通记录表

项目名称		沟通方式	
客户姓名		沟通时间	
沟通人员			
沟通内容		沟通结果	
备注：			
客户确认：	阶段项目主管：		沟通记录人：

注：本表格由沟通者本人填写，重要沟通内容需由客户确认。

范表 公司联络函

日期：

公司（甲方）	公司（乙方）
收件人：	发件人：
传真：	传真：
电话：	电话：
联络性质：　□紧急　　　□确认并回传　　　□答复后回传　　　□告知	
致××××公司： 　　祝：商祺! 　　　　　　　　　　　　　　　　　　　　　　　　　　××××有限公司 　　　　　　　　　　　　　　　　　　　　　　　　　　××××年××月××日	
客户（甲方）： 答复（签字／盖章）： 　　　　　　　　　　　　　　　　　　　　　　　　　　××××年××月××日	

范表 客户基本信息及业务联络情况表

填表人：　　　　所属部门：　　　　地域区划：　　　　填表日期：

<table>
<tr><td rowspan="4">基本情况</td><td>客户姓名</td><td></td><td colspan="2">编　号</td><td></td></tr>
<tr><td>详细地址</td><td></td><td colspan="2">邮政编码</td><td></td></tr>
<tr><td>营业证号</td><td></td><td colspan="2">注册资金</td><td></td></tr>
<tr><td>注册时间</td><td></td><td colspan="2">有效时限</td><td></td></tr>
<tr><td rowspan="3">联系方式</td><td>法人姓名</td><td></td><td>负责人</td><td colspan="2">联系人</td></tr>
<tr><td>联系电话</td><td></td><td>联系信箱</td><td colspan="2">联系 QQ</td></tr>
<tr><td>其他方式</td><td colspan="4"></td></tr>
</table>

公司情况	公司性质	□国营 □民营 □股份 □集资 □外资 □合资			VIP 属性	
	联系方式	公司电话		网　址		
		邮　箱		传　真		

资产情况	资产资金		场地面积		主要设备		其　他
	固定资产	流动资产	整体面积	自营面积	演示设备	其他设备	

业务情况	主营业务	代理品牌	渠道资源	年销售额

人员情况	性别	管理人员	业务人员	技术人员	质检人员	教育程度	
	男					硕士	中专
	女					本科	高中
	合计					大专	初中

合作情况	合作意向	
	补充说明	

本人意见		公司意见	
主管意见			
部门意见			

业务沟通情况说明

序　号	日　期	沟通记录	遇到的问题	解决方案

范表 项目联系沟通卡

×××办公室：

×××项目（合同编号：××××××；以下简称本项目）。为保障项目实施进度与质量，我司为本项目组建了专门的项目组，同时我司建有完善的项目管理与监督体系，请在需要时以邮件或书面的方式将项目存在的问题或需要与公司沟通的事宜发送给项目经理，同时抄送相关部门领导和管理部门，我司将会及时给予反馈，共同促进项目进展。具体联系方式如下：

×××公司——项目组主要成员				×××办公室——客户组			
角　色	姓　名	电　话	邮　箱	角　色	姓　名	电　话	邮　箱
项目经理				业务主管			
项目顾问				业务经理			
设计师							
项目研发							
项目运维							

范表 业务客户联系单

日期：　　年　月　日　　　　　　　　　　编号：

联系主题			
发文单位		签发人	
主送单位		接收人	
抄送单位			
联系事由			
具体内容			
接收单位意见	签字：　　　　　　　日期：　　年　月　日		
备　注			

注：重要联系单须加盖单位公章，主送单位签核完后各抄送单位一份。

范表 客户洽谈表

企业名称		经营产品		
总公司详细地址				
总负责人		邮 编		
总 机		传 真	网 站	
洽谈负责人名字		职 务	手 机	
业务负责人名字		职 务	手 机	
公司背景		主要品牌		
销售形式	□设立总经销商（跨省份） □设立区域经销商（单一省份） □设立办事处			
产品特点				

全国销售情况	重点销售区域	本地市场销售情况

初次和客户洽谈方式	
客户信息的了解渠道	

洽谈情况：

客户对我方的了解情况：

竞争对手情况：

范表 客户设计需求沟通表

客户信息					
姓　名		住　址			
联系电话					
初步预算					
使用者身高		年　龄	操作习惯	喜　好	
家庭人口数量		家中是否有老人及小孩			
方案设计					
功能柜设计（与顾客阐述各功能柜的设计及解释为顾客带来的好处／布局应该根据顾客的具体需要设计合适的柜体及型式）					
电器及功能配件（要注意一些特殊的电器和配件，如不能实现，则要说出能让顾客接受的理由）					
厨房吊顶预留高度及排烟方式					
管线布局					
水电位					
障碍物					
方案阐述					
厨柜设计思路阐述（与顾客解释厨柜的设计思路，详细说明设计思路的来源或依据）					
客户确认栏					
物品尺寸		尺寸确认			
现场布局		格局确认			
功能分区		功能确认			
颜色喜好		颜色确认			

更多模板

工程联系单	客户联系单
工作联系函	客户情况说明表
公司名称变更通知	客户通讯录
公司收款账户变更通知函	客户需求沟通表
供应商合作沟通表	区域销售经理变更通知函
供应商来访洽谈记录表	商务洽谈表
顾客沟通和服务制度	售前咨询客户交流表
金融客户日常沟通表	业务洽谈委托书
客户拜访联系函	银行账户信息变更通知
客户联络表	

6.2 客户投诉管理

对企业来说，客户投诉并不可怕，关键在于如何看待和处理客户投诉。客户投诉若处理不当，不仅会导致客户关系恶化，还可能影响企业声誉。企业应当正确认识投诉，同时建立客户投诉处理机制，将客户投诉转化为企业的一种资源，用于改善企业服务水平，巩固自身形象，创造新的商机。

● 客户投诉的分类

分　类	具体类别
投诉的严重程度	按投诉的严重程度，可分为一般投诉、严重投诉和重大投诉
投诉的行为	按投诉的行为，可分为消极抱怨性投诉、负面宣传型投诉、愤怒发泄型投诉等
投诉的事由	按投诉的事由，可分为客服服务投诉、产品质量投诉、产品价格投诉、诚信投诉等
投诉的目的	按投诉的目的，可分为批评性投诉、建议性投诉、控告性投诉、索取性投诉等

● 客户投诉处理流程

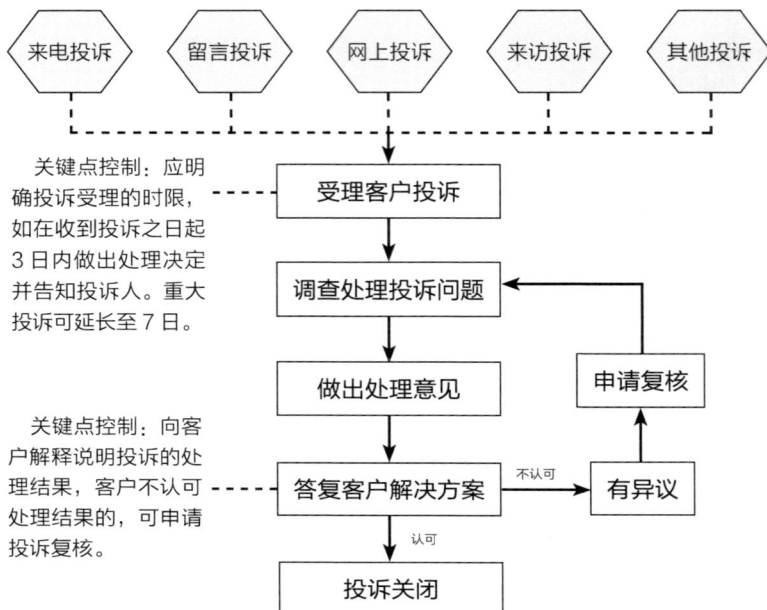

```
┌──────┐  ┌──────┐  ┌──────┐  ┌──────┐  ┌──────┐
│ 来电投诉 │  │ 留言投诉 │  │ 网上投诉 │  │ 来访投诉 │  │ 其他投诉 │
└──────┘  └──────┘  └──────┘  └──────┘  └──────┘
```

关键点控制：应明
确投诉受理的时限，
如在收到投诉之日起
3 日内做出处理决定
并告知投诉人。重大
投诉可延长至 7 日。 ----> **受理客户投诉**

调查处理投诉问题 <——┐

做出处理意见   **申请复核**
                            ↑
关键点控制：向客
户解释说明投诉的处
理结果，客户不认可 ----> **答复客户解决方案** 不认可 → **有异议**
处理结果的，可申请   ↓ 认可
投诉复核。

投诉关闭

● 客户投诉处理技巧

安抚情绪

在收到客户的投诉后，首先要安抚客户的情绪，部分客户是出于发泄、抱怨的心理进行投诉，对于此类客户，一般让客户的情绪得以发泄后，就能很好地处理投诉问题。针对建议性投诉、批评性投诉也要耐心倾听，平复客户情绪，以便双方能正常交流。

及时处理

针对客户提出的问题和诉求点，客服人员要与客户有效沟通并制定解决方案。对于客户的合理化要求，可以马上解决的，就立即处理，无法直接解决的，及时上报。在该过程中，要及时告知客户处理进展以及结果，这样可以避免投诉升级。

逐步说服

面对比较复杂的投诉，不必急于立马解决，可以分阶段逐步说服客户接受我们的解决方案。面对恶意投诉或者不合理的投诉，可在合理的范围内，通过渐进式沟通或者持久战的方式来控制客户的期望值，这样可以让客户回归理性，最终达成共识。

● **不同投诉处理阶段关键点控制**

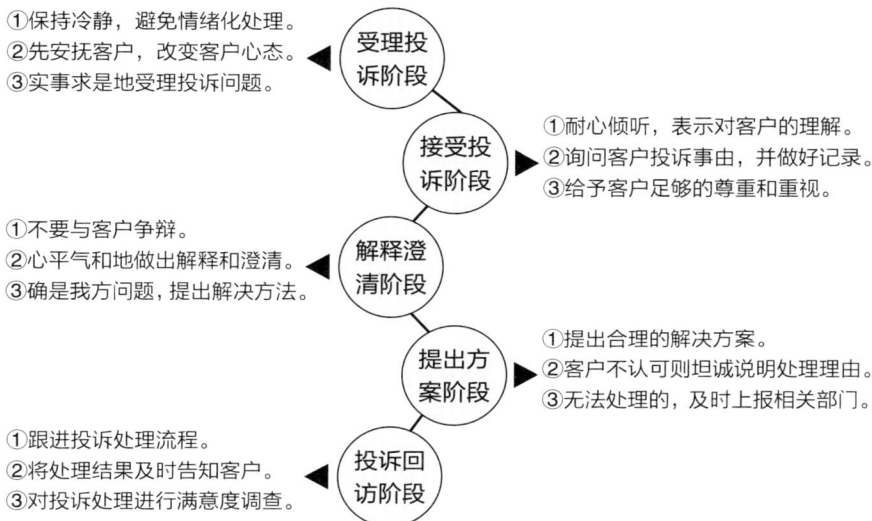

①保持冷静，避免情绪化处理。
②先安抚客户，改变客户心态。
③实事求是地受理投诉问题。

受理投诉阶段

接受投诉阶段
①耐心倾听，表示对客户的理解。
②询问客户投诉事由，并做好记录。
③给予客户足够的尊重和重视。

①不要与客户争辩。
②心平气和地做出解释和澄清。
③确是我方问题，提出解决方法。

解释澄清阶段

提出方案阶段
①提出合理的解决方案。
②客户不认可则坦诚说明处理理由。
③无法处理的，及时上报相关部门。

①跟进投诉处理流程。
②将处理结果及时告知客户。
③对投诉处理进行满意度调查。

投诉回访阶段

制度 **客户投诉处理管理办法**

第一章 总 则

第一条 为深化客户关系管理，完善售后服务体系，加强对客户投诉的快速反应和应急处理能力，有效防范和消除客户投诉带来的不良影响，树立良好的社会形象，制定本办法。

第二章 投诉处理原则及渠道分类

第二条 客户投诉处理原则。客户投诉处理应遵循以下原则。

（一）积极主动性原则。要具备大局观，培养主人翁意识，对待客户投诉必须本着主动积极的态度，不推诿扯皮，早预防、早发现、快反应、快处理，避免投诉升级。

（二）客观公正性原则。坚持公平公正的态度，客观理性地看待客户投诉，避免情绪冲动导致投诉升级，要本着公正诚信的原则进行核实调查，不护短、不遮丑，实事求是地公开投诉处理结果。

（三）专业性原则。要以专业的态度、标准化的流程进行投诉处理，体现专业精神。

（四）效率性原则。实行"首问负责制"，按照谁接待、谁受理、谁跟踪、谁解决的原则，及时和妥善处理客户的业务咨询和服务投诉问题。对于第一时间不能给出处理结果的投诉，要告知客户明确的回复时间，并适时向客户通报处理进程，杜绝二次投诉。

（五）合规性原则。投诉处理中，应严格遵守业务规程，尊重并保护客户隐私，谨慎做出答复和处理意见，强化风险防范以及合规经营意识。

第三条　客户投诉渠道及类别。客户投诉渠道有电话投诉、向销售经理投诉、行政监管部门转办和现场投诉。

客户投诉类别主要分为四类，即服务态度类、办事效率类、业务差错类、违规操作类，具体分类如下：

（一）服务态度类。主要表现为员工态度冷漠、不能微笑服务；工作不主动不热情、推诿客户、不负责任等引起客户不满并投诉。

（二）办事效率类。主要表现为员工业务操作不熟练导致办理业务速度缓慢，办事效率低下，相关文件递送缓慢，引起客户不满并投诉。

（三）业务差错类。主要表现为由于员工办理业务不细心、没能有效与客户沟通以及对合同内容和业务办理流程不熟练导致业务差错，引起客户不满并投诉。

（四）违规操作类。主要表现为我行员工未执行我行有关规章制度，违规办理业务，引起客户投诉。

第三章　投诉处理流程、分工及要求

第四条　客户投诉处理流程主要包括以下三种。

（一）电话投诉处理流程。

电话投诉处理责任人为首个接听电话人员，由责任人根据相关的规章制度负责向客户解释、道歉及对相关事件进行处理。待处理完毕后或无法立刻解决的事件，必须在 24 小时内将处理过程形成文字记录交部门经理，由部门经理安排相关人员跟进。若本部门无法处理，请公司协调相关部门，处理过程存档。

（二）客户向销售经理或现场投诉。

当客户提出投诉时，应迅速隔离客户，将客户带离现场，进入到独立的空间，如客户接待室；同时，应对客户的心情表示理解，有效安抚客户情绪，同时应记录好投诉日志，边听边记录，确认投诉内容是否属实；现场解决或承诺一定时间内解决，提出解决方案，征询客户意见，解决后征询客户反馈意见；如果不属实，请客户确认后再联系相关部门，并更新投诉日志；注重跟踪服务，及时向客户反馈处理进程，获取客户信任，提高信赖度。接待责任人必须在 24 小时内将处理过程形成文字记录交部门经理，由部门经理安排相关人员跟进。若本部门无法处理，请公司协调相关部门，处理过程存档。

（三）行政监管部门转办。

部门收到公司领导、其他部门及监管机构转办公司落到部门的投诉事项，应及时安排相关责任人进行处理，区分是否为重大客户投诉事件。对重大客户投诉事件应报告公司领导研究处理投诉事件，处理过程留档。对非重大客户投诉事件，则根据投诉处理的一般要求受理。

第五条　投诉处理应充分掌握以下基本要求。

（一）注重服务礼仪。投诉处理过程要遵守服务礼仪，言行举止充分体现员工的专业素养，让客户充分感受到被尊重、被重视，从而营造良好的沟通氛围。

…………

制度 客户投诉案件处理办法

第一条 为保证客户对本公司商品销售所发生的客户投诉案件有统一规范的处理手续和方法，防范类似情形再次发生，特制定本方法。

第二条 本方法所指客户投诉案件系指第三条所列事项，客户提出减价、退货、换货、无偿修理加工、损害赔偿、批判建议等。

第三条 客户的正当投诉范畴包括以下内容。

1. 产品在质量上有缺陷。

2. 产品规格、等级、数量等与合同规定或与物资清单不符。

3. 产品技术规格超过承诺误差范畴。

4. 产品在运输途中受到损害。

5. 因包装不良造成损坏。

6. 存在其他质量问题或违反合同问题。

第四条 本公司各类人员对投诉案件的处理，应以谦恭礼貌、迅速周到为原则。各被投诉部门应尽力防范类似情形的再度发生。

第五条 业务部所属机构职责。

1. 确定投诉案件是否受理。

2. 迅速发出处理通知，督促尽快解决。

3. 依照有关资料，裁决有关争议事项。

4. 尽快答复客户。

5. 决定投诉处理之外的有关事项。

第六条 质量治理部职责。

1. 检查审核投诉处理通知，确定具体的处理部门。

2. 组织投诉的调查分析。

3. 提交调查报告，分发有关部门。

4. 填制投诉统计报表。

第七条 各营业部门接到投诉后，应确认其投诉理由是否成立，呈报上级主管裁定是否受理。如属客户缘故，应迅速答复客户，婉转讲明理由，请客户谅解。

…………

拓展知识 应对客户对产品的投诉

面对客户对产品的投诉，要先明确投诉的缘由，是质量问题、使用问题、价格问题、物流问题还是其他方面。凡属产品问题的，可根据"投诉处理制度"或"售后保修条例"作出退货、换货、更换配件、维修、经济补偿或者其他处理决定。如果是客户自己操作不当，导致产品出现问题的，应告知客户投诉理由不成立，并向客户解释原因，指导其正确使用产品。

制度 客户投诉回访管理办法

一、总 则

第一条 为规范××公司和加盟商受理客户投诉的服务过程，保证客户投诉能迅速处理，妥善处理客户不满，使客户的利益得到保障，使××优质服务的形象在客户心目中继续保持，特制定此办法。

第二条 客户投诉包括客户对施工质量、材料质量、服务人员服务态度、违反合同及客户手册承诺的行为、服务有关的所有投诉。

第三条 客户服务贯穿售前、售中和售后全过程，客户投诉也适用于与客户接触的整个销售过程。此办法适用于受理客户投诉的客户服务部门及人员，也适用于任何接到客户投诉的部门及人员。

第四条 客户投诉采用"首问负责制"，最先受客户投诉的部门或人员作为首问负责的部门和人员，并负责处理或督促相关部门解决客户在同××公司开展业务时提出的各类问题。

第五条 客户投诉处理原则。

1. 了解客户，站在客户立场上考虑问题。

2. 倾听客户的意见。

3. 迅速处理。

二、投诉职责

第六条 客户投诉方式包括直接投诉、来访投诉、信函投诉、电话投诉和网上投诉。

第七条 ××总公司负责全国范围的网上客户投诉、信函投诉和800电话投诉，加盟商负责处理当地客户的来访投诉和本地电话投诉。

第八条 加盟商客户投诉职责。

1. 受理施工项目过程中客户和保修期内客户投诉。

2. 受理非合同客户对服务质量的投诉。

3. 妥善处理客户投诉事宜，上报总公司客户投诉内容及处理情况。

…………

六、客户回访

第二十四条 客户回访目的。

1. 监督加盟商同客户开展业务活动的全规程，规范加盟商行为，加强对加盟商的管理。

2. 了解客户需求，调查客户满意度，及时处理客户的问题。

第二十五条 客户回访方式：邮件回访(邮寄邮件和电子邮件)、电话、电传和上门回访。

第二十六条 客户回访包括：客户投诉回访、客户报修回访、客户入住回访、客户咨询回访、客户二次回访和施工过程追访。

第二十七条 客户回访的分工：客户投诉回访、客户报修回访、客户入住回访、施工过程追访以及客户咨询的回访由总公司服务中心负责。客户电话咨询回访和客户二次回访由总公司交加盟商负责。

第二十八条 客户咨询回访和客户二次回访的管理办法见"客户咨询管理办法"中的回复和二次回访。

第二十九条 客户投诉回访。

1. 客户投诉后三天，网络系统产生"回访单"，总公司投诉员根据"回访单"对客户投诉处理结果进行回访。

2. 投诉员向客户说明来访原因，就"回访单"上投诉问题询问处理结果和投诉处理人员行为规范及服务态度，并做详细记录。

3. 投诉员回访结束后应该再次向客户道歉，礼貌道别，"回访单"立即送入网络系统，如果客户问题没有得到解决，"回访单"传送至客户服务经理处，详见本办法第十七条。

第三十条 客户报修回访和入住回访过程同客户投诉回访。回访时间：客户报修后三天或客户商定完成日期后一天进行报修回访；项目总验收完毕后七天，进行客户入住回访。

第三十一条 施工过程追访。

1. 施工前期准备：在施工时间前三天同客户联系，确认最后相关事宜，提醒客户注意事项，如出现问题，及时调解。

…………

范表 客户投诉处理表

受理编号： 投诉类别：

客户名称		投诉人		传真/电话	
投诉事件记录：					
投诉人要求： 　　　　　　　　　　　记录人/日期：					
调查结果： 　　　　　　　　　　　调查人/日期：					
处理结果： 　　　　　　　　　　　处理人/日期：					
客户反馈	处理结果　满意□　基本满意□　不满意□ 处理速度　满意□　基本满意□　不满意□			客户签字	

注：1. 营业主管电话告知客户投诉处理结果并征询反馈意见，如有必要将此表传真至客户处，请客户填写反馈意见。

2. 受理编号为客户来电日期，示例：20170502。

3. 根据投诉内容的不同，投诉分为服务类、会员类、其他类三个类别。

范表 客户投诉处理工作单

受理日期： 年 月 日 时间：
类别：□投诉 □建议 □问询 □质疑 □求助

以下内容由受理人填写			
客户名称		客户单元	
提出方式	□来访 □函件 □电话 □微信	联系电话	
内容摘要： 受理人：			
处理部门		接单人	接单时间
处理过程与结果描述： 处理人：			
客户对处理结果意见	□满意 □不满意 方式：□电话 □上门 时间：		
客服前台回访记录： 回访人： 时间： 回访结果：□满意 □不满意			
审核意见			
归档经手		归档日期	

注：本表一式三份，前台保存一份、处理人一份，客户档案保存一份。

范表 客户投诉处理登记表

序 号	时 间	投诉人	住 址	联系电话	投诉方式	投诉内容	责任调查	处理结果

范表 服务热线投诉处理表

NO.

公司 12 小时服务热线中心填写				
服务中心名称		房 号		
姓 名		联系电话		
时 间	年 月 日 时 分	投诉方式	□来电 □来访 □函件 □微信	
内容摘要	客户投诉问题如下: 受理人: 日期: 年 月 日			
处理方式	□发送服务中心前台【号码 】 时间: 月 日 时 分 □报企业运营部经理			
处理部门填写(服务中心)				
处理过程与结果	(可另外附页) 处理人: 日期: 服务中心负责人: 日期:			
处理过程跟进记录	时 间	跟进方式(电话/现场)	处理部门反馈情况/处理进度	跟进人
调查部门填写(企业运营部)				
调查核实情况	□打电话给客户进一步了解和核实 □上门家访客户调查和核实 □电话向服务中心了解情况 □派人到现场核实 调查人员: 日期:			
客户沟通记录	时 间	方 式	内 容	工作人员

续上表

调查部门填写（企业运营部）	
回访记录	时间： 月 日 时 分　　　　　　回访人： 客户评价：□满意　　　□基本满意　　　□不满意 其他意见：

说明：投诉处理时间超过两天（从接到公司 12 小时服务热线的投诉工作单的次日起）的，从第三天开始，管理部必须每天对处理部门的投诉处理工作进度进行电话跟进或现场跟进，并每天向公司 12 小时服务热线中心反馈进度，直至投诉处理完毕。

审核意见	
企业运营部	建议【是 / 否】纳入考核范围的有效投诉 　　　　　　　签名：　　　　　　　日期：
分管领导	建议【是 / 否】纳入考核范围的有效投诉 　　　　　　　签名：　　　　　　　日期：
总经理	建议【是 / 否】纳入考核范围的有效投诉 　　　　　　　签名：　　　　　　　日期：

范表 服务中心客户投诉统计表（月度）

单位：

类　别		月　份												
		1	2	3	4	5	6	7	8	9	10	11	12	全年合计
一类投诉														
二类投诉	对部门投诉													
	员工态度													
	二次投诉													
	其　他													
三类投诉	安防服务													
	环境卫生													
	维修服务													
	社区文化													
	其　他													
统计人签名														

范表 客户投诉受理表

受理编号		受理日期	
投诉客户姓名		投诉类型	□商品 □服务 □其他
客户地址		电　话	
投诉缘由			
客户要求			
投诉受理	□受理	承诺办理期限	
	□不予受理	理　由	
备　注			

制表： 　　　　　　　　　　　　　　　　　　审核：

范表 客户投诉反馈表

来电日期			联系人		联系电话	
投诉内容	收银员			简述来电内容		
	服务员					
	后　厨					
	卫生情况					
	其　他					
协调部门			处理时间		处理人	
处理措施						
处理结果						

范表 顾客抱怨处理总结表

共发生埋怨投诉次数		每天次数	
已解决的埋怨次数		解决比例	
涉及产品问题的次数		解决比例	
要紧质量问题			
采取的策略			
运输环节问题及采取对策			
加工环节问题及采取对策			

范表 顾客抱怨联络单

顾客姓名		性 别		联系电话	
抱怨内容		记录人:		抱怨反馈方式	□电话 □面访 □网站 □信件 □微信
反馈资料	□附信件	□附不良样品	□其他		
调查结果		责任人:	日期:		
处理结果		责任人:	日期:		
备 注					
总经理:	主管:	品管:	营业经办:		

范表 质量投诉记录表

公司名称							
投诉经办	经办人		电 话		日 期		
	投诉人			投诉日期			
投诉受理及内容记录	产品类型	□打包带 □封箱胶 □缠绕膜 □纸品类 □打包机械 □其他					
	订单号		颜色		规格		数量
	投诉内容:						
鉴定及处理意见	产品质量原因分析:						
	鉴定类别	□物料质量 □设计工艺 □保管不当 □使用不当 □环境因素 □原因不详 □其他					
	处理意见: 　　　　　质量部:　　　　　　日期:						
处理结果	维 修	维修内容:					
		部门		处理人		处理日期	
	退 换	退换内容:					
		部门		处理人		处理日期	
	其 他	处理说明:					
		部门		处理人		处理日期	
评估结果	处理结果	是否符合鉴定意见		□是 □否		说明	
	纠正预防	是否需采取纠正和预防措施		□是 □否		说明	
		跟踪记录:					
		质量部				日期	

范表 客户投诉退货处理评估报告

<table>
<tr><td rowspan="7">营销部填写</td><td>客户名称</td><td></td><td colspan="2">送货日期</td><td></td><td colspan="2">投诉日期</td><td></td></tr>
<tr><td>订单号码</td><td></td><td colspan="2">送货单号</td><td></td><td colspan="2">书面答复</td><td>□要 □不要</td></tr>
<tr><td>品名规格</td><td></td><td colspan="2">材质／楞型</td><td></td><td colspan="2">要求答复日期</td><td></td></tr>
<tr><td>生产数量</td><td></td><td colspan="2">送货数／不良数</td><td></td><td colspan="2">现场处理</td><td>□是 □否</td></tr>
<tr><td colspan="6">客户意见描述：</td><td colspan="3">□反映问题，不索赔
□要求赔偿，索赔额：</td></tr>
<tr><td colspan="9"></td></tr>
<tr><td>销售员：</td><td colspan="2">日期：</td><td colspan="2"></td><td>副总：</td><td colspan="2">日期：</td></tr>
<tr><td rowspan="3">品质部填写</td><td colspan="9">处理过程、结果（沟通描述、带样、责任追查、建议等）：</td></tr>
<tr><td colspan="4"></td><td colspan="5">处理方案

产品经理建议：
□办事处自行调查确定
□有问题纸箱（盒）送公司品管调查鉴定
□品管、相关责任单位会同前往用户所在地确认、鉴定并挑选
□送回公司重修后送出
□品质会议结论</td></tr>
<tr><td colspan="4">品管员：　　　　日期：</td><td colspan="5">主管：　　　　日期：</td></tr>
<tr><td rowspan="3">责任部门填写</td><td colspan="9">原因分析，预防纠正措施及处理意见：</td></tr>
<tr><td colspan="9"></td></tr>
<tr><td>责任人：</td><td colspan="2">日期：</td><td colspan="2">负责人：　　日期：</td><td colspan="2">主管：</td><td>日期：</td></tr>
<tr><td rowspan="2">会签</td><td colspan="9">部门意见：</td></tr>
<tr><td colspan="9">副总签名：　　　　　　日期：</td></tr>
<tr><td rowspan="2">品管部</td><td colspan="9">纠正、预防措施实施情况验证及意见：</td></tr>
<tr><td colspan="9">签名：　　　　　　日期：</td></tr>
<tr><td rowspan="2">总经理</td><td colspan="9">批示意见：</td></tr>
<tr><td colspan="9">签名：　　　　　　日期：</td></tr>
</table>

备注：若无指定日期，此单应于发出日期后 72 小时内送呈总经办。

范表 客户投诉信息月报表

客户投诉统计（有效投诉）：			
客户投诉级别分类：			

客户投诉级别统计

投诉级别	一般投诉	重大投诉	小 计（一般＋重大）
投诉数量			

客户投诉设计专业内容

投诉类型	数量		投诉类型	数量	
	一般	重大		一般	重大
房屋管理类			设备管理类		
安全管理类			环境管理类		
综合服务类			小 计		

客户投诉处理率

①处理完毕的投诉		②处理进行中的投诉		③已评审，停滞处理的投诉		客户投诉率 （①＋③／①＋②＋③）		
一 般	重 大	一 般	重 大	一 般	重 大	一 般	重 大	小 计

客户投诉回访满意度

①满意数量	②不满意数量	投诉回访满意度＝①÷（①＋②）

重大、热点投诉（相同问题引发非同一人三次以上的投诉）信息及处理情况描述

本月开展内部评审情况介绍

评审涉及投诉内容：	通过评审制定的解决方案：

客户需求统计

需求类型	数 量	需求类型	数 量
特约服务		基础服务	
开发相关		客户纠纷	

续上表

客户需求统计			
其　他		小　计	
本月客户需求处理评价平均分维度换算：好5分，一般3分，差1分			
需　求	_____分		
客户投诉率：客户有效投诉数量／客户需求信息数量			

制表人：　　　　　　　　　审核：　　　　　　　日期：

范表 客户投诉解决方案内部评审表

项目名称		信息来源	□CRM 软件　　□来访　　□来电　　□信函　　□其他			
客户姓名		地址		联系电话		
投诉级别及内容：1. 投诉级别_____；2. 投诉涉及专业_____						
投诉分析：						
项目管理中心客服人员：　　　　　　　　　　年　　月　　日　　　　时间：						
处理建议及解决方案：						
项目管理中心负责人：　　　　　　　　　　　年　　月　　日　　　　时间：						
内部评审						
投诉涉及项目分管领导	评审意见： 　　　　　　　　签字：　　　　　　　日期：					
相关部门	评审意见： 　　　　　　　　签字：　　　　　　　日期：					
法律事务部	评审意见： 　　　　　　　　签字：　　　　　　　日期：					
副总裁	评审意见： 　　　　　　　　签字：　　　　　　　日期：					

更多模板

单位客户投诉登记表	客户投诉处理制度
订单投诉登记表	客户投诉分级管理办法
服务投诉管理制度	客户投诉记录表
服务中心客户投诉管理办法	客户投诉紧急处理规范
个人客户投诉登记表	客户投诉统计表
顾客抱怨处理办法	客户投诉信息反馈表
集团客户投诉管理办法	客诉处理代表绩效考核表
酒店顾客投诉分析表	投诉信息登记表
酒店管理公司顾客投诉事件性质界定	问题客户对策表

6.3　客户关怀管理

　　企业与客户之间的关系也会存在从诞生、成长、成熟、衰老到死亡这样的生命周期。对企业来说，客户关怀可以拉近与顾客之间距离，有效提高顾客的消费体验，从而与顾客建立和保持良好的关系，延长客户生命周期。

● 认识客户生命周期

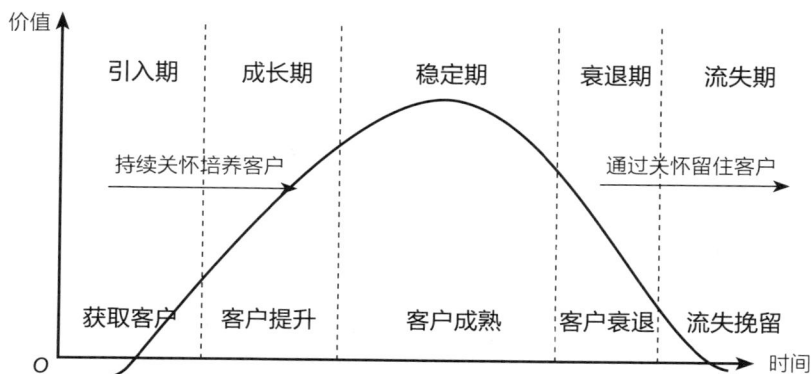

处于不同生命周期阶段的客户，其价值及需求均有所
不同，企业对客户的管理与关怀服务方式也应不同。

● 客户关怀常见方式

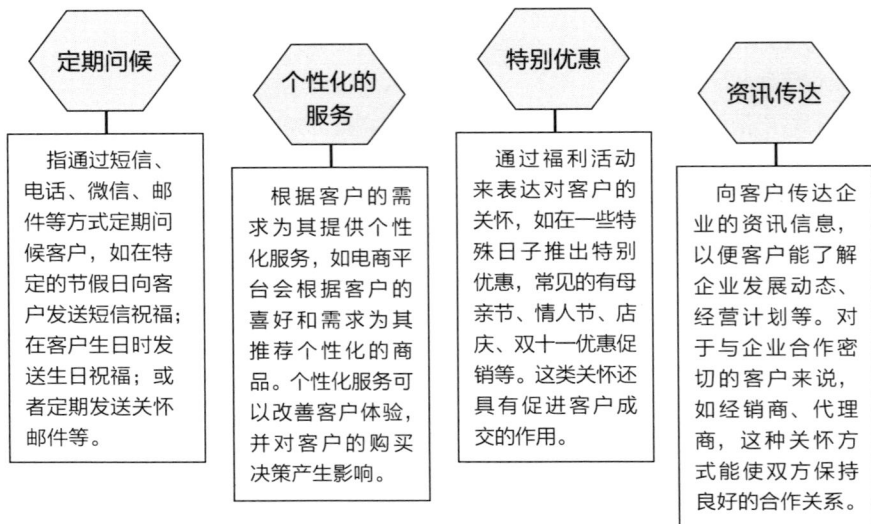

定期问候

指通过短信、电话、微信、邮件等方式定期问候客户，如在特定的节假日向客户发送短信祝福；在客户生日时发送生日祝福；或者定期发送关怀邮件等。

个性化的服务

根据客户的需求为其提供个性化服务，如电商平台会根据客户的喜好和需求为其推荐个性化的商品。个性化服务可以改善客户体验，并对客户的购买决策产生影响。

特别优惠

通过福利活动来表达对客户的关怀，如在一些特殊日子推出特别优惠，常见的有母亲节、情人节、店庆、双十一优惠促销等。这类关怀还具有促进客户成交的作用。

资讯传达

向客户传达企业的资讯信息，以便客户能了解企业发展动态、经营计划等。对于与企业合作密切的客户来说，如经销商、代理商，这种关怀方式能使双方保持良好的合作关系。

● 如何做好客户关怀

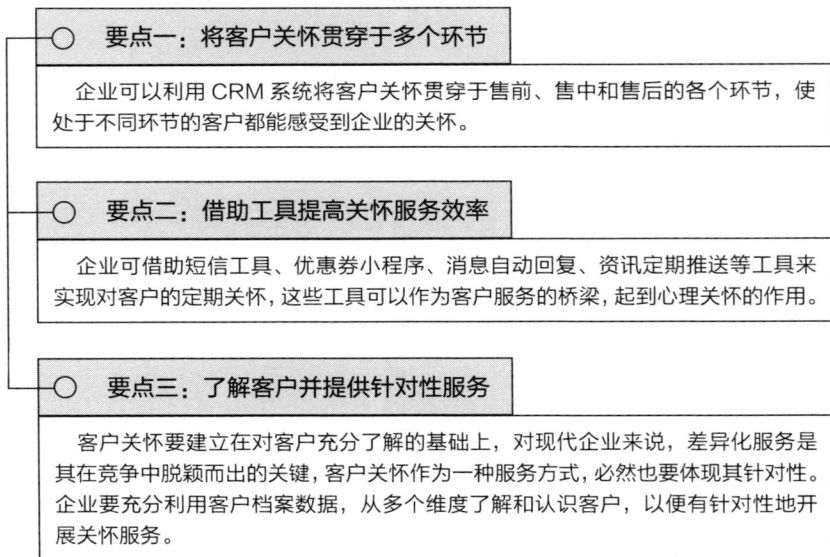

要点一：将客户关怀贯穿于多个环节

企业可以利用 CRM 系统将客户关怀贯穿于售前、售中和售后的各个环节，使处于不同环节的客户都能感受到企业的关怀。

要点二：借助工具提高关怀服务效率

企业可借助短信工具、优惠券小程序、消息自动回复、资讯定期推送等工具来实现对客户的定期关怀，这些工具可以作为客户服务的桥梁，起到心理关怀的作用。

要点三：了解客户并提供针对性服务

客户关怀要建立在对客户充分了解的基础上，对现代企业来说，差异化服务是其在竞争中脱颖而出的关键，客户关怀作为一种服务方式，必然也要体现其针对性。企业要充分利用客户档案数据，从多个维度了解和认识客户，以便有针对性地开展关怀服务。

● 客户关怀活动实施流程

序 号	流 程	内 容	责 任 人
1	成立客户关怀活动小组	成立客户关怀活动小组，对客户需求、满意度进行分析，对企业过去开展的关怀活动进行梳理，评估活动结果	服务主管
2	制定实施方案	结合分析结果设计关怀活动方案，包括关怀活动原则、内容、实施流程以及所需提供的支持等	服务主管
3	推进实施	对相关活动实施人开展培训，然后根据关怀活动实施方案展开活动	服务主管 客服经理
4	实施监督	由区域负责人负责监督关怀活动的落实实施，随时检查推进情况	区域负责人

制度 客户关怀管理办法

1 目　的

为提高客户忠诚度，延长客户使用产品生命周期，改进产品质量并有效开展口碑传播，特制定本办法。

2 适用范围

本办法适用于 ××× 有限公司客户关系部所进行的客户关怀。

3 术语及定义

客户关怀是为顾客所感知到、体会到和以一致方式交付的服务和质量。

4 引用文件

无

…………

6.2　节日关怀

6.2.1　节日前一个月，由客户关系科确认客户关怀方案、费用预算。节日包括元旦、春节、五一劳动节、端午节、中秋节、十一国庆节等；

6.2.2　通过综合性宣传推广方式（包括 LED 电子屏、短信、条幅、媒体广告等）宣传节日关怀活动；

6.2.3　节日关怀包括短信祝福、小礼品赠送、鲜花赠送、客户互动活动等；

6.2.4　每件活动礼品不超过 100 元。

6.3　生日关怀

6.3.1　客户关系科根据客户购车时填写的出生日期，在客户生日当日发送生日祝福短信；

6.3.2 生日关怀包括短信祝福及生日蛋糕代金券赠送等；

6.3.3 每人生日蛋糕代金券礼品不超过 100 元；

6.3.4 生日蛋糕代金券发放对象为私人客户；

6.3.5 生日蛋糕代金券以短信的形式通知用户，由×××授权的服务站发放。同时，服务站向用户介绍服务项目和优惠活动；

6.3.6 服务站凭用户接收到的短信发放生日蛋糕代金券，并请用户签字确认；

6.3.7 客户关系科根据生日蛋糕代金券发放情况，对用户进行回访，确认发放情况的真实性。

6.4 短信关怀

6.4.1 短信关怀包括政策类、祝福类以及行车关怀类；

6.4.2 各项短信关怀管理内容详见下表。

序 号	短信种类	短信事项	内 容
1	政策类	首保提醒	客户购车后 80 天内，由监控中心对需首保客户发送短信提醒
2		定期保养提醒	车辆首保后，根据用户手册"定期保养"中的保养规范，由监控中心发送短信提醒客户
3	祝福类	生日祝福	根据客户登记信息的相关内容（生日、身份证号码），由监控中心在客户生日当日向客户发送生日祝福短信
4		节日祝福	由监控中心在放假前一天对客户发送节日祝福短信
5	行车关怀类	夏季使用提醒	由技术支持科根据实际情况在每年 5 月初编制完成夏季××使用注意事项和使用常识，监控中心以短信的形式发送至客户
6		冬季使用提醒	由技术支持科根据实际情况在每年 10 月初编制完成冬季使用注意事项和使用常识，监控中心以短信的形式发送至客户
7		特殊天气提醒	关注气象局发布的特殊天气预警（蓝色、黄色、橙色、红色预警级别），在特殊气候警报发布一小时内，结合天气情况，向客户发送相关温馨提醒信息和行车注意事项
8		智能出行	短信提醒客户道路拥堵情况、顺行信息、限号变更等信息

6.5 客户互动营销

6.5.1 客户互动营销包括客户座谈会、车友俱乐部活动、××营销公司举办的活动、电话回访等形式；

…………

制度 客户关系管理制度

一、目 的

为了不断加深对客户需求的认识，实现以"客户为中心"的营销理念，提高客户满意度，改善客户关系，提升公司的竞争力，有效地指导营销人员维护客户关系，进一步完善公司客户关系作业规范，使公司所有作业人员有章可循，并做出相应的对策，同时使公司制度得以健全。结合公司的实际情况，特制定本管理制度。

…………

2. 客户关系维护的基本办法

（1）增加客户的合作受益，如对信用较好的客户提供一定程度的优惠；

（2）通过各种公共媒体，以及公司举办各种公共活动来影响客户的发展倾向，增强公司的亲和力；

（3）通过了解具体的客户信息，使公司的服务更加人格化和个性化；

（4）有计划地缩短客户服务项目的淘汰周期，推出新的客户服务项目；

（5）在为客户提供服务的过程中，注意使用标准客户服务用语；

（6）简化老客户服务流程，方便老客户；

（7）欢迎客户再次来访，当时预约下一次拜访；

（8）在老客户进行下一次购买时予以折扣，建立回头客奖励机制；

（9）举办客户（关键人）礼品赠送活动，让其感受到特别的对待；

（10）对客户信守承诺，提供超值服务；

（11）使用电话定期跟踪，定期拜访老客户（关键人）；

（12）记录客户信息，建立客户信息资料库，与客户建立长期关系；

（13）不断地更新客户信息库，保留有用的客户资料。

3. 应用客户关系卡

（1）根据固定的格式编制客户关系卡片，其内容包括客户姓名、工作单位、职位、住址、联系方式；

（2）对于重点客户（关键人）应该单独管理，制作重点客户的卡片；

（3）客户关系卡片的应用须以准确性、有效性、时效性为原则；

（4）客户关系卡片应随着客户情况的变化，加以记录和调整；

（5）经常更新客户（关键人）卡，保留有用的客户信息。

…………

6. 客户关系促进措施

（1）不断接近客户（关键人），探知其想法，掌握其真正需求，并根据其特点，量身打造服务模式，为客户提供个性化、全方位的服务；

（2）根据客户的状况及所掌握的信息，对客户进行多方面分析，如满意度分析、客户价值分析、行为分析，准确把握客户的发展趋势、价值趋向、行为倾向，进而为客户制定科学的营销政策，为客户服务措施提供依据；

（3）采取各种措施，为客户提供方便和增值服务，如开通"绿色通道"、上门服务；

（4）与客户建立私人友谊，加强沟通；但注意把握好分寸，区分商务与友谊的关系；

（5）想客户之所想，真正为客户解决实际问题。

············

制度 公司礼品管理制度

1 目 的

为了加强对公司员工在经营活动中赠送礼品的管理，树立良好的公司形象与风气，减少开支，避免浪费，特制定本制度。

2 范 围

本制度适用于公司对外经营活动中礼品采购与制作、领用、赠送相关的所有行为。

3 定 义

本制度所称的礼品，是指由公司统一采购并用于公司接待及外联的所用物品。

············

5.2.1 礼品集中采购。

根据公司领导、各部门负责人提出对礼品的要求，提交"礼品采购申请单"，公司采购部拟定"礼品集中采购方案"，包括规格、单价、数量等，报公司总经理审核、董事长审批后，公司统一集中采购。

5.2.2 日常礼品采购。

各部门因业务需要领用礼品的，原则上在公司领用，如果库存礼品不能满足需要，可以直接提交"礼品采购申请单"交给上级领导审批，由行政人事部组织采购，或者在审批授权后由使用者自行采购。

5.2.3 特殊礼品的购买。

针对公司重要客户，由公司董事长批准安排紧急的重要礼品采购，按照"礼品采购申请单"经过审批后由董事长安排采购部负责采购落实。

5.3 礼品入库

所有礼品购回后由行政人事部验收入库，建立礼品接收与发放台账，每月盘点一次，做到账账相符、账实相符，盘点结果报总经理以及相关部门。

············

制度 客户关系专员绩效考核办法

一、考核目的

为更好地促进公司客服部客户关系专员工作的展开，切实履行好岗位职责，明确工作目标，特制定此考核办法，以推动员工工作绩效的持续改进。

二、考核原则

1. 坚持量化与定性指标相结合的方式来衡量其工作绩效，不可凭主观感觉或印象等方式评定，以免造成不公平。

2. 坚持做到以事实为依据，避免主观臆断和带有个人感情色彩。

3. 坚持交流和沟通，及时把考核结果反馈给客户关系专员。开诚布公地与客户关系专员进行绩效面谈沟通，肯定其成绩，指出其工作中的薄弱环节，并提出应努力和改进的方向，保证其工作的积极性和有效性。

三、考核频率

1. 月考核，次月月初实施。

2. 年度考核，次年年初实施。

四、考核指标

客户关系专员考核项目及目标值。

1. 客户服务关系卡建立记忆度指标，标准分值为20，目标值为：为所负责的客户建立关系卡，对重要客户关系卡的内容100%记忆。

2. 与客户沟通的定期、定量指标，标准指标为20，目标值为与客户每__周1次电话（约见）沟通，节日、纪念日的问候无遗漏。

3. 上门拜访客户频率与拜访目标达成指标，标准分值为20，目标值为每季度进行__次上门拜访，拜访目的100%达成。

4. 信息反馈数据及质量指标，标准分值为10，客户动态信息反馈达到__次／月，有效信息比例达到__%

5. 客户对公司的产品或服务的首荐调查汇总，标准分值为10，所负责的关系客户会有__% 首荐公司的产品或服务。

6. 对产品知识的熟悉程度指标，标准分值为10，目标值在定期的产品知识考核中，考核成绩不低于__分。

7. 与客户双向熟悉的指标，标准分值10，对客户的熟悉比率达成___%，被客户熟悉的比率达到__%。

五、成绩计算

1. 考核总分100分，根据绩效结果分成优秀（90～100分）、良好（70～89分）、一般（60～69分）、较差（60分以下）四个等级。

2. 由参与考评的考核人（客户关系主管为主要考核人）根据客户关系专员岗位的实际工作效果评分，人力资源部汇总结果，计算出成绩。

六、结果处理

1. 考核结果由人力资源部向各级单位主管人员公布，客户关系专员的考核成绩由客户关系主管以面谈的形式告知。

2. 客户关系专员的考核成绩由人力资源部、客服部各持一份，分别保管。

七、附　　则

1. 本办法自发布之日起开始执行。

2. 本办法的解释权归人力资源部。

范表 优惠券赠送申请表

部门：　　　　　　申请人：　　　　　　申请日期：

客户名称			
优惠券申请额度（元）		优惠券张数	
赠送说明	（请写明合同号、订单号、发货日期）		
公司经理意见	签字：		
营销财务部意见	签字：		
优惠券管理专干意见	签字：		
营销管理部意见	签字：		
公司总经理意见	签字：		
备　注			

范表 优惠券兑现申请表

分公司：　　　　　　申请人：　　　　　　申请日期：

客户名称			
客户签字 / 盖章		联系电话	
优惠券金额（元）		优惠券编号	
兑现合同号、订单号、发货日期			
分公司经理意见	签字：		
备　注			

范表 强化客户关系计划表

客户名称	影 响 力	和竞争同业的关系	本公司负责人	强化对策	时 间 表	备 注

范表 客户个性化服务需求表

客户姓名		单 位	
身 份		联系地址	
电 话		邮 箱	
个性化服务需求描述：（遇到的问题、希望提供的帮助等）			
个性化服务总结：（沟通联系过程、解决方案与结果、满意度等）			
服务人员：		年　月　日	

范表 酒店客户个性化服务信息表

客户姓名		联系电话	
公司名称			
地　址			
个性、兴趣、爱好			
其他相关人员			
秘　书		联系电话	
个性、兴趣、爱好			
部门负责人		联系电话	
个性、兴趣、爱好			
其他影响者		联系电话	
个性、兴趣、爱好			
公司概况			
公司主营业务范围及行业地位			
职工数及其他涉及业务			
消费偏好			
饮食偏好	菜　肴		
	酒　水		
	包　厢		
住宿偏好	房　型		
	楼　层		
	房　间		
其他偏好			
备　注			

范表 礼品馈赠计划表

客户名称	从事行业	负责人	姓 名	合作现状	馈赠目的	礼品名称	数 量	价 值	备 注

经理: 　　　　主管: 　　　　　　填表人: 　　　　　　填写日期:

范表 礼品馈赠申请表

礼品馈赠申请部门			礼品管理部门			
馈赠日期	馈赠对象	联系电话	礼品名称	数 量	价值(元)	备 注
填表人	部门主管	礼品管理人员	办公室主任		副总经理	

范表 活动礼品领取单

领取日期	领 取 人	礼品名称	活动类型	经 办 人

更多模板

4S 店中秋节客户关怀活动方案	礼品馈赠（季度）计划表
餐饮外卖消费者关怀问卷	礼品赠送登记表
个性化服务登记表	年会参会回执
客户关怀活动年度安排表	年终答谢邀请函
客户礼品采购申请单	用户年会邀请函
客户礼品采购审核单	优惠券赠送须知
客户优惠券管理制度	

6.4 客户流失管理

　　从客户生命周期可以看出，客户关系的发展是分阶段的，具体来看会经历获取客户→客户提升→客户成熟→客户衰退→流失挽留的过程。对大多数企业来说，客户流失都是困扰公司的一大难题。客户流失意味着企业需要重新开发、营销并维护客户，该过程中产生的成本远高于挽留现有客户的成本。因此，如何防止客户流失，辨别即将流失的客户并赢回客户也是客户关系管理的重点之一。

● 分析客户流失的原因

流失原因	分　析
企业人员流动	很多客户都是基于对业务人员、客服人员的信任关系而与企业合作，这就使得员工离职变动可能会导致客户的流失，特别是企业高级营销管理人员的离职，更可能带走一批高价值的客户群
竞争对手争夺	在一个行业中，客户资源始终是有限的，竞争对手也会采用各种方式争夺客户，如果竞争对手的策略有效，本企业的客户就可能因此而流失，特别是企业的优质客户，更容易成为竞争对手争夺的对象
不能满足客户需求	企业提供的产品或服务不能满足客户的需求，也会导致客户的流失，客户会根据自身需求选择其他产品或服务

流失原因	分　析
消极服务接触	企业的业务人员或客服人员在与客户接触的过程中，如果因为消极的服务态度引起客户的不满，也容易导致客户流失。消极的客户服务会给客户留下不良印象，从而使企业失去客户
诚信问题	企业在与客户合作期间，如果存在不兑现承诺、不守约、营销欺骗等诚信问题，也容易导致客户流失
缺乏沟通联系	客户关系是需要维护的，长期与客户缺乏沟通也会导致一些忠诚客户流失
自然流失	有部分客户属于自然流失客户，他们可能因为搬迁、破产、转行等原因而自然流失

● 客户流失管理流程

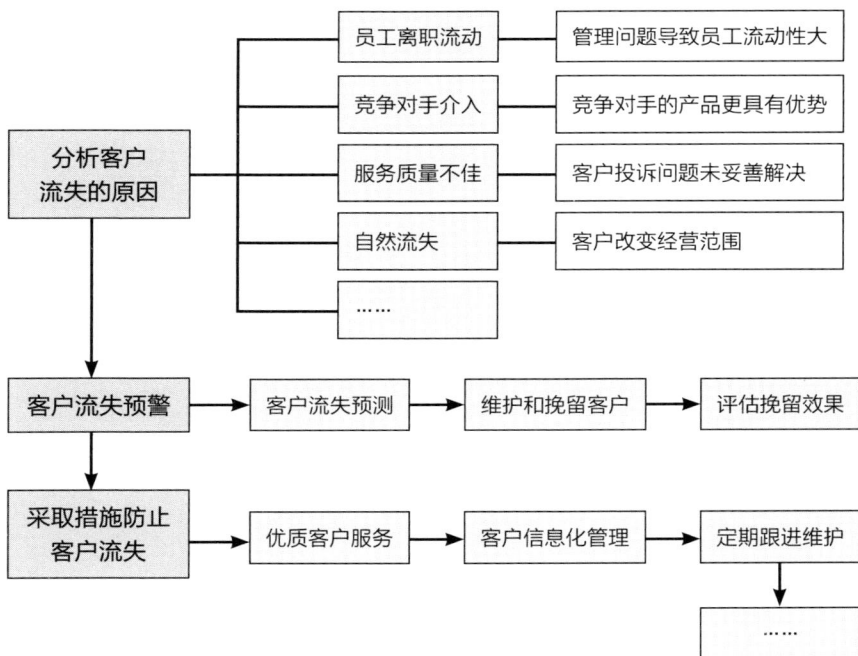

● 如何进行客户流失预警

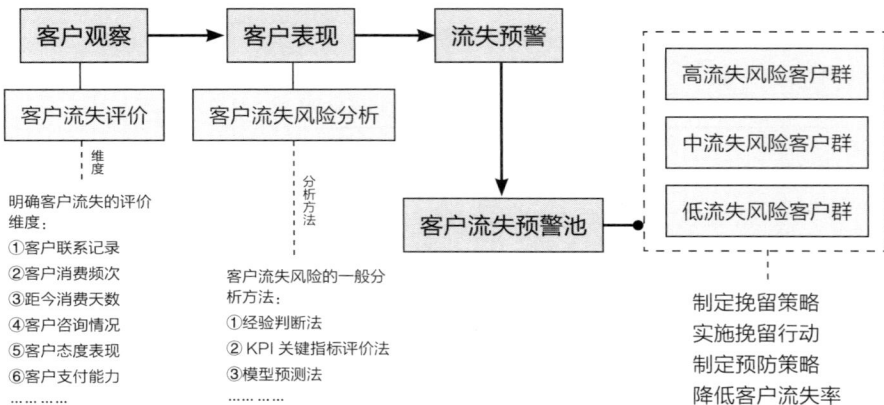

```
┌──────────┐      ┌──────────┐      ┌──────────┐        ┌──────────────────┐
│ 客户观察  │ ───> │ 客户表现  │ ───> │ 流失预警  │        │ 高流失风险客户群  │
└──────────┘      └──────────┘      └──────────┘        ├──────────────────┤
      │                 │                 │             │ 中流失风险客户群  │
      ▼                 ▼                 ▼             ├──────────────────┤
┌──────────────┐  ┌──────────────────┐ ┌──────────────┐ │ 低流失风险客户群  │
│ 客户流失评价  │  │ 客户流失风险分析  │ │ 客户流失预警池 │ └──────────────────┘
└──────────────┘  └──────────────────┘ └──────────────┘
```

维度

明确客户流失的评价
维度：
①客户联系记录
②客户消费频次
③距今消费天数
④客户咨询情况
⑤客户态度表现
⑥客户支付能力
……………

分析方法

客户流失风险的一般分
析方法：
①经验判断法
②KPI 关键指标评价法
③模型预测法
…… ……

制定挽留策略
实施挽留行动
制定预防策略
降低客户流失率

制度 客户挽留实施细则

　　为有效降低个贷客户的提前还款率，提高交叉销售率，做好客户挽留及服务工作，特制定本细则。

一、客户挽留的原则

　　（一）保密原则

　　客户挽留的主要工作在分行，涉及与客户协商后的利益让渡方案，分行不应向非直接相关的行内外人员（包括客户经理等）公开，防范弄虚作假 [1]。

　　（二）分工原则

　　支行(市场部)层面：了解客户还款的真正原因，有针对性地推荐相关产品，如"存抵贷"、理财产品、基金定投、黄金交易。

　　分行层面：深度挽留，除推荐我行相关产品外，可给客户适度利益让渡。

　　（三）首问制原则

　　在零售业务线实行首问制原则，由首先接待客户（包括电话受理、柜台受理、大堂或理财经理转接）的零售人员（个贷支持、客户经理）负责个贷挽留工作的全程跟踪和落实。

二、岗位设置及职责

　　（一）前期挽留阶段

　　1. 大堂经理

　　对于无个贷团队驻点的支行，大堂经理为提前还款受理的第一责任人，具体负责：

---

[1] 利益让渡行为包括但不限于：降低利率、因客户挽留活动而给客户赠送的礼品等。

（1）受理申请，复印客户身份证并让客户签妥"个人贷款合同要素变更申请审批表"（一式两份）；

（2）了解客户还款原因，并做初步挽留，对于有理财潜力及需求的客户转介给理财经理，对于挽留不成功的受理完后及时将相关资料移交挂钩的个贷团队；

（3）对于挽留成功的，登记"个贷客户挽留明细台账"，每月 25 日前将台账电子版发送所挂钩的个贷团队。

2. 理财经理

（1）对于无个贷团队驻点的支行，理财经理作为大堂经理的 B 角，负责受理个贷客户的提前还款；

（2）对于大堂经理、个贷支持、个贷客户经理转介的个贷客户，做好跟踪服务，推介理财产品。

3. 个贷支持

（1）受理申请（含无团队驻点支行转交的申请），并通知原经办客户经理，复印客户身份证并让客户签妥"个人贷款合同要素变更申请审批表"（一式两份）；

（2）了解客户还款原因，对于有理财潜力及需求的客户转介给理财经理；对于卖房、转按或续做的客户推荐给客户经理跟踪；对于挽留不成功的，按流程及时将相关资料移交个贷经理审核后报送分行审批。

（3）对于挽留成功的，登记"个贷客户挽留明细台账"，并汇总团队所有挂钩支行的台账，每月 25 日前将台账电子版发送分行。

（4）对于挽留不成功的，应逐笔按要求落实违约金的收取，并在"个人贷款合同要素变更申请审批表"注明，同时注明已采取的挽留措施。

4. 个贷客户经理

（1）对于存量个贷客户的提前还款，如系其本人经办的存量贷款，应承担第一挽留责任；

（2）作为个贷支持的 B 角，负责受理个贷客户的提前还款；

（3）对于个贷支持转介的客户，做好跟踪服务和深度挽留。

5. 个贷经理

初步审核客户的提前还款，应重点把握客户的提前还款是否按规定时间预约，还款金额是否按要求的时间足额到位，违约金的收取是否正常等。

6. 其他渠道

对于客户通过柜台或其他渠道进行还款的，受理人均应按照总行有关客户挽留的办法进行挽留，并将相关业务需求转交至分行零售贷款部集中处理。

（二）集中挽留阶段

…………

制度 **公司客户挽留考核激励办法**

　　客户挽留工作是营业部客户服务工作的重要组成部分，开展客户挽留，不仅可以降低客户流失率，提高客户满意度，同时也是价值再创造的过程。客户挽留工作与市场营销工作的实质是一样的，降低客户流失率与发展新客户，同样创造利润。

　　为了调动营业部工作人员参与客户挽留工作的积极性，加强团队沟通与协作，做好营业部的客户挽留工作，结合客户挽留工作的实际情况，客观公正地对该项工作进行考核激励，具体办法如下。

一、工作目标

　　客户是营业部的生存基础，客户交易创收是营业部主要收入来源，留住高价值客户和老客户对增加营业部利润有着不可忽视的作用。营业部客户挽留工作以做好客户服务工作为基础，最大限度降低客户办理"撤转销"业务的绝对数量，努力提高营业部客户挽留工作的排名，实现稳定客户、创造价值的工作目标。

....

三、挽留工作绩效核定方法

　　营业部按照考核月工作结果，结合工作量的综合考评办法来考评核定挽留人员的工作绩效。

　　1. 工作结果：以营业部考核月当月客户挽留工作的排名为营业部当月挽留工作结果，据此确定营业部考核评定系数。营业部按照考核月成功挽留客户数确定奖励基金，标准为每成功一户奖励100元，根据营业部考核评定系数调整，具体标准如下表。

表一　营业部挽留考核标准

营业部当月挽留工作结果	营业部考核评定系数	挽留成功（元）
小组前三名	1.5	$100 \times 1.5 = 150$
小组前四名至后四名	1.0	$100 \times 1.0 = 100$
小组后三名	0.5	$50 \times 0.5 = 50$

　　营业部挽留成功率和个人挽留成功率为参照量，暂不计为工作结果。按照个人挽留成功率进行排名，给予前三名适当激励。

　　2. 工作量：参与一位客户挽留，工作量计为10；成功挽留一位客户，工作量计为90。

　　3. 个人挽留结果系数：以个人当月挽留成功率确定其个人挽留结果系数。个人挽留成功率参照20××年营业部人均挽留成功率20.93%制定系数，具体标准如下表。

....

四、挽留岗

　　挽留岗工作人员负责营业部挽留工作的推动与开展，定期组织挽留经验交流与学习，负责挽留数据的统计与分析，挽留人员绩效核算，被挽留客户后续服务工作。按照营业部考核月挽留结果和挽留成功率确定其岗位津贴系数。岗位津贴系数 = 营业部考核评定系数 × 挽留成功率系数。

挽留结果确定营业部考核评定系数，参照表一。

挽留成功率参照××××年营业部挽留成功率42.72%制定挽留成功率系数，标准如下表。

表四　挽留成功率系数考核标准

考核月当月挽留成功率	个人挽留结果系数
66% 及以上	2.0
61% ~ 65%	1.8
56% ~ 60%	1.6
51% ~ 55%	1.4
46% ~ 50%	1.2
41% ~ 45%	1.0
40% 及以下	0.6

…………

范表 流失用户月报表

序　号	用户名称	预警原因	预警类别	预警启动时间	预警解除时间	挽留措施	挽留是否成功	责 任 人

范表 客户流失情况分析表

客户名称		法人代表	
客户地址		联系电话	
客户经营状况	□好　　　□良好　　　□一般		
客户年销量	□ 100 万元以上　□ 100～50 万元　□ 50～10 万元　□ 10 万元以下		
业务起止时间		每月销量	
客户流失原因	□客户停止经营　　　　　□客户经营一般，回款困难 □产品价格偏高　　　　　□交通不方便，送货困难 □产品品种不齐　　　　　□送货不及时，服务态度差 □客户关系处理不好　　　□竞争对手挤压 □返点不到位　　　　　　□产品经常出差错、破损多		
客户流失后曾经采取 的措施	□将客户有关情况汇报公司，并及时分析、处理 □及时和客户进行沟通，争取客户理解和支持 □提高服务质量和水平 □及时返点到位 □客户不重要，不再电话联系 □重新开发新客户		
客户评估	□重新建立业务往来 □不发生业务关系 □视情况再建立业务关系		

主管业务员：　　　　　　　　　　　　　　　　　　　　　　　　　年　月　日

范表 流失客户分析表（按地区）

地　区	市　区	外　地	A 区	B 区	C 区	D 区	E 区	省内其他地区
流失数量								
占　比								

范表 流失客户分析表（按产品）

产品型号	产品 1	产品 2	产品 3	产品 4	产品 5	产品 6	其他品牌
保有量							
流失数							
流失率							

范表 公司流失客户统计分析表

日期	客户资料				前次服务内容			投诉情形	回访反应		流失原因						备注
	客户名称	联系方式	接受服务次数	首次服务日期	消费合计	来店日期	派工单号	主要维修内容	案例编号	无	冷淡	一般	热情	产品质量不佳	服务态度不佳	投诉未解决	已到别处消费	其他	不愿说明	

范表 流失客户登记表

序　号	客户姓名	电　话	接洽日期	来　源	流失日期	业务顾问	原　因	确认日期

更多模板

客户服务部市场反馈预警机制　　　　　客户流失原因汇总表

客户关系管理表　　　　　　　　　　　流失顾客调查统计表

客户关系管理考评办法　　　　　　　　流失客户原因调研

客户关系评估表　　　　　　　　　　　流失客户招揽反馈表

客户开发及流失月报表　　　　　　　　每日定期流失客户报送表

客户流失及新增加调查统计表　　　　　潜在客户流失表

客户流失率统计分析　　　　　　　　　售后客户流失分类表

客户流失问卷　　　　　　　　　　　　疑似流失客户汇总表（月度）

客户流失应对分析表　　　　　　　　　运动 App 客户流失问卷调查

第❼章

客户价值管理制度与范表

　　不同类型的客户对企业来说其价值是不同的，一般来说，针对高价值客户企业需要投入更多的时间、精力进行维护。根据前面介绍的"金字塔客户价值模型"可知，少部分的高价值客户为企业带来的利润往往高于其他一般客户。那么企业如何衡量并提高客户价值呢？这需要企业对客户价值进行分析并做好客户管理相关工作，从而让客户能为企业创造价值。

7.1 客户信用管理

从客户的角度来看，企业提供的产品或服务能否满足其需求，是企业价值的一种体现；从企业的角度来看，客户信用是客户潜在价值的一种反映。企业的销售部、财务部和法务部都有必要对客户信用价值进行管理，以有效防止商务欺诈、延期付款等信用风险给企业带来损失。

● 了解客户信用信息的途径

信用评估报告	通过客户尽职调查报告、专业资信报告、授信调查审查报告、基本信用报告、标准信用报告、信用决策报告等类型的信用报告来了解客户的信用情况。
信用信息公示系统	通过信用信息公示系统了解客户是否存在司法诉讼、行政处罚、经营异常、工商变更、违法失信、无证无照经营、逾期未履行相关义务等情况。
相关舆情网站	通过资讯信息网站、行业网站等了解客户相关动态信息，如果各大资讯平台或行业网站报道了关于客户的负面舆情信息，那么企业就要引起高度注意。
客户财务报表	财务报表可以反映客户的财务状况，通过财务报表能了解客户的盈利能力、偿债能力、营运能力以及成长能力，但是财务报表包含的信息量很大，需要进行专业财务分析才能了解透彻。
企业在线档案	企业可以为每一位客户都建立在线档案，并定期进行客户档案更新。在线档案可以用于存储客户合作记录、尽调结果、客户评分评级表等相关文档，从而为客户信用评价提供依据。

● **客户信用调查的内容**

项　目	信用调查内容
客户经营状况	客户总体的经营状况
	客户是否对经营发展有明确的规划
	与同行相比，客户公司的规模大小
	客户公司的销售业绩是好还是坏
	对市场和行业是否有清晰的认识
	客户公司的整体声誉、形象
	客户的整体发展潜力
	客户公司的销售活动现状处于优势还是劣势
客户管理状况	客户公司的内部管理是好还是坏
	管理人员和业务人员的素质如何
	与其他竞争者之间的关系
	是否有良好的企业文化，团队之间的协作如何
客户财务状况	资产与负债情况，是否资不抵债
	是否存在延期支付债务的情况
	是否开始利用高息贷款
	与银行之间关系是变好，还是变坏
	其他债权人是否无法收回货款
	是否出现预收融资票据的情况
客户支付情况	是否存在未按合同约定延迟付款的情况
	是否有推迟现金支付日
	是否有提出要求票据延期
	是否出现推迟签发支票的情况

● 如何对客户进行信用调查

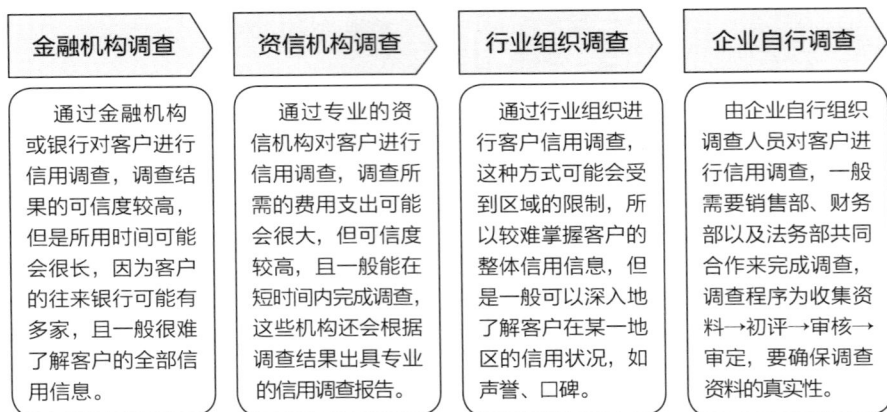

金融机构调查	资信机构调查	行业组织调查	企业自行调查
通过金融机构或银行对客户进行信用调查，调查结果的可信度较高，但是所用时间可能会很长，因为客户的往来银行可能有多家，且一般很难了解客户的全部信用信息。	通过专业的资信机构对客户进行信用调查，调查所需的费用支出可能会很大，但可信度较高，且一般能在短时间内完成调查，这些机构还会根据调查结果出具专业的信用调查报告。	通过行业组织进行客户信用调查，这种方式可能会受到区域的限制，所以较难掌握客户的整体信用信息，但是一般可以深入地了解客户在某一地区的信用状况，如声誉、口碑。	由企业自行组织调查人员对客户进行信用调查，一般需要销售部、财务部以及法务部共同合作来完成调查，调查程序为收集资料→初评→审核→审定，要确保调查资料的真实性。

● 对客户信用进行管理

成立信用管理小组，可由销售部、客服部、财务部等部门相关人员组成，如由财务主管担任组长，选定某销售人员、某客服人员担任组员。

成立信用管理小组

客户信用调查评估

信用管理小组负责收集调查资料，并对客户信用状况进行评估，调查所需资料一般包括但不限于以下文件：营业执照信息、资质证明、财务报表、信用登记证明等。

评定客户信用等级，如把客户信用等级分为 AAA、AA、A、BBB、BB、B、CCC、CC、C 级，相应代表客户信用程度。

确定客户信用等级

确定信用管理方式

对客户授予相应的信用等级后，要根据其等级确定信用条款，一般可根据"客户信用管理制度"来确定信用条款，信用条款的内容可包括优惠折扣率、预付款额度、赊销额度、回款期限、交易方式等。

客户信用状况也可能发生变化，企业要对客户信用实施动态管理，根据客户信用情况的变化来调查信用管理方式，发现问题后立即采取适当的解决措施。

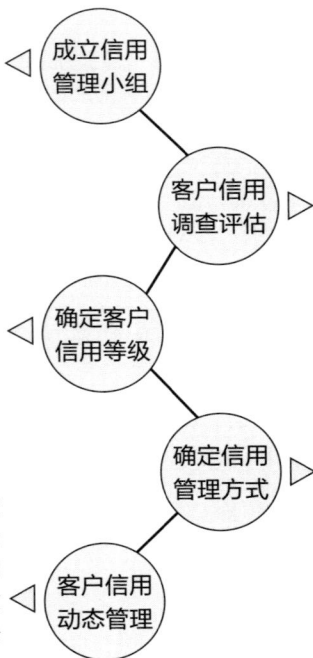

客户信用动态管理

制度 客户信用评价管理制度

第一章 总 则

第一条 为规范和引导购销网络的经营行为，有效地控制商品购销过程中的信用风险，减少购销网络的呆坏账，特制定本制度。

第二条 本制度所称信用风险是指××××公司购销网络客户到期不付货款、不发货或者到期没有能力付款、无法发货的风险。

第三条 本制度所称客户信用管理是指对××××公司购销网络客户所实施的旨在防范其信用风险的管理。

第四条 本制度所称客户是指所有与××××公司及相关部门发生商品购销业务往来的业务单位，包括上游供应商和下游客户。

第五条 公司相关部门及机构根据本制度的规定制定实施细则，对客户实施有效的信用管理，加大货款回收力度和督促上游厂商按时发货，有效防范信用风险，减少呆坏账。

第二章 客户资信调查

第六条 本制度所称客户资信调查是指公司相关部门及机构对购销客户的资质和信用状况所进行的调查。

第七条 客户资信调查要点主要包括。

1. 客户基本信息。

2. 主要股东及法定代表人和主要负责人。

3. 主要往来结算银行账户。

4. 企业基本经营状况。

5. 企业财务状况。

6. 本公司与该客户的业务往来情况。

7. 该客户的业务信用记录。

8. 其他需调查的事项。

…………

第五章 客户授信执行、监督及往来账管理

第三十条 营销部应严格执行客户信用管理制度，按照公司授权批准的授信范围和额度区分ABC类客户进行预付和赊销，加大货物催收入库和货款清收的力度，确保公司资产的安全。

第三十一条 营销部经理和财务部信用控制主管具体承担对营销部授信执行情况的日常监督职责，应加强对业务单据的审核，对于超出信用额度的预付款和发货，必须在得到上级相关部门的正式批准文书之后，方可办理。发生超越授权和重大风险情况，应及时上报。

第三十二条 对于原预付款、赊销欠款金额大于所给予信用额度的客户，应采取一定的措施，在较短的期间内压缩至信用额度之内。

第三十三条 对于原来已有预付款、赊销欠款的不享有信用额度的客户，应加大货款清收力度，确保预付款、欠款额只能减少不能增加，同时采取一定的资产保全措施，如担保、

不动产抵押。

第三十四条 对于预付、赊销客户必须定期对账、清账，上次欠款未结清前，原则上不再进行新的预付款、赊销。

第三十五条 合同期内预付款发货、客户的赊销欠款要回收清零一次。合同到期前一个月内，营销部应与客户确定下一个年度的合作方式，并对客户欠货、欠款全部进行清收。

第三十六条 营销部应建立欠货、欠款回收责任制，将货、款回收情况与责任人员的利益相挂钩，加大货、款清收的力度。

第三十七条 公司财务部信用控制主管每月必须稽核营销部的授信及执行情况。

…………

制度 个人客户信用等级评定办法

第一章 总 则

第一条 为规范×××公司（以下简称公司）个人客户信用等级评定工作，根据《贷款通则》及有关信贷管理制度，结合公司实际，制定本办法。

第二条 个人客户信用等级评定是指公司以收集的客户信息和资料为依据，对个人客户进行综合评价，并据以确定其信用等级。

…………

第二章 信用等级设置

第六条 评级指标。根据不同的客户类别，分别由总部统一设置评级指标体系、指标权重。

第七条 评级基本要素包括客户身份、能力、收入、信用记录、与银行关系等。

（一）客户身份。主要包括：是否具备民事行为能力，是否具有当地常住户口和固定住所，以及婚姻、身体、学历状况、个人品质等。

（二）能力。主要包括：经营能力、偿债能力、职务或职称、工作性质等。

（三）收入。主要包括：本人及家庭收入水平、本人月收入、家庭人均收入等。

（四）信用记录。主要包括：贷款情况、履约记录等。

（五）与银行关系。主要包括：是否为公司客户，与银行存款和业务往来情况等。

第八条 等级划分。测评实行百分制，并根据综合得分将信用等级分为四个级次。

一级：综合得分 ≥ 90 分，表明资信状况"好"，属"重点支持"对象；

二级：80 分 ≤ 综合得分 < 90 分，表明资信状况"较好"，属"积极支持"对象；

三级：70 分 ≤ 综合得分 < 80 分，表明资信状况"一般"，属"谨慎支持"的对象；

四级：60 分 ≤ 综合得分 < 70 分，表明资信状况"较差"，属"限制支持"的对象。

综合得分 60 分以下的，表明资信状况"差"，不予定级。

第三章 评级组织及权限

第九条 部门和公司应组建评级组织，分别履行评级工作职责。部门负责各类客户评级信息资料的收集、调查与核实、初评工作；负责在公司授权范围内进行农户信用等级评定结果的审定；负责向公司上报有关评级资料。公司负责行政企事业单位工作人员、个体经营户、农村专业大户等信用等级评定结果的审定。公司可根据自身授权管理的需要控制部门的评级权限。

第四章 评级基本流程

第十条 个人客户信用等级评定的基本流程为：调查→初评→审核→审定。

第十一条 调查。部门受理客户申请后，或根据管理需要，调查人员应实地进行调查，收集核实客户信息，确定掌握评级所需资料和数据的准确性和真实性。

第十二条 初评。调查人员依据调查掌握的信息资料，按评级指标和评分标准计算综合得分，并据以确定初评结果。

第十三条 审核。审查人员应认真审核初评结果，若审核无误，签署审核意见，移送审议或审定；若初评有误，则退回调查人员更正后再行审核。

第十四条 审定。部门权限内的评级审定事项，经评级组织审议后由主任或授权副经理审定；超过权限的，则经主任核准后报公司审定。部门申报的评级事项，经公司评级管理部门复审，评级组织审议无误后，报公司总经理或授权的副总经理审定。

第五章 评级管理

第十五条 评级有效期

农户评级有效期最长不得超过两年；个体经营户、农村专业大户和行政企事业单位工作人员评级有效期不得超过一年；评级有效期满需继续贷款的，应重新评级。

…………

拓展知识 如何利用信用等级对客户进行管理

对客户进行信用评级，其目的是更好地管理客户。企业可以根据客户的不同等级采用不同的管理策略，以将客户分为A、B、C3个等级为例，其管理策略如下所示。

A级：A级客户属于信用风险很小的客户，可以给予客户一定的赊销额度、折扣优惠等，在客户资金周转存在一定困难的情况下，还可以给予一定的回款宽限期。

B级：B级客户属于存在一定信用风险的客户，对于此类客户，在销售管理策略上不可过于死板，可以要求客户现款现货，但在客户确实存在资金周转困难的情况下，可以适当延长付款期限或者接受抵押物还债。

C级：C级客户的信用风险较大，在过去的合作过程中，可能存在欠款或其他违约行为，或者生产、经营状况不良，出现严重亏损。为有效防范信用风险，企业可要求客户先款后货，或者实行发货限制、设定附加条件等，并且不能轻易退让。

在交易过程中，还可以根据存在的问题或异常点做出应急处理，如停止供货、通知客户中止交易，或者采用其他方式尽可能地收回货款。

制度 客户资信调查制度

第1章 总 则

第1条 为充分了解和掌握客户的信誉、资信状况，规范企业客户信用管理工作，避免销售活动中因客户信用问题给企业带来损失，特制定本制度。

第2条 本制度适用于对企业所有客户的信用管理。

第3条 财务部负责拟定企业信用政策及信用等级标准，销售部需提供建议及企业客户的有关资料作为政策制定的参考。

第4条 企业信用政策及信用等级标准经有关领导审批通过后执行，财务部监督各单位信用政策的执行情况。

第2章 客户信用政策及等级

第5条 根据对客户的信用调查结果及业务往来过程中的客户表现，可将客户分为四类，具体如下表所示。

客户分类表

客户类别	销售情况	客户其他信息
A 类	占累计销售额的 70% 左右	规模大、信誉高、资金雄厚
B 类	占累计销售额的 20% 左右	规模中档、信誉较好
C 类	占累计销售额的 5% 左右	信用状况一般的中小客户
D 类	占累计销售额的 5% 左右	一般的中小客户、新客户、信誉不太好的客户

第6条 销售业务员在销售谈判时，应按照不同的客户等级给予不同的销售政策。

1. 对 A 级信用较好的客户，可以有一定的赊销额度和回款期限，但赊销额度以不超过一次进货为限，回款以不超过一个进货周期为限。

2. 对 B 级客户，一般要求现款现货，可先设定一个额度，再根据信用状况逐渐放宽。

3. 对 C 级客户，要求现款现货，应当仔细审查，对于符合企业信用政策的，给予少量信用额度。

4. 对 D 级客户，不给予任何信用交易，坚决要求现款现货或先款后货。

第7条 同一客户的信用限度也不是一成不变的，应随着实际情况的变化而有所改变。销售业务员所负责的客户要超过规定的信用限度时，须向销售经理乃至总裁汇报。

第8条 财务 w 部负责对客户信用等级定期核查，并根据核查结果提出对客户销售政策的调整建议，经销售经理、营销总监审批后，由销售业务员按照新政策执行。

第9条 销售部应根据企业的发展情况及产品销售、市场情况等，及时提出对客户信用政策及信用等级进行调整的建议，财务部应及时修订此制度，并报有关领导审批后下发执行。

第3章 客户信用调查管理

第10条 客户信用调查渠道。

…………

范表 客户信用调查评定表

1. 基本信息						
客户姓名						
公司地址						
企业性质	□国有　　□私企　　□个体　　□有限责任公司　　□集体　　□合资					
营业执照登记机关						
企业负责人			成立时间			

2. 主要负责人及联系人				
姓　名	性　别	职　位	手　机	出生年月

3. 主要往来结算开户银行	
项　目	往来银行
银行名称	
账户号码	
账户名称	
开户日期	
经常存款余额（位数）	

4. 基本经营状况	
（1）主营产品	
（2）年销售收入	
（3）盈利状况	□良好　　　□一般　　　□较差
（4）最近连续2年经营状况	□良好　　　□一般　　　□较差
（5）客户资金实力	□雄厚　　　□一般　　　□较差
（6）客户偿债能力	□良好　　　□一般　　　□较差
（7）没有严重违法经营行为	□是　　　　□否
（8）该客户经营风险及未来盈利能力的预测	

续上表

5. 与该客户的业务往来情况					
与公司合作时间满一年	□是 □否		历年与公司的业务总额		
该客户年订单额占公司销售总额比例			目前是否存在应收账款	□是 □否	

6. 该客户的业务信用记录					
以前的结算方式			以前核定的信用额度		
没有超信用额度记录	□是 □否		最高欠款额		
最近合作 2 年内没有发生不良欠款行为	□是 □否		最近合作 2 年内没有发生严重违约行为	□是 □否	

7.C 级信用客户核定标准	
（1）过往 2 年内与我方合作曾发生过不良欠款或其他严重违约行为	□是 □否
（2）经常不兑现承诺	□是 □否
（3）出现不良债务纠纷或严重的转移资产行为	□是 □否
（4）资金实力不足，偿债能力较差	□是 □否
（5）经营状况不良，严重亏损	□是 □否
（6）业务量出现连续严重下滑现象，或有不公正行为	□是 □否
（7）发现有严重违法经营现象	□是 □否
（8）出现国家机关责令停业、整改情况	□是 □否
（9）有被查封、冻结银行账号危险的	□是 □否

8. 该客户信用额度核定

注：A. 核定为 A 级信用的客户须在本表第 4、5、6 项中所有选项获最优评价

B. 在本表第 7 项中有任何一条评为"是"，即应核定为 C 级信用

（1）业务员对客户信用的综合分析研判（包括企业规模、经营盈亏分析、偿债能力、其他注意事项等）：

（2）财务部经理对客户信用的综合分析研判（包括过往信用记录、业务量、其他注意事项等）：

（3）对该客户信用限额及结算方式建议：

（4）对该客户的信用评级（A、B、C）：

销售业务员：	销售部门经理审查意见：
市场部经理审核意见：	公司财务部经理审核意见：
公司销售副总经理审定：	公司总经理批准：

注：本表每季度更新一次。

范表 客户信用状况变化一览表

审核项目	审核内容	销售部评价	客服部评价	财务部评价
经营方面	销售成长现象戛然而止			
	虽然做了大规模的投资，但新的事业却不见起色			
	虽然库存量很大，但一直毫无消化的动静			
	虽然并无确定的市场展望，然而仍任由生产部门维持过剩的产量			
	实绩业绩与经营计划的目标相去甚远			
	……			
经营者言行	让人察觉有一种强颜欢笑的表情			
	明显呈现焦躁不安的状态，无法心平气和地讲话			
办公室氛围	比以前显得更为死气沉沉			
	有能力的员工辞职离去			
	……			
倒闭的征兆	以前是现金交易，如今却突然改为票据往来			
	有薪水迟发的情况			
	……			

范表 客户信用评级表

评估值	等级	信用评定	授信建议	信用限额
86～100	AAA	极佳：可以给予优惠的结算方式	大额	60～70%
61～85	AA	优良：可以迅速地给予信用核准	较大	40～50%
46～60	A	一般：正常地进行核定	适中	20～40%
31～45	BBB	稍差：需要进行信用监控	小量，需定期核定	10～20%
16～30	BB	较差：需要适当地寻求担保	尽量不提供信用额度	需抵押或担保
0～15	B	极差：不应与其交易	根本不提供信用额度	不予授信
缺少足够数据	NR	数据不充分未能做出评定	对信用额度不作评价	不予评审

范表 客户发展历史调查表

客户名称：   编号：

项　目	时　间	发展变迁内容和过程
公可更名过程		
注册资本更改		
所有制更改		
法人代表的变更		
主营业务变更		
重大涉外活动		
主要荣誉		
重大法律诉讼		

调查人员：   填表日期：   资料来源：

范表 客户信用评估申请表

客户编号				
客户名称				
地　址				
负责人				
交易信息	以往交易已兑现额		最近半年平均交易额	
	平均票期		收款及票据金额	
	原授信额度		新申请授信额度	
申请人承诺： 　　上述信息准确无误。 　　　　　　　　　　　　　　　　　申请人： 　　　　　　　　　　　　　　　年　月　日				
客户服务部 意见	□符合要求，同意受理　　　　　□不符合要求，不予受理 　　　　　　　　　　　客户服务部经理： 　　　　　　　　　　　　　年　月　日			

范表 客户信用记录调查表

客户名称：　　　　　　　　　　　　　　　　　编号：

开户银行状况	发展变迁内容和过程	
诉讼记录		
付款记录		
担保记录		
同行评价		
对本企业拖欠情况		
资信调查报告		
客户资信特征评分	付款记录	
	银行信用	
	担保条件	

调查人员：　　　　　　填表日期：　　　　　　资料来源：

范表 客户信用度评判简表

客户名称		评判日期	
评判要素	评价基准	评分情况	备　注
经营者的事业心			
经营者的企划能力			
经营者的知识经验			
经营者的健康状况			
人才培养			
管理人员			
下属人员			
从业人员			
工作环境			
库存管理			
总分数		评　价	

范表 客户资信风险评估表

<table>
<tr><td rowspan="20">客户信息</td><td colspan="7" align="center">基本信息</td></tr>
<tr><td colspan="2" align="center">公司名称</td><td colspan="2" align="center">注册资本</td><td colspan="3" align="center">法人代表</td></tr>
<tr><td colspan="2"></td><td colspan="2"></td><td colspan="3"></td></tr>
<tr><td colspan="2" align="center">成立时间</td><td colspan="2" align="center">企业性质</td><td colspan="3" align="center">员工人数</td></tr>
<tr><td colspan="2"></td><td colspan="2"></td><td colspan="3"></td></tr>
<tr><td colspan="7" align="center">业务联系方式</td></tr>
<tr><td align="center">公司地址</td><td colspan="6"></td></tr>
<tr><td colspan="2" align="center">联系人</td><td colspan="2" align="center">部门／职位</td><td colspan="2" align="center">电话／手机</td><td align="center">邮　箱</td></tr>
<tr><td colspan="2"></td><td colspan="2"></td><td colspan="2"></td><td></td></tr>
<tr><td colspan="7" align="center">背景信息</td></tr>
<tr><td align="center">经营范围</td><td align="center">主要客户</td><td align="center">主要供应商</td><td align="center">贸易方式</td><td colspan="3" align="center">年销售额</td></tr>
<tr><td></td><td></td><td></td><td></td><td colspan="3"></td></tr>
<tr><td colspan="7" align="center">财务信息</td></tr>
<tr><td align="center">开户银行</td><td colspan="2" align="center">银行账号</td><td colspan="2" align="center">付款条件</td><td colspan="2" align="center">付款方式</td></tr>
<tr><td></td><td colspan="2"></td><td colspan="2"></td><td colspan="2"></td></tr>
<tr><td colspan="7" align="center">最近一年财务报表数据</td></tr>
<tr><td align="center">资产总额</td><td align="center">净资产</td><td align="center">资产负债表</td><td colspan="2" align="center">流动比率</td><td align="center">速动比率</td><td align="center">现金比率</td></tr>
<tr><td></td><td></td><td></td><td colspan="2"></td><td></td><td></td></tr>
<tr><td rowspan="3">所附资料</td><td colspan="7">1. 法人营业执照，组织机构代码证，税务登记证</td></tr>
<tr><td colspan="7">2. 验资报告，公司章程，年度审计报告</td></tr>
<tr><td colspan="7">3. 最近一期的资产负债表和利润表</td></tr>
<tr><td>客户承诺</td><td colspan="7">我司承诺以上资料和数据均真实有效，如有不实，我司将承担一切法律责任

（公章）</td></tr>
</table>

填表日期：

更多模板

法人客户信用等级评定管理办法　　　　公司客户偿付能力调查表

个人客户信用等级评定标准　　　　　　公司客户管理能力调查表

公司客户基础信用能力调查表　　客户信用调查评估问卷

公司客户经营状况调查表　　　　企业信用报告查询申请表

公司客户社会信用记录调查表　　小企业信用等级评定办法

公司客户信用信息明细表　　　　自然人客户信用等级评定标准

加盟客户信用等级评定表

7.2　客户分析管理

　　客户分析是指根据客户的信息数据来了解客户需要，分析客户特征，评估客户价值，从而帮助企业更好地实施客户管理，同时也为企业制订经营策略与营销计划提供依据。客户分析不能依靠经验来判断，需要使用科学的方法和手段。一般流程是：调查并收集资料→信息资料数据分析→客户分析洞察→分析结果运用。

● 客户分析常用指标

指　　标	说　　明
新增客户人数	统计期内新增客户的数量
客户跟进人数	统计期内跟进的客户数量
新增转化率	成功转化的客户数 ÷ 新增的客户数量 ×100%，反映业务人员的工作状况
跟进转化率	成功转化的客户数 ÷ 跟进的客户数量 ×100%，反映整体的客户转化能力
客户咨询人数	统计期内通过电话、网络等渠道咨询的客户数量，按渠道来源可细分为电话咨询人数、网络咨询人数等
咨询转化率	成功转化的客户数 ÷ 咨询的客户数量 ×100%，反映业务人员对咨询类客户资源的转化能力
新开发客户数	统计期内业务人员开发的新客户数量
客户保有率	统计期内符合有效客户条件的客户数 ÷ 实际产生的客户量 ×100%，即保有量 ÷ 实际量 ×100%
现有客户交易增长率	（本期客户交易额－上期客户交易额）÷ 上期客户交易额 ×100%

续上表

指　标	说　明
客户流失率	绝对客户流失率＝流失的客户数量÷所有客户数量×100%；相对客户流失率：[（流失的客户数量÷所有客户数量）×流失客户的相对购买额]×100%

● 客户分析的内容

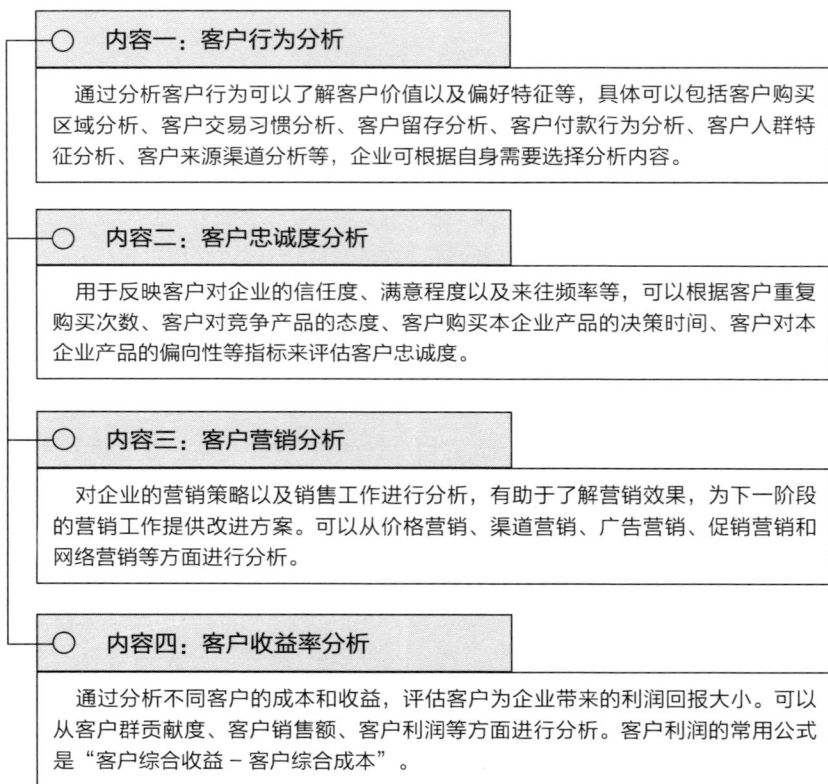

○ 内容一：客户行为分析

通过分析客户行为可以了解客户价值以及偏好特征等，具体可以包括客户购买区域分析、客户交易习惯分析、客户留存分析、客户付款行为分析、客户人群特征分析、客户来源渠道分析等，企业可根据自身需要选择分析内容。

○ 内容二：客户忠诚度分析

用于反映客户对企业的信任度、满意程度以及来往频率等，可以根据客户重复购买次数、客户对竞争产品的态度、客户购买本企业产品的决策时间、客户对本企业产品的偏向性等指标来评估客户忠诚度。

○ 内容三：客户营销分析

对企业的营销策略以及销售工作进行分析，有助于了解营销效果，为下一阶段的营销工作提供改进方案。可以从价格营销、渠道营销、广告营销、促销营销和网络营销等方面进行分析。

○ 内容四：客户收益率分析

通过分析不同客户的成本和收益，评估客户为企业带来的利润回报大小。可以从客户群贡献度、客户销售额、客户利润等方面进行分析。客户利润的常用公式是"客户综合收益－客户综合成本"。

● **客户价值链分析**

什么是客户价值
链分析 **?** ⟶ 是指客户购买和使用企业提供的产品或服务的过程中，影响客户价值增加或减少的各个环节及其关系。

客户价值链环节	与同行或竞争对手相比			
	领　先	有优势	水平相当	劣　势
产品的购买价格				
使用产品的费用				
存储产品的费用				
更新或处置产品的费用				
购买产品花费的时间长短				
熟悉产品使用方法的学习费用				
使用产品过程中付出的精神费用				

备注：将影响客户决策的因素与同行或竞争对手比较，看企业在这些方面是处于优势还是劣势，然后对客户价值链环节进行改进优化。

制度 客户调查管理制度

第1章　总　则

第1条　目的

为保证客户调查工作的顺利实施，准确、及时地了解客户信息及信用状况，规范客户调查工作的操作过程，特制定此制度。

第2条　适用范围

企业所有有关于客户的调查活动均遵循本制度执行。

第3条　职责

客户调查工作由客户调查主管负责组织实施，客户调查专员负责具体的实施工作。

第2章　客户调查的原则与内容

第4条　客户调查的原则

为确保为企业生产、经营和销售决策提供正确依据，客户调查应遵循以下三项原则。

1. 资料准确、信息全面。

2. 观点客观、时效性强。

3. 投入费用最省。

第 5 条　客户调查的内容

根据调查目的的不同，客户调查需要了解的内容有很大差异。企业进行客户调查，大体需要掌握以下八项内容，客户调查主管可根据实际调查目的进行选择，设计问卷。

1. 客户的个人基本情况及家庭人口情况。

2. 客户的收入、支出、储蓄以及家庭财产情况。

3. 客户的住房情况。

4. 客户的消费嗜好。

5. 客户的信用情况。

6. 客户的需求及对本企业产品的认知程度。

7. 客户的经营情况及管理水平。

8. 客户的主要合作伙伴情况。

第 3 章　客户调查工作流程

第 6 条　确定调查的目的与内容

1. 确定调查的目的。调查报告或调查结果的使用者与调查的执行者之间，事先必须沟通好，就调查的范围、调查的预期目标以及调查报告的提交日期达成共识。

2. 确定调查的内容。明确调查的内容，即对产业结构、经济环境变化进行研究。

3. 确定调查的要点。在此过程中要充分发挥想象力，并与相关人员进行讨论，形成相应的调查思路与框架。

第 7 条　拟订客户调查计划

1. 详细列出各项调查目标，并排列出优先顺序。

2. 详细列出各种可能的资料及其来源。

3. 详细列出各类调查人员及所需知识、经验与能力，并制订相应的培训计划。

4. 详细列出调查费用开支与成本控制计划。

第 8 条　收集资料

1. 对各种资料的来源进行分析。

2. 收集资料，遵循由浅入深、由少到多、由一般性资料到专题性资料的收集原则。

3. 注意资料之间的相互关系，捕捉有价值的资料。

第 9 条　整理资料

1. 舍弃不必要及不可靠的资料。

…………

制度 客户数据管理制度

第一章　总　则

1. 为加强本公司客户数据管理，保障数据库正常、及时、有效运行，确保数据库安全，使数据库能更好地服务于各部门工作，特制定本管理制度。

2. 公司客户关爱部负责客户数据库的日常维护和运行管理。

3. 公司客户总监负责对数据库使用者进行权限审批。

第二章　录入资料类型

1. 成交销售客户资料。

2. 售后维修客户资料。

3. 公司内部资料。

4. 重点客户资料。

…………

第六章　客户档案管理

1. 销售的成交客户资料及售后客户资料按要求收集齐全并归档，交客户关爱部编号存档。

2. 借阅档案时必须在"档案借阅登记表"上将借阅人的姓名、借阅内容、借阅时间、归档时间填写完整。

3. 借阅完档案后，档案管理员应按照档案顺序将每份档案放置在正确位置，以便日后查阅。

4. 档案管理员加强档案保管工作[1]。

5. 严守档案机密，防止档案丢失、泄密。

6. 执行档案的利用借阅，要做好档案借阅登记。

7. 档案员请假外出时，须由领导指定代管人员。档案员工作调动时，须办理移交手续。

8. 档案室要积极主动地开展档案资料的提供利用工作，同时严格借阅手续，保证档案资料的绝对安全。

9. 借阅者查阅档案要在档案室或办公室进行[2]。

10. 借阅者要爱护档案，不准在档案资料上加注、勾画、涂改折叠，不得抽折文件，如发现上述情况，将对借阅人处以 100 ~ 500 元罚款。

11. 查阅时，一般借阅有关档案内容，若需复印，须经档案管理人员同意，并不得超出查阅范围。

12. 严禁借阅者在借阅档案室吸烟。

第七章　附　则

1. 数据资料在技术条件许可的情况下应永久保存。

2. 本制度由客户部负责解释、修订。

3. 本制度于通过之日起执行。

---

[1] 做好以防火、防潮、防高温、防盗、防虫为主的"八防"工作，确保档案的完整与安全。

[2] 档案一般不外借，需要外借的档案要限期归还，外单位人员借阅档案须总经理或客户总监签字同意后方可借阅。

制度 客户调查资料分析制度

第一条 目的。

为充分发挥客户调查工作在我公司经营活动中的重要作用，科学、有效地组织统计工作，特制定本制度。

第二条 统计工作的基本任务。

统计工作的基本任务是对企业各种客户进行统计调查、统计分析，提供统计分析报告。

第三条 统计员。

1. 企业统计人员应保持相对的稳定，如统计人员发生工作变动，则必须在事前征求计划管理科的意见，并要有适合的人员接替其工作。

2. 从统计工作的需要和统计业务的繁简程度出发，配备专职或兼职统计员。

3. 如需配备兼职统计员，则由各班组按照民主管理的要求推选出。

第四条 统计纪律。

1. 从事统计工作的人员必须严格遵守统计制度，按规定提供统计资料，不得出现虚报、晚报、迟报和拒报的情况。

2. 对属于保密性质的统计资料，必须严格保密、确保安全，提供时应按公司保密制度的规定执行。

第五条 统计工作的交接。

1. 为避免因工作调动而影响统计工作的正常进行，统计人员在调动工作时必须认真办妥交接手续，且在未办妥交接手续以前，不得擅离工作岗位。

2. 统计人员工作调动时应进行的交接工作。

（1）将自己所经办工作的情况全面地向接替人员交代清楚。

（2）所有统计资料与统计用具应列出清单移交给接替人员。

（3）对接替人员的业务进行培训，使其能独立工作。

第六条 统计资料的提供。

1. 凡外部单位根据上级规定，并持有上级主管部门或统计局介绍信索取统计资料，统一由指定的人员或部门接洽提供。

2. 向外提供统计资料，公布统计数据，一律以公司统计人员所掌握的统计资料为准。

3. 应克服使用统计数据的混乱现象，由同级统计部门或统计人员负责提供上级领导需要的统计数据。

第七条 统计资料的积累和保管。

1. 统计资料一律由规定的综合统计员掌管。

2. 各科室、车间应将本部门所掌握的客户统计资料采用卡片或台账形式，按类别和时间进行整理分类，以便于使用。

3. 各相关部门编制的统计台账和加工整理后的统计资料，必须由本单位统计人员妥善保管，不得损坏和遗失。

…………

范表 客户所属行业发展前景分析表

客户名称：   编号：

行业类型		
行业产品状况		
行业产品需求		
行业竞争环境		
行业付款习惯		
行业销售额与利润增长情况		
行业的流动偿债能力		
客户所处行业总体发展趋势		
客户在行业中的地位、排名		
客户的发展前景		
客户行业特征评分	发展前景	
	对市场吸引力的影响	
	对市场竞争力的影响	
	可替代性	

调查人员：   填表日期：   资料来源：

范表 客户销售收款状况分析表

____月～__月

客户名称	__月份				__月份			
	销售额	累　计	本月收款	尚欠货款	销售额	累　计	本月收款	尚欠货款

范表 客户销售毛利排名表

序 号	客户名称	客户编号	联系人	联系电话	平均销售毛利	备 注
1						
2						
3						由高到低排名
4						
……						

范表 全体客户分析表

客户类型	人 数	比去年人数增减	平均金额	比去年金额增减	平均销售	比去年消耗增减	消 耗 率	占总人数比例	占总销量比例
A类									
B类									
C类									
D类									
总计									

范表 客户转化分析表

客户来源渠道	本月咨询量	本月成交量	转 化 率	备 注

范表 客户营销分析报表

阶段客户	人　数	人数占比	平均广告频次	平均广告时长
触达客户				
兴趣客户				
意向客户				
行动客户				
成交客户				

备注：触达客户指最近 7 天内浏览过营销广告的客户；兴趣客户指最近 7 天内点击过营销广告的客户；意向客户指最近 15 天内到访过店铺，并且浏览了店铺多个页面的客户；行动客户指最近 90 天收藏过店铺或者产品、将店铺的产品添加到购物车中、最近 180 天内有在店铺内成功下订单的客户；成交客户指最近 180 天在店铺内产生实际成交成功付款的客户。

范表 产品销售数据分析表

客户姓名	产品类型			
	A 产品	B 产品	C 产品	D 产品
合　计				

范表 客户成交量统计表

序　号	销售日期	业 务 员	营销业绩	市场占比	区域负责人	客户姓名	联系电话	备　注

范表　客户销售过程进度分析表

序号	营销完成比率	营销阶段	进度情况	营销进度	具体情况	日期	备注
1	10%	电话邀约	已经符合目标客户的选择标准				
			已经与经手人员确认好具体时间、地点等				
			其他：				
2	20%	客户拜访	建立并发展与经手人员的关系				
			双方达成共识，可以提交初步方案				
			其他：				
3	25%	提交初步方案	至少与经手人员的部门有针对性地进行访谈				
			客户领导及其他部门对方案表示认可，承诺进行后续交流				
			其他：				
4	30%	技术交流	利用技术支持人员的评估来调查客户内部对项目的想法				
			深入发展经手人员及其他人的关系				
			其他：				
5	50%	方案确认	扩大了解需求的部门及对象，使方案比较有针对性				
			引导需求，发现问题，融洽客户关系				
			其他：				
6	75%	项目评估	报价的协商及谈判				
			项目已经确认由公司来执行实施				
			其他：				
7	90%	协议谈判	对实施进度、售后服务、付款方式等细节达成协议				
			其他：				
8	100%	签约成功	签订正式协议				

范表 客户情况日报表

客户名称		客户编号	
客户地址		客户等级	
项目状况			
销售额			
销售毛利			
购入产品数量			
库存情况			
付款进度			
其他说明			

范表 历年客户营业额统计表

客户名称	_____年		_____年		_____年	
	销售金额	排 名	销售金额	排 名	销售金额	排 名

范表 成交客户年龄层分析表

时间段	年龄段				
	20～25岁	26～35岁	36～45岁	45岁以上	合 计

范表 成交客户付款方式分析表

时间段	付款方式				
	一次性付款	按揭付款	分期付款	……	合　计

范表 现在、过去和将来客户情况分析表

现有客户	哪些人				向我们购买什么	不可能购买什么	能推荐哪些顾客	
	名　称	地　址	电　话	采购员与主管姓名			子公司	朋友亲戚

过去客户	哪些人				为什么会失去	如何挽回	能购买什么产品
	名　称	地　址	电　话	采购员与主管姓名			

将来客户	哪些人				怎么才能向我们订货		不可能购买什么
	名　称	地　址	电　话	采购员与主管姓名	他们需要什么	能满足需求吗	

更多模板

保有客户调查表（车辆维修）	客户消费数据分析制度
成交客户来访次数分析表	客户应收账款账龄分析表
成交客户认知途径分析表	客户增减分析表
成交客户职业分析表	来访客户分析表（房地产）
各客户类型营销策略分析表	潜在客户维护分析表
会员客户群体分析表	潜在客户需求调查分析
会员消费能力分析指标	新老客户分析表
客户成交率分析表	意向客户分析表

第 **8** 章

客户维护管理制度与范表

　　客户维护的价值体现在多个方面，从利润来看，客户忠诚度的下降，往往也会导致企业经营效益降低；从营销来看，老客户的新品营销成功率常常会高于新客户；从企业发展来看，留住老客户能使企业更长久地保持竞争优势，另外，维护好老客户还利于发展新客户。所以，对企业来说客户维护是很重要的。

8.1 客户满意度管理

客户满意度也叫客户满意指数，企业是否能维护好与客户之间的关系，很大程度上取决于客户对产品或服务是否满意，一般来说，客户满意度高，再次购买率与新客推荐率也会较高。现代企业已越来越重视客户满意度的管理，通过对客户满意度进行调查来发现并解决问题，从而有针对性地改进产品或服务，进一步维护好客户关系。

● 客户满意度管理程序

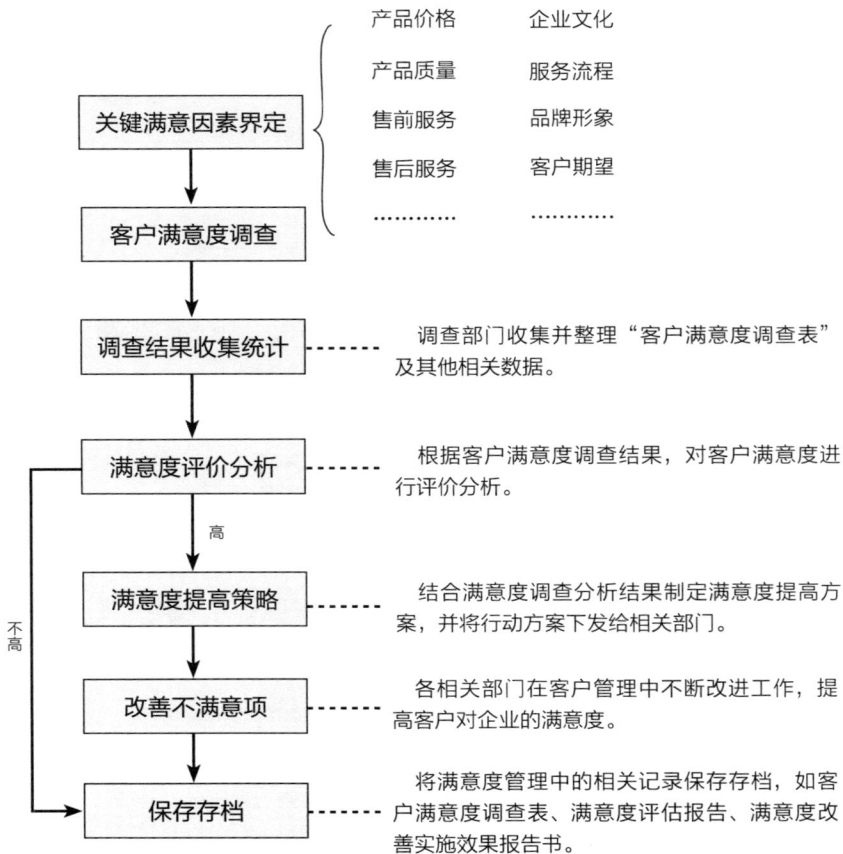

流程	关键满意因素
关键满意因素界定	产品价格　企业文化
	产品质量　服务流程
	售前服务　品牌形象
客户满意度调查	售后服务　客户期望
	……………　……………

- **调查结果收集统计** ┄┄ 调查部门收集并整理"客户满意度调查表"及其他相关数据。

- **满意度评价分析** ┄┄ 根据客户满意度调查结果，对客户满意度进行评价分析。

　　　高

- **满意度提高策略** ┄┄ 结合满意度调查分析结果制定满意度提高方案，并将行动方案下发给相关部门。

- **改善不满意项** ┄┄ 各相关部门在客户管理中不断改进工作，提高客户对企业的满意度。

　　不高

- **保存存档** ┄┄ 将满意度管理中的相关记录保存存档，如客户满意度调查表、满意度评估报告、满意度改善实施效果报告书。

● **客户满意度测评的作用**

① 了解客户满意度现状，从而提升客户忠诚度并保留现有客户。

② 对客户群满意度进行调研，从而了解客户需求，为差异化服务提供依据。

③ 在客户满意度测评过程中了解企业产品或服务存在的问题，并进行改善。

④ 分析并了解客户价值，从而实现资源的合理分配，将有限资源优先分配给高价值客户。

● **客户满意度测评内容**

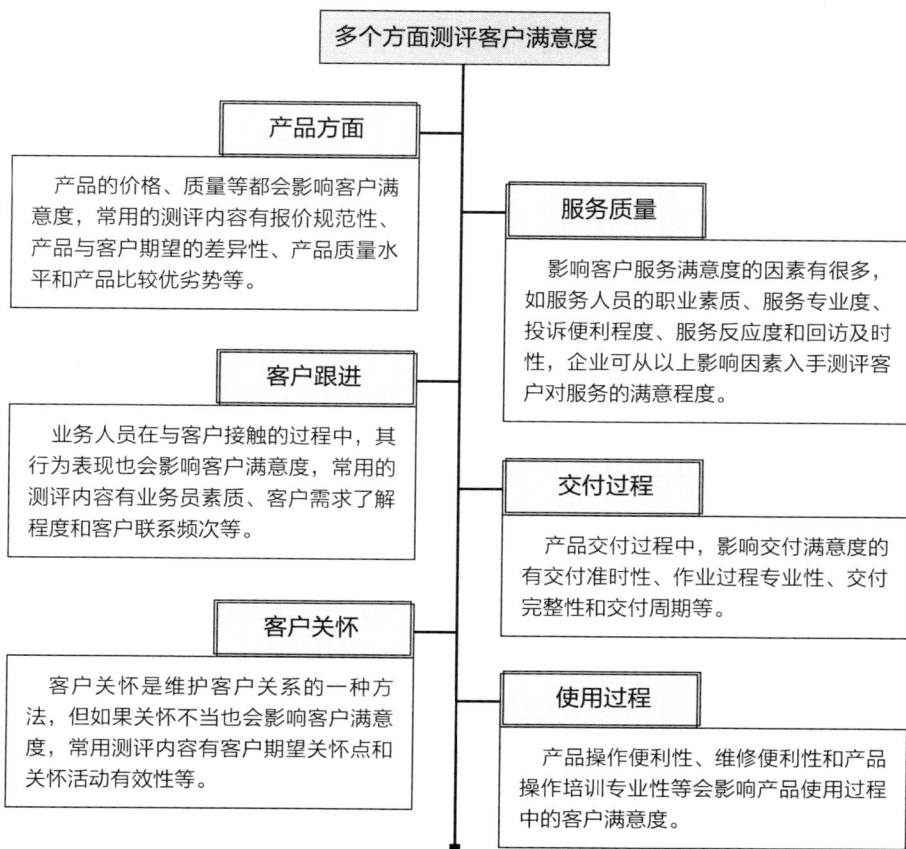

多个方面测评客户满意度

产品方面

　产品的价格、质量等都会影响客户满意度，常用的测评内容有报价规范性、产品与客户期望的差异性、产品质量水平和产品比较优劣势等。

服务质量

　影响客户服务满意度的因素有很多，如服务人员的职业素质、服务专业度、投诉便利程度、服务反应度和回访及时性，企业可从以上影响因素入手测评客户对服务的满意程度。

客户跟进

　业务人员在与客户接触的过程中，其行为表现也会影响客户满意度，常用的测评内容有业务员素质、客户需求了解程度和客户联系频次等。

交付过程

　产品交付过程中，影响交付满意度的有交付准时性、作业过程专业性、交付完整性和交付周期等。

客户关怀

　客户关怀是维护客户关系的一种方法，但如果关怀不当也会影响客户满意度，常用测评内容有客户期望关怀点和关怀活动有效性等。

使用过程

　产品操作便利性、维修便利性和产品操作培训专业性等会影响产品使用过程中的客户满意度。

制度 客户服务满意度调查制度

一、调查目的

1. 通过客户的监督，提高员工的服务意识和服务水平，增加客户满意度，提高销售成交率。

2. 通过客户提出的意见和建议，找出现有工作中的弊端，做出更好的改进。

3. 解决顾客遇到的问题，努力满足顾客的需要，并在此基础上持续改进，从而提升客户对公司的满意度，完善公司的整体形象。

4. 突出品牌服务的专业性，增加客户对我公司工作人员的信任感。

5. 对工作人员服务质量的评估提供科学的事实依据。

二、客户满意度调查所遵守的原则

1. 客户满意程度调查工作，原则上每年（三季度末）组织进行一次。当新产品投放市场或组织召开客户座谈会时，可随之进行。

2. 由市场服务部负责组织客户满意度的调查与测评工作[1]。

3. 经公司经理授权批准，也可以委托第三方实施此项调查。

4. 各业务部门和市场服务部应根据客户满意程度调查结果，针对客户提出的意见和建议，制定相应的纠正和预防措施，组织实施，加以改进，由经营部负责检查和监督。

…………

四、服务改进

1. 上交的问卷中，凡客户评价"不满意"的，必须由业务部副经理进行回访调查，找出客户不满意的原因。经查实确是区域销售代表和技术支持人员服务不周的，应对区域销售代表和技术支持人员进行相应处罚，并记录客户的意见及建议，对客户服务工作进行改进。如因服务以外原因（例如：产品质量、包装）造成客户不满意的，可视客户评价为"基本满意"。

2. 各区域销售代表和技术支持人员根据月底公布的客户服务满意度汇总分析情况，结合本人的客户服务表现在本月度"绩效考核表"中总结客户服务工作，客户服务评价中有"不满意"的应在下月工作计划中列明服务改进计划，并报备业务部副经理，由业务部副经理根据提报的计划实施监督。

3. 业务部副经理应根据当月的客户满意度调查情况，在月度例会上做总结，对客户服务较差的环节做出相应的改进计划。

五、调查问卷管理

1. 市场服务部人员负责问卷的收集整理，核对问卷的真实性、销售管理软件中问卷内容录入的正确性，以及问卷调查内容的数据分析。

2. 所有客户服务满意度调查问卷在市场服务部留档保存，无须上交公司备档。

…………

[1] 要拟定"客户满意程度调查实施方案"，编制"客户服务满意度调查问卷"，收集客户对产品性能和质量的要求，以及在销售业务、营销策略、服务质量等方面的意见和建议。对调查测评结果按产品品种、客户类别进行分类整理、统计、汇总和分析，形成"客户满意程度调查结果及分析报告"，报主管副经理和经理审阅，同时报送各相关部门。

制度 客户满意度管理制度

一、目 的

了解客户的满意程度，并针对客户的意见，持续改进产品和服务，确保客户对企业的充分信任。

二、范 围

本管理制度适用于客户满意度的调查、分析和改进。

三、职 责

1. 售后服务部为本文件的主管部门，负责组织客户满意度的调查、调查结果汇总、分析及处理，组织客户满意度调查分析会。售后服务部将客户满意度调查报告定期上报公司绩效管理领导小组。

2. 公司绩效管理领导小组负责制定满意度和满意率指标，并将客户满意度情况纳入公司各部门绩效管理体系中。针对客户满意度（"不满意"和"很不满意"）确定责任人，并监控和提供资源。指标责任人组织制定纠正措施并验证。

3. 各相关部门负责对"不满意"和"很不满意"项实施纠正措施。

四、客户满意度调查分类

1. 客户满意度根据调查方式分为：常规调查和特殊调查两种。常规调查根据客户类型不同分为普通客户、重点客户两类，常规调查由售后服务部制定调研方案进行调查分析；而特殊调查可采用外委方式进行，也可制定专门的调研方案进行调查、分析。

2. 售后服务部根据计划安排及营销需要，每季度组织一次重点客户满意度调查，每半年组织一次普通客户满意度调查。特殊调查根据公司需要不定期安排。

3. 常规客户满意度调查。

（1）采用"客户满意度调查问卷"进行信函或其他形式的调研，调研的范围包括业务员、客户、经销商等，回收的调查表在 100 份以上。

（2）每次用同样的调查方法，请客户填写"竞争对手"的满意度调查表。每次不得少于 10 个。

（3）客户满意度调查内容，售后服务部应组织研发部、质量保证部等相关部门共同研究确定，每次调查内容可能有所不同，每次调查应有针对性和侧重点，调查内容至少应包括以下内容：产品功能（主要性能）、可靠性、外观、包装质量、交货期、服务质量和售后服务水平等，客户有需要反映的问题可增加反馈内容栏。

（4）当售后服务部对发出的调查表回收后，进行满意度分析与处理，提出客户满意度改进的建议。

五、满意度和满意率的统计方法

1. 满意度与满意率的统计计算。

总体满意度、满意率计算公式如下：

总体满意度 = 自评满意度 ×40%+ 调查满意度 ×60%

总体满意率 = 自评满意率 ×40%+ 调查满意率 ×60%

…………

范表 客户满意度调查表

非常感谢贵司对我司给予的大力支持，为了完善我们的产品及各项服务，提高客户的满意度，烦请填写此调查表，我们将在日后的服务中进行改进。谢谢您的帮助!

客户资料	公司名称		姓 名		部门 / 职位	
	联系电话		邮件地址		购买的产品	

产品质量和使用方面

1. 产品的功能
□非常满意　□满意　□一般　□不满意

2. 产品的稳定性、兼容性
□非常满意　□满意　□一般　□不满意

3. 产品的包装、外观造型
□非常满意　□满意　□一般　□不满意

4. 产品安装调试的便捷性
□非常满意　□满意　□一般　□不满意

5. 产品说明书的实用性
□非常满意　□满意　□一般　□不满意

6. 更换新品的速度（及时性）
□非常满意　□满意　□一般　□不满意

服务方面

1. 业务人员的态度
□非常满意　□满意　□一般　□不满意

2. 咨询服务的专业性
□非常满意　□满意　□一般　□不满意

3. 服务热线接通
□非常满意　□满意　□一般　□不满意

4. 热线服务人员的服务态度
□非常满意　□满意　□一般　□不满意

5. 热线服务人员的专业知识水平
□非常满意　□满意　□一般　□不满意

6. 回复问题的及时率
□非常满意　□满意　□一般　□不满意

7. 问题投诉的回复质量
□非常满意　□满意　□一般　□不满意

8. 产品交付的及时性
□非常满意　□满意　□一般　□不满意

9. 产品出现问题后的处理流程
□非常满意　□满意　□一般　□不满意

10. 维修品的修复质量
□非常满意　□满意　□一般　□不满意

续上表

服务方面
11. 维修产品的返回速度（及时性） □非常满意　□满意　□一般　□不满意
对产品、服务及公司的意见或建议：

范表 业务人员服务水平调查表

客户名称		联系电话		部门／职位	
微信号		邮箱地址		购买的产品	

1. 您对我的行为规范、服务态度是否满意？
□非常满意　　□满意　　□一般　　□不满意　　□非常不满意

2. 您对我的专业知识度是否满意？
□非常满意　　□满意　　□一般　　□不满意　　□非常不满意

3. 您对我的个人形象、语言是否满意？
□非常满意　　□满意　　□一般　　□不满意　　□非常不满意

4. 您对我推荐的产品是否满意？
□非常满意　　□满意　　□一般　　□不满意　　□非常不满意

5. 您对我司的安心服务是否知晓？
□是　　　　　□否

6. 您对我司收费标准是否了解？
□是　　　　　□否

7. 您对产品交易流程等信息是否清楚？
□是　　　　　□否

8. 您好，请对业务人员今天的服务综合评分。
□ 3　　　　□ 5　　　　□ 6　　　　□ 8　　　　□ 10

9. 感谢您对 ×× 工作的支持，下次服务还会选择我司吗？
□是　　　　　□否

10. 您好，请对业务人员的服务提出你真实的建议。

范表 新客满意度调查表

1. 您最终选择 ×× 品牌的原因？	
□ ×× 的衣服是我喜欢的风格	□价格实惠，性价比高
□看到喜欢的款	□折扣力度足够大
□品牌故事深深触动	□文案独特，感染力强
□其他原因，请注明：	

2. 与 ×× 第一次接触感觉如何，果断打分吧！

项　目	评　分				
视觉模特	☆	☆☆	☆☆☆	☆☆☆☆	☆☆☆☆☆
客户态度	☆	☆☆	☆☆☆	☆☆☆☆	☆☆☆☆☆
商品价格	☆	☆☆	☆☆☆	☆☆☆☆	☆☆☆☆☆
发货速度	☆	☆☆	☆☆☆	☆☆☆☆	☆☆☆☆☆
包裹体验	☆	☆☆	☆☆☆	☆☆☆☆	☆☆☆☆☆
商品质量	☆	☆☆	☆☆☆	☆☆☆☆	☆☆☆☆☆

范表 客户满意度统计表

项　目	满意度分值统计					
	一季度	二季度	三季度	四季度	累　计	累计比率
产品质量						
交　期						
服务质量						
抱怨处理						
客户反馈处理						
交易流程						
……						
目标值	90分	90分	90分	90分	360分	
客户满意度						
满意度总分数	100分	100分	100分	100分	400分	

范表 客户满意度评分卡

客户名称		手机号码			
项　目		评　价			
		很满意	满意	一般	较差	很差
××给您总体的服务印象						
××给您的总体性价比认识						
展会效果						
展位位置						
实际行程与预定路线的一致性						
交通工具的安全可靠度						
就餐安排满意度						
整个行程时间安排的合理性						
领队的主动性与沟通能力						
领队组织整个行程的团队气氛						
领队处理意外事情的能力						
领队人员对行程的解说能力						
接送的准时性						
服务态度						
希望看到您的宝贵意见和建议：						

范表 行业顾客满意度评分表

项　目	品　牌				
	品牌 A	品牌 B	品牌 C	品牌 D	品牌 E
品牌形象					
性价比					
内部环境					
网点分布					
服务水平					
备注：按 1 ～ 5 分评分，最高分 5 分，最低分 0 分。					

范表 客户满意度调查结果分析表

评估内容	很满意	满意	一般	不满意
	（100分）	（80分）	（60分）	（20分）
产品质量				
产品性能				
包装材料质量、包装设计				
送货人员服务态度				
发货及时性				
发货数量				
产品工艺				
产品安全性				
营销业务人员服务态度				
顾客需求满足情况				
顾客投诉、意见的处理				
产品宣传推介				
产品价格				
合计（平均分）				
汇总及分析：				

范表 供销满意度评分记录表

评分项目	分 值	优	良	中	差	备 注
产品质量稳定性						
供货质量						
交付准时性						
外包装及标识						
……						

产品服务满意度调查问卷   客户服务满意度调查

产品满意度评价汇总表   客户合作满意度调查

电商客户满意度调查   客户满意度管理办法

电商平台客户体验满意度问卷   满意度改善效果确认表

电商网店满意度调查问卷   满意度问题分析及对策表

工程项目满意度调查表   商城客户满意度调查问卷

公司服务方案满意度调查

8.2 客户忠诚度管理

　　客户忠诚度又可称为客户黏性，是指客户对企业产品或服务的一种依赖、认可和信任，可从客户的意识、行为和情感上进行体现，如客户的二次复购、对品牌理念的认同，都是忠诚度的一种表现。对企业来说，高忠诚度的客户也是高价值的客户，因为此类客户不仅会持久地购买企业提供的产品或服务，还能为企业带来良好口碑，使企业在市场中获得竞争优势。

● 客户忠诚对企业的意义

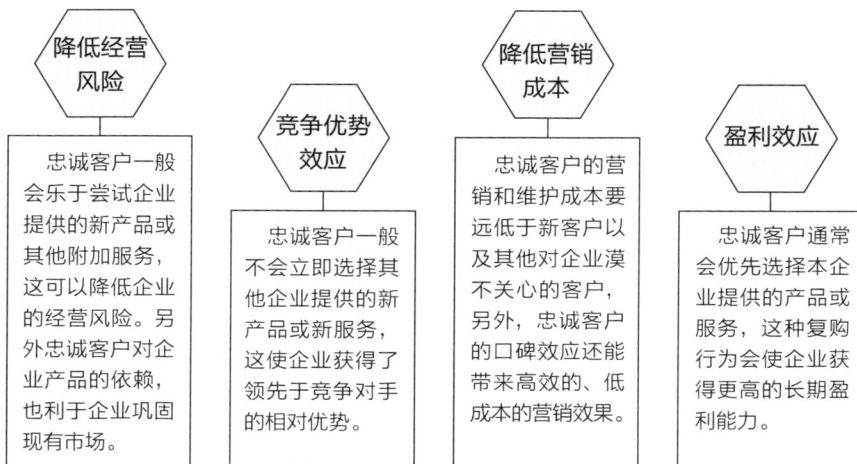

降低经营风险	竞争优势效应	降低营销成本	盈利效应
忠诚客户一般会乐于尝试企业提供的新产品或其他附加服务，这可以降低企业的经营风险。另外忠诚客户对企业产品的依赖，也利于企业巩固现有市场。	忠诚客户一般不会立即选择其他企业提供的新产品或新服务，这使企业获得了领先于竞争对手的相对优势。	忠诚客户的营销和维护成本要远低于新客户以及其他对企业漠不关心的客户，另外，忠诚客户的口碑效应还能带来高效的、低成本的营销效果。	忠诚客户通常会优先选择本企业提供的产品或服务，这种复购行为会使企业获得更高的长期盈利能力。

● 客户忠诚度管理流程

节 点	说 明
界定客户忠诚度	对客户忠诚度进行定义,明确客户忠诚度的评价指标,常用指标有顾客再购及参与活动意愿、交易频率、客户推荐意愿和行动等
客户忠诚度分析	主要分析客户忠诚度低的原因,可结合客户流失分析表、客户满意度调查表来分析,客户购物习惯的改变、产品购买渠道增多、竞争对手的介入等都会影响客户忠诚度
客户所处阶段	忠诚客户有一个培养转化的过程,了解不同客户所处于的阶段,才能更好地制订管理计划,从新客户到忠诚客户,一般会经历如下阶段,怀疑阶段→犹豫阶段→购买阶段→复购阶段→稳定信任阶段→持久合作阶段
提升客户忠诚度	通过提高产品质量、服务水平、技术能力,维护客户关系,传播企业文化理念来建立和提高客户忠诚度,企业可以制定适合自身的客户忠诚度计划方案

● 客户忠诚度计划的实施

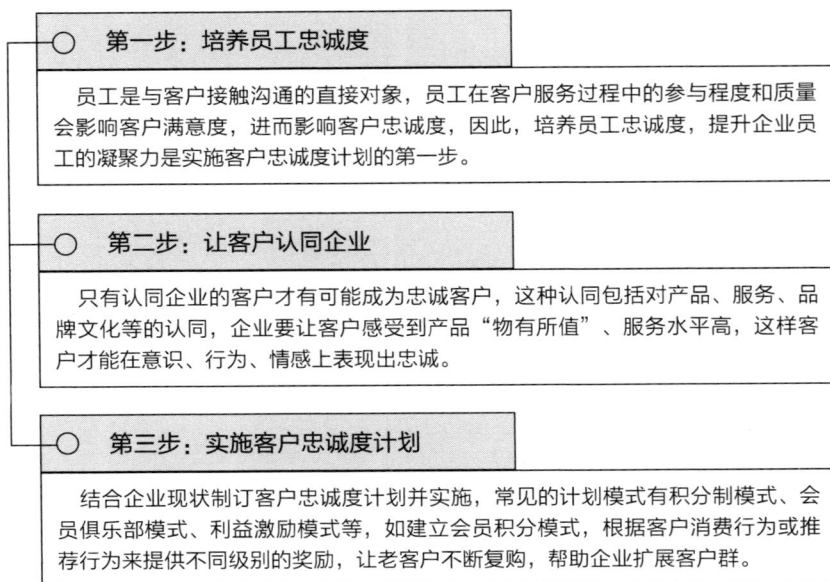

○ 第一步:培养员工忠诚度

员工是与客户接触沟通的直接对象,员工在客户服务过程中的参与程度和质量会影响客户满意度,进而影响客户忠诚度,因此,培养员工忠诚度,提升企业员工的凝聚力是实施客户忠诚度计划的第一步。

○ 第二步:让客户认同企业

只有认同企业的客户才有可能成为忠诚客户,这种认同包括对产品、服务、品牌文化等的认同,企业要让客户感受到产品"物有所值"、服务水平高,这样客户才能在意识、行为、情感上表现出忠诚。

○ 第三步:实施客户忠诚度计划

结合企业现状制订客户忠诚度计划并实施,常见的计划模式有积分制模式、会员俱乐部模式、利益激励模式等,如建立会员积分模式,根据客户消费行为或推荐行为来提供不同级别的奖励,让老客户不断复购,帮助企业扩展客户群。

制度 客户满意度及忠诚度调查评价办法

1　目的及适用范围

1.1　为全面了解用户对 ×× 产品和服务的满意程度和忠诚度，更好地为用户服务，特制订用户满意度及忠诚度调查及评价办法。

1.2　本管理办法适用于总部相关部门（销售中心、研究院等），×× 分公司、××× 分公司（以下简称各分公司），×× 公司、××××× 公司（以下简称各子公司）提供的碳钢产品和服务。

2　职　　责

2.1　销售中心是股份公司用户满意度及忠诚度的归口管理部门，负责产品的用户满意度和忠诚度的调查、评价及分析工作。

2.2　××××× 公司负责其所属产品的用户满意度及忠诚度分析，并将分析结果报股份公司销售中心。

2.3　各部门对用户提出的不满意事项应及时制定改进措施，并组织落实。

3　管理程序

3.1　调查对象

销售中心每年底从直供用户中选取重点用户作为下一年度的调查对象。

3.2　调查内容。

3.2.1　用户对 ×× 产品及服务的整体评价；

3.2.2　用户对 ×× 产品质量的评价；

3.2.3　用户对 ×× 服务的评价；

3.2.4　用户对 ×× 供货能力的评价；

3.2.5　用户对 ×× 产品价格的评价；

3.2.6　用户对 ×× 及其产品的忠诚度评价。

3.2.7　满意度评价内容包括：产品质量、用户服务、价格、供货。

3.3　用户满意度和用户忠诚度统计方法。

3.3.1　满意度选项分值。

以 1 ~ 10 分进行评价，10 分为非常满意，1 分为非常不满意。

3.3.2　用户满意度统计公式。

用户满意度 = 质量得分 ×40%+ 供货能力得分 ×20%+ 服务得分 ×30%+ 价格得分 ×10%。

3.3.3　忠诚度选项分值。

以 1 ~ 10 分进行评价，10 分为非常愿意，1 分为非常不愿意。

3.3.4　用户忠诚度统计公式。

用户忠诚度 =（采购意愿得分 + 增加采购意愿得分 + 推荐意愿）÷3

3.4　调查信息通报。

销售中心定期汇总股份公司及×××××公司的用户满意度及忠诚度调查结果，向有关部门通报，并报公司。

3.5 责任单位整改。

3.5.1 用户在调查问卷中提出的问题，销售中心确认后转相关责任单位执行整改，并负责将结果反馈用户。

3.5.2 责任单位整改涉及××公司的，由×××××公司通报相关责任单位执行整改，并将结果反馈给用户及销售中心。

3.6 用户满意度及忠诚度分析。

销售中心负责股份公司及×××××公司的用户满意度及忠诚度分析的季度报告，并在公司管理例会上发布。

制度 客户微信群管理及服务规范

为明确各项目客户微信群建立及客户服务标准，统一配置管家手机，注册微信号，规范客户服务标准，现对项目微信群相关管理要求如下。

一、统一配置管家工作手机，以单元方式建立微信群

（1）根据各项目服务标准，对项目进行楼幢管家划分，按照楼幢管家配置人数，申请管家手机，使用管家手机号码申请注册微信账号；

（2）硬件要求：4寸以上屏幕、500万以上摄像头、16G内存以上、安卓系统4.2以上，使用4G移动网络；

（3）软件要求：能满足安装移动应用程序（×××App、×××App等）；

（4）号码与套餐：必须以公司名义向移动公司申请办理实名制手机号码，可选择"购手机送话费"或"存话费送手机"业务；套餐优选"1G上网流量、200分钟语音通话，超出部分按本地区最低标准话费计费"，其他附加业务不得开通；

（5）管家手机号由所使用的管家负责日常维护与话费充值，并根据公司财务管理制度报销。

二、注册微信账号

（1）微信账号注册：根据各项目服务标准，对项目进行楼幢管家划分，确定楼幢管家配置人数，以各管家手机号码申请注册微信账号；

（2）修改昵称：以各物业服务中心统一分配的管家名为标准格式，如"管家悦悦"；

（3）设置头像（由公司企划设计）：以公司统一定制的管家图标为准，更换相册封面（由公司企划设计）以公司统一规定的管家手机背景图标为准；

（4）设置加我为朋友时需要实名验证（业主姓名＋房号），避免出现非业主随意加入行为；

（5）编制统一欢迎词，对新加入的业主致以欢迎（欢迎词模板：亲，欢迎您关注 ×× 物业管家微信，我是您的管家 ××（微信名），我就在您身边，为您提供贴心服务）；

（6）编制微信群公告，语言规范、禁忌语，进群者遵守群规（禁忌语：不能说带有侮辱性或不雅的语言及称谓，如喂、老头、老太婆、胖子。尊重每一位群成员，应有礼貌地称呼为"先生、太太、女士、小朋友、管家悦悦"等）。

三、管家信息公示

（1）管家管辖范围：根据各项目服务标准，对项目进行楼幢管家划分，确定各楼幢管家的服务管辖范围；

（2）楼幢管家信息备案：管家姓名、微信名、手机号码、楼宇管辖区域、照片等信息；

（3）楼幢管家信息公示：根据公司模板要求（企划设计），制作管家信息公示牌，张贴于楼道或电梯轿厢处；

（4）服务中心管家信息集中公示：根据公司模板要求（企划设计），制作项目管家信息牌并集中公示于小区公告栏及物业服务中心；

（5）通过 ×××App 等途径，积极推广管家信息给广大业主，便于业主及时加关注。

四、加业主为好友

（1）业主可通过扫码管家微信号关注管家为好友，管家也可定向添加业主为微信好友；

（2）业主加关注管家为微信好友时，必须通过验证确认该业主身份（姓名＋房号）方可加入；

（3）每户业主原则上不限制加入名额，但必须能够确认是该房号业主的家庭成员；

（4）及时修改业主备注名，统一格式为：房号＋姓名（如1-101张三）；

（5）管家应每周对微信客户好友信息进行梳理，建立微信好友电子花名册；

（6）管家不得将已加入的微信好友，建立任何形式的朋友群组，也不得加入（或被动加入）到其他业主设置的群组中。

五、管家微信信息发布与业主咨询回复规范

（1）管家微信信息发布。

①实时维护"微信群"，正面、高效处理业主提问，主动发布物业相关帖子，创建一个良性公开的交流平台；每周发帖不少于三条，同步发送 ×××App；

…………

拓展知识 利用社群培养客户忠诚度

随着网络营销的发展，社群已经成为现代企业用于增强客户黏性、培养客户忠诚度的重要工具。社群运营要分六步走，选择社群载体→创建社群→美化社群→制定社群规则→引导客户入群→日常运营维护。常见的社群载体有 QQ 群、微信群、论坛社区、淘宝群等。美化社群是指对社群头像、简介、公告等进行设置，从而让社群能够展示企业品牌，易于被识别。根据社群的定位，企业可以规定不同的入群门槛，如管理者邀请入群、付费入群和申请入群。

制度 老带新管理办法

一、活动目的

共享×××分公司项目客户资源，实现统筹营销，持续用"老带新"加强客户口碑传播，拓宽客户渠道，增强项目的传播度和知名度。

二、活动范围

1. 时间范围：××××年××月至××月。

项目：×××A项目、×××B项目、×××C项目。

2. 客户范围。

新客户界定：指由老客户推荐并最终购买××分公司项目楼盘的客户。

老业主界定：客户签署完成"商品房买卖合同"且备案号生成之后，即可认定为老业主。

三、老带新奖励政策（仓储、车位不享受老带新奖励政策）

1. 住宅。

老业主成功介绍新客户购买，按成交额的千分之二（四舍五入至百元位）奖励购物卡、加油卡、物业费及现金（税前金额）；

新客户可获得在销售成交价格的基础上额外0.5%的购房款优惠。

2. 商业、SOHO。

老业主成功介绍新客户购买，按成交额的千分之三计算奖励金额，可兑现购物卡、加油卡、

物业费及现金（税前金额）；

新客户无额外优惠。

3. 老带新季度及年度奖励。

（1）每季度××分公司统计"老带新"推荐总金额前五名（不分项目），分别再给予额外奖励，具体如下：

第1名奖励8 000元等值购物卡、加油卡、物业费及现金（税前金额）；

第2名奖励5 000元等值购物卡、加油卡、物业费及现金（税前金额）；

第3～5名奖励3 000元等值购物卡、加油卡、物业费及现金（税前金额）。

（2）年度××分公司统计"老带新"推荐总金额前三名（不分项目），分别再给予额外奖励，具体如下：

晋升为×××分公司总经理俱乐部VIP会员，享受VIP会员待遇。

每人可获得额外10 000元等值旅游基金（现金形式，税前金额）。

四、老带新奖励政策注意事项

1. 老带新奖励兑现条件。

老带新奖励以客户签署完成"商品买卖合同"且生成备案号后即可兑现。

2. 老带新奖励政策的成立条件。

…………

范表 产品复购调查表

1. 您的年龄 □ 20 岁以下 　　□ 20 ~ 30 岁　　□ 31 ~ 40 岁　　□ 41 ~ 50 岁　　□ 50 岁以上
2. 您的性别 □男　　　　□女
3. 你为什么购买 ×××× □价格合适　　□品质口感好　　□包装形象独特可爱　　□同学们的推荐 □其他
4. 你是否会再次购买 □是 □否
5. 你再次购买的原因 □良好的服务态度 □合适的价格 □萌系的企业文化 □快速的物流服务 □人性化的包装和赠品工具 □其他

范表 老客户转介绍登记表

登记日期：　　　　　　　　　　　　　项目名称：

老客户信息					
老客户姓名		联系电话		地　址	
转介绍客户信息					
新客户姓名		联系电话		地　址	
新客户意向		意向价格			
新老客户关系					
解决方案					
申请意见：		解决方案			
		老客户确认			
销售人员		销售经理			
公司意见					

范表 客户忠诚度调查汇总表

调查时间：　　　　　　　　　　　调查客户总数：　　　位

问题 1	标 准				
	4 年以上	3～4 年	2～3 年	1～2 年	1 年以下
你购买我公司产品已有多长时间					
问题 2	标 准				
	经常	较常	一般	偶尔	从不
你是否经常购买我公司产品					
问题 3	标 准				
	肯定会	应该会	应该不会	一定不会	－
物价上涨，即使我公司产品涨幅比别的品牌要高，你仍然会光顾吗					
问题 4	标 准				
	很方便	比较方便	一般	不很方便	不方便
我公司的产品购买渠道是否让你觉得方便					
问题 5	标 准				
	会	看情况	不会	－	－
我公司产品推出优惠活动，你会积极购买吗					
问题 6	标 准				
	很满意	比较满意	满意	一般	不满意
总体而言你对我公司产品是否满意					
问题 7	标 准				
	很满意	比较满意	满意	一般	不满意
你对我公司产品质量是否满意（产品包装、产品质量、产品味道）					
问题 8	标 准				
	很满意	比较满意	满意	一般	不满意
你对我公司产品宣传是否满意					
问题 9	标 准				
	很满意	比较满意	满意	一般	不满意
你对我公司品牌形象是否满意					
问题 10	标 准				
	很满意	比较满意	满意	一般	不满意
你对我公司产品价格是否满意					
问题 11	标 准				
	肯定会	应该会	应该不会	一定不会	－
你会向家人和朋友推荐我公司品牌的产品吗					

续上表

问题 12	标　准				
	肯定会	应该会	应该不会	一定不会	－
我公司推出的新产品你会选择尝试吗					
问题 13	标　准				
	品牌	质量	包装	价格	方便
你选择我公司产品的决策因素是					
客户的整体忠诚度					
备注：客户的整体忠诚度分为 5 个等级，＞100%；100%～90%；89%～80%；79%～70%；69%～60%。					

■■

范表 客户推荐信息表

推荐人基本信息					
姓　名		性　别		联系方式	
身份证号		购买产品		销售顾问	
购买时间		产品型号			
联系地址					
备　注					
被推荐人基本信息					
姓　名		性　别		联系方式	
身份证号		意向产品		是否购买	□是　□否
购买时间		购买产品		销售顾问	
联系地址					
备　注					
销售顾问确认	签字：　　　　　　　　　　日期：				
部门审核	签字：　　　　　　　　　　日期：				
客服部复核	签字：　　　　　　　　　　日期：				

范表 老带新客户登记表

序 号	日 期	姓 名	电 话	老客户姓名	新客户姓名	电 话	备 注

范表 社群客户邀约管理表

序 号	客户姓名	电 话	微 信 名	客户来源	意向产品	沟通情况	邀约时间	备 注

范表 老带新确认单

老客户姓名		合同编号	
老客户身份证号		老客户联系方式	
新客户姓名		合同编号	
老客户（签字）		销售专员（签字）	
销售经理（签字）		财务审核（签字）	
老带新奖励兑换金额（元）		老带新奖励兑换物品	

范表 客户复购名单统计表

月　份	一月	二月	三月	四月	五月	六月
客户姓名栏						

范表 粉丝统计分析表

	指　标	1月	2月	3月	4月	5月	6月
__年半年度累计 总粉丝量：	增加量						
	取关量						
	实际增加量						
	累计总人数						

更多模板

餐饮店消费者忠诚度调查　　　　　　客户忠诚度调查表

粉丝等级划分表　　　　　　　　　　客户转介绍奖励办法

供应商推荐表　　　　　　　　　　　视频 App 社群用户调研表

化妆品产品忠诚度调查　　　　　　　网络购物客户忠诚度调查

俱乐部会员管理制度　　　　　　　　消费者忠诚度调查问卷

客户复购及流失因素调查表　　　　　忠诚客户回馈表

客户微信群规章制度　　　　　　　　住宅小区业主微信群管理制度

8.3 客户保持管理

　　客户保持是指企业利用一些方法策略来维护和巩固现有客户，从而避免客户流失。客户保持管理不仅能让企业与客户建立长期、稳定的客户关系，还能进一步提升客户满意度和忠诚度。

● 影响客户保持的因素

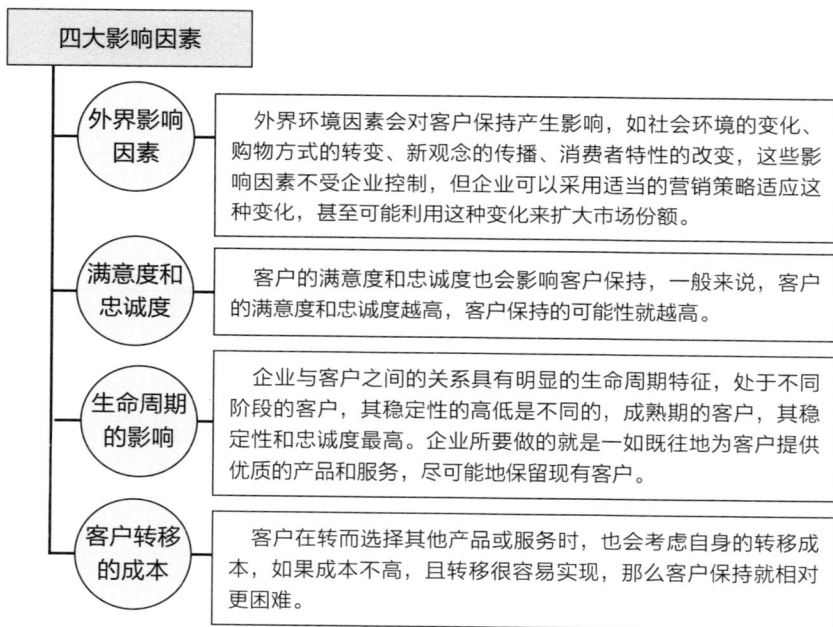

四大影响因素

外界影响因素
　　外界环境因素会对客户保持产生影响，如社会环境的变化、购物方式的转变、新观念的传播、消费者特性的改变，这些影响因素不受企业控制，但企业可以采用适当的营销策略适应这种变化，甚至可能利用这种变化来扩大市场份额。

满意度和忠诚度
　　客户的满意度和忠诚度也会影响客户保持，一般来说，客户的满意度和忠诚度越高，客户保持的可能性就越高。

生命周期的影响
　　企业与客户之间的关系具有明显的生命周期特征，处于不同阶段的客户，其稳定性的高低是不同的，成熟期的客户，其稳定性和忠诚度最高。企业所要做的就是一如既往地为客户提供优质的产品和服务，尽可能地保留现有客户。

客户转移的成本
　　客户在转而选择其他产品或服务时，也会考虑自身的转移成本，如果成本不高，且转移很容易实现，那么客户保持就相对更困难。

● 如何保持现有客户

方　法	说　明
利用客户数据库	企业要充分利用客户数据库，通过客户数据来了解和分析客户，然后找到客户痛点，对症下药，让客户对企业产品或服务产生依赖和信任感

续上表

方　法	说　明
提高客户满意度和忠诚度	客户满意度和忠诚度是影响客户保持的因素之一，因此，企业需要采取有效策略来提高客户满意度和忠诚度，如客户关怀、确保服务质量始终如一、提供个性化解决方案
分析客户流失的原因	企业要学会反思，通过对客户流失的原因进行分析来改进产品或服务，只有这样客户才可能持久地选择企业的产品和服务

● 客户维护流程图

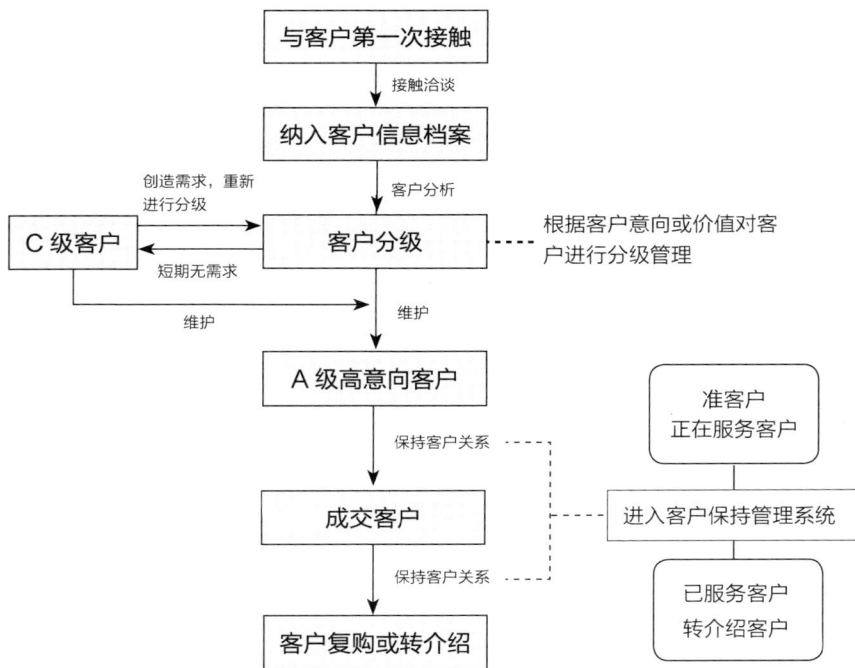

制度 客户维护管理制度

<h3 style="text-align:center">第1章 总 则</h3>

第1条 目的

为了不断加深客户服务意识，指导客户服务人员开展客户关系维护工作，特制定本制度，以巩固企业与客户的关系，提升企业的市场竞争力。

第2条 适用范围

本企业所有直接客户及间接客户管理都应纳入本制度。

<h3 style="text-align:center">第2章 客户关系维护基本原则</h3>

第3条 客户关系维护应根据客户情况的变化不断加以调整，并进行跟踪记录。同时应利用现有客户关系进行更多的分析，使客户关系得到进一步巩固。

第4条 客户关系维护的重点不仅应放在现有客户上，还应更多地关注未来客户或潜在客户。

第5条 客户关系维护工作需客户服务部各级管理人员及服务人员共同合作、相互监督。

<h3 style="text-align:center">第3章 客户关系维护基本办法规定</h3>

第6条 增加客户的合作收益，如对信用较好的客户提供一定程度的优惠等。

第7条 通过各种公共媒体来影响客户的发展倾向，增强企业的亲和力和社会影响力。

第8条 通过收集、了解和掌握客户的各方面信息，设计客户服务策略，为客户提供个性化、专业化的售后服务。

第9条 有计划地缩短客户服务项目的淘汰周期，及时推出新的客户服务项目。

第10条 在为客户提供客户服务的过程中，注意使用标准客户服务用语。

第11条 简化老客户服务流程，方便老客户。

第12条 在老客户进行下一次购买时给予折扣，健全鼓励回头客的奖励机制。

第13条 定期举办客户礼物赠送活动，让其感觉受到了特别的优待。

第14条 对客户信守承诺，提供超值服务，解决客户的问题。

第15条 使用电话定期跟踪拜访或定期上门回访老客户，及时了解老客户的需求变化并采取相应的措施，防止客户流失。

第16条 记录客户信息，建立客户信息资料库，与客户建立长期关系。

第17条 不断地更新客户信息库，保留有用的客户资料。

第18条 定期开展公关活动，如举办客户联谊会、新闻发布会，参与社会公益活动等，以增强客户对本企业的深入了解，提高客户的忠诚度。

<h3 style="text-align:center">第4章 客户关系维护的具体措施规定</h3>

第19条 根据固定的格式编制客户关系卡，其内容包括客户姓名、工作单位、职位、住址、联系方式等。具体管理规定如下。

1. 对于重点客户应该单独管理，制作重点客户的资料卡。

2. 客户关系卡的应用须以准确性、有效性和时效性为原则。

…………

制度 大客户关系维护制度

　　大客户的关系维护方式与大客户的交易特点密不可分，由于大客户具备采购频繁、产品需求品种多元化、多地点交运、采购周期长、涉及产品购买决策的人员多等众多特点，在关系的维护上需要总部营销管理部和工厂、4S 店共同参与，以集团之力做好大客户的关系维护工作。

　　为了达成总部营销管理部与工厂、4S 店之间就大客户关系维护的共识，合理划分各自在大客户关系维护上的职责，特制定本制度。

一、大客户交易特点

1. 交易行为特点

…………

二、总部营销管理部、工厂、4S 店各自的职责

　　综合以上大客户交易特点，为了发挥总部营销管理部、工厂和 4S 店各自的优势，保证集团各机构简洁高效地进行大客户关系维护，可对集团各机构的大客户关系维护工作进行以下分工。

1. 集团高层领导

与大客户高层会晤，与客户高层就双方的战略发展规划进行沟通；

推动客户关系的深层次发展，条件成熟时与客户结成战略合作伙伴关系。

2. 集团营销管理部

为大客户指定专门的客户代表，负责统筹大客户的全部事宜，包括业务支持和关系维护；

制定和实施全面的大客户营销政策；

就大客户的相关事宜在集团工厂、4S 店之间进行沟通和协调；

为集团高层领导提供大客户信息并建议高层会晤。

3. 各工厂

代表总部处理大客户在各地的具体订单业务；

在大客户的集团客户代表指引下与该大客户各分支机构进行业务往来；

借助工厂在各地办事处的地缘优势，及时完整地将各地大客户的信息反馈至集团总部；

解决大客户在当地的售后服务需求。

4. 4S 店

代表总部处理大客户在各地的具体订单业务；

涉及大客户订单时，代表总部处理与各工厂的关系（车辆采购、售后服务等）；

在该客户的集团客户代表指引下与该大客户各分支机构进行业务往来；

借助 4S 店的地缘优势，及时完整地将当地大客户的信息反馈至集团总部；

解决大客户在当地的售后服务需求。

制度 客户要求识别管理办法

1 目　的

在向客户承诺提供产品之前，依照规定的程序识别客户的要求和信息，并对客户的要求进行评审和协调，确保有能力满足客户的要求。

2 范　围

本办法适用于所有产品相关要求的识别和管理。

3 职责及权限

3.1　技术部负责对与客户签订的质量保证协议和客户提供的图纸中提出的特殊要求进行研究，包括客户对产品的要求、适用于产品的法律法规要求、组织的附加要求和竞争产品信息等；

3.2　各部门对客户要求、企业各方面能力、与客户不一致的地方是否满足客户的特殊要求等多方面进行评审。

4 内　容

4.1　客户要求的识别。

在接收到客户采购信息时，组织相关部门识别客户的要求，要充分识别以下要求，并填写"客户要求识别清单"。

4.1.1　客户在订单或合同中规定的要求，包括对交付及交付后活动的要求，如产品的外观质量、规格型号、性能检测标准、材料标准、包装要求；

4.1.2　客户虽未明示，但属于产品用途中隐含的或已知的预期用途所必须的要求，如产品本身的功能要求；

4.1.3　与产品有关的法律法规要求；

4.1.4　客户确定的附加要求。

4.2　可行性研究。

4.2.1　技术部对客户提出的特殊要求进行研究，包括选择确定的要求、文件化要求及控制的要求；

4.2.2　在对关于新产品开发、新项目合同进行评审时，技术部负责组织各相关部门进行制造可行性研究及风险分析，编制"可行性研究报告"；

4.2.3　制造可行性研究的内容包括：

4.2.3.1　确定制造过程是否符合统计过程的要求；

4.2.3.2　确定能否在规定生产节拍下正常生产，并按要求交付产品；

4.2.4　确定产品是否符合工程标准要求。

4.3　风险分析。

4.3.1　风险分析内容包括：时间、资源、开发成本以及供方影响所造成的风险；

4.3.2　要分析上述项目产生失效或错误的可能性及其影响；

…………

范表 客户维护节点一览表

节　点		维护要求（根据客户类型和业务特点填写）
客户首次来电		
客户来访1个月	当　日	
	来访2日	
	来访7日	
	客户来访8～30日	
客户成交1个月	成交当日	
	成交3日	
	成交7～15日	
	成交16～30日	
项目交付（拜访）		
客户生日、开业等重要日子		
传统节假日		
活动维护		
日常短信、电话维护		

范表 不良客户报告表

编号：

客户名称		客户类型	
联系方式		地　址	
不良情况			
原因分析			
处理方式			
后续对策			
备　注			

主管：　　　　　审核：　　　　　填表：

.

范表 客户维护费用标准表

客户登记	年收入（万元／年）	维护费用（万元／年／个）	备　注
VIP 客户			
钻石客户			
白金客户			
黄金客户			
一般客户			

范表 客户维系活动申请表

编号：　　　　　　　　　　　　　　　　申请日期：

活动名称			预计费用	
计划活动时间		活动类别		计划参加人数
计划活动地点		活动形式		
活动目的				
活动计划	申报人：			
设备／设施要求	签名：			
客户关系部意见	签名：			
财务部意见	签名：			
地区总经理意见	签名：			

注：如有营销需要，地区市场营销部另附意见说明。

范表 客户要求汇总表

客户名称			
客户地址			
客户要求			
序　号	要求项目	要求内容	备　注
1	原材料要求		
2	特殊性要求		
3	产品技术标准要求		
4	验收要求		
5	包装要求		
6	标记要求		
7	其他要求		
负责人		审　核	批　准

范表 客户特殊要求评审记录表

识别部门：　　　　　　　　　　　　识别日期：

客户特殊要求：		
评审部门	评审意见／建议	评审人员／日期
技术部		
质量部		
物流部		
生产部		
营销部		
备　注		
批　准	审　查	制　表

范表 客户维护单（市场专员）

客户名称：　　　　　　　　　　　客户编号：

客户地址					地　区		
感情维护	联系人	手　机	网络联系方式	生　日	关系人		生　日
节日问候	节　日		问候计划或短信内容				
	端　午						
	中　秋						
	国庆节						
	春　节						
	元宵节						
	其　他						
海关年审	月　日（登记日）提前一个月告知或规定时间提醒客户年审工作						
商检年审	月　日（登记日）提前一个月告知或规定时间提醒客户年审工作						
月出货计划表工作	每月底前完成下个月出货工作计划，做好统计工作						
合同签订／修改	合同签订时间：　年　月　日，两年到期后续签工作						
客户业务分析	1. 货量　2. 利润　3. 主要航线港口统计分析工作，每月 5 号左右						
回访工作	电话／网络	□每两周　□每月　□每两月　□每季度　□每年					
	现场走访	□每两周　□每月　□每两月　□每季度　□每年					
信息管理	1. 国际货运系统信息完善　2. 文本档案的完善，每月 5 号左右						
订单管理	□进账安排　□月结　□临时安排						
信息沟通	1. 客户和公司存在的问题　2. 航运信息总结反馈　3. 处理办法和改进意见						
	每月 10 号左右与客户沟通						
工作总结	每月 15 号左右填制"客户维护工作总结单"						

范表 客户维护跟踪表

客户名称		地　点	
客户联系人		客户跟踪人	
联系方式		联系时间	
维护跟踪情况记录			

范表 客户维系计划表

序　号	客户类型	日　期	维系内容	方　式	执 行 人	责 任 人	备　注

更多模板

不良客户管理办法　　　　　　　客户维护人员变更申请表（月度）
大客户维护管理办法　　　　　　客户维系统计表
顾客特殊要求管理办法　　　　　客户需求预约登记表
客户采购及客情费统计表（月度）客户要求评审汇总表
客户关系维护费用签收表　　　　客户要求评审记录表
客户特殊要求识别清单　　　　　客情关系维护费用管理制度
客户维护记录表　　　　　　　　新客户特殊客情费用申请汇总表（月度）